디지털, 잠시 멈춤

20년 디지털 중독자의 디지털 디톡스 체험기

가장 소중한 것에 커넥트하기 위한

디지털, 잠시 멈춤

고용석 지음

DISCONNECT

이지북
EZbook

차례

2부
뇌에 필요한 다이어트, 디스커넥트

10장 기억력과 집중력을 키우는 최고의 방법

에필로그

"당신은 가장 소중한 것에
커넥트하고 있는가?"

이 글은 지극히 개인적인 경험에서 시작되었다.

나는 이른바 '얼리어답터', '디지털 키즈'였다. 중학생 때부터 당시 생소했던 PDA(개인 정보 단말기)를 사용했고, 남들이 카세트테이프, CD플레이어로 음악을 들을 때 반에서 처음으로 mp3 플레이어를 썼다. 대학생 때는 디지털 기기 체험단 활동을 하면서 사용기를 꾸준히 연재했다.

생활을 모두 디지털화하기 위해 다이어리보다 에버노트, 종이와 연필보다는 키보드와 마우스, 애플 펜슬로 모든 걸 대체하려고 했다. 디지털카메라가 나온 후부터는 하루 종일 내 일상을 찍어댔다. 그야말로 메모리가 허용하는 한 무한히 사진을 찍었다. 스마트폰이 나오고 카메라 성능이 올라가면서는 그야말로 삶이 바뀐 것 같았다. 손바닥만 한 기계에서 사진도 찍고, 전화도 하고, 모든 정보를 몇 번의 터치로 얻을 수 있었다. 나에게 스마트폰은 하나의 종교와도 같았다. 내 일상은 완전히 스마트폰에 사로잡혔다.

아침에 눈을 뜨면서부터 잠이 들 때까지 손에서 스마트폰을 절대로 놓지 않았다. 귀에는 항상 이어폰이 꽂혀 있었고 눈은 쉴 틈이 없었다. 홀로 있을 때는 항상 고개를 숙이고 스마트폰을 들여다봤다. 당시 내 일상은 이랬다.

> 아침에 일어나자마자 스마트폰을 잠금해제하고 메신저를 확인한다.
> 출근길엔 한 손에 스마트폰을 들고 유튜브를 본다.
> 점심식사 때에도 한 손에는 스마트폰이 들려 있다.
> 화장실에 갈 때도 빈손으로 가는 일이 없다.
> 무조건 스마트폰을 쥐고, 잠깐의 틈이라도 생기면 뉴스나 메신저를 확인한다.
> 스마트폰을 보면서 퇴근한다.
> 집에 돌아와 샤워할 때는 음악을 틀어놓는다.
> 스마트폰으로 재미있는 영상이나 게시물을 보며 잠이 든다.

스마트폰과 시작한 하루는 스마트폰과 함께 끝났다. 이런 모습은 비단 나뿐만이 아니라 지금 우리 모두의 모습일 수도 있다. 스마트폰은 이제 우리와 완벽하게 붙어 있다.

내 직업은 아이들에게 미술을 가르치는 선생님이다. 수업을 하려고 하면 엄마와 떨어지길 두려워하는 아이들이 있다. 조금이라도 엄마와 멀어지면 바로 불안해한다. 선생님이 아무리 달래줘도 소용없다. 수업을 하다가도 몇 번이나 엄마가 있는지 확인한다.

어딘가 익숙한 풍경 아닌가? 이 풍경은 우리가 스마트폰과 멀어질 때의 모습과도 같다. 친구들과 술자리에 모이면 각자 테이블 위에 스마트폰을 올려놓는다. 뒤집어놓기도 하고 가방에 넣어두기도 하지만 대부분 십 분도 채 되지 않아 스마트폰을 확인한다. 조금이라도 일이 생겨 오래 확인하지 못하면 마치 엄마와 떨어져 있는 아이처럼 불안해진다.

업무나 학업 때문에 스마트폰과 잠시 떨어져 있는 순간도 있지만, 그럴 때에도 우리 손은 계속해서 스마트폰을 만지던 감각을 떠올린다. 심지어 '유령 진동' 현상까지 경험한다. 주머니에 아무것도 없는데도 전화, 문자, 메신저 알람이 느껴지는 것이다.

아이들은 수업하면서 선생님과 친해지면 더 이상 엄마를 찾지 않는다. 선생님과 수업하는 즐거움이 엄마와 떨어져 있는 불안감을 넘어섰기 때문이다. 하지만 우리는 다르다. 스마트폰이 주는 즐거움보다 더 좋은 걸 찾기 어렵기 때문이다.

디지털에 완전히 사로잡힌 내 모습이 사람들에게는 기계를 잘 활용하는 것으로 보였나 보다. 주위에서 전자기기를 구입할 때면 으레 내 의견을 묻곤 했다. 나 또한 거의 전도를 하듯이 디지털 기기가 가져올 천국을 홍보하고 다녔다. 그러다가 나는 지치기 시작했다. 어느 순간, 삶이 회색으로 변하고 현실이 시시해졌다. 오직 여행할 때는 삶의 생생함이 살아나는 것 같았지만 스마트폰을 실행하자 여행에도 흥미가 떨어지기 시작했다. 여행지에서조차 한국에 있을 때와 똑같이 뉴스 사이트에 들어가고, SNS를 하고, 메신저 대화를 하면서 문득 느꼈다. 스마트폰을 잠금해제하는 순간, 새로운 풍경은 사라지고 모든 게 밋밋해졌다. 스마트폰을 통해 보는 자극적인 기사들과 재밌는 이야기들 속으로 나는 급속도로 빠져들었다.

그때 깨달았다. 모든 원인은 내 손안의 스마트폰에 있었다. 나의 뇌는 스마트폰에 완전히 길들었다. 정확히는 나의 뇌가 이제는 스마트폰이 주는 정보를 더 원하고 있었다는 게 문제였다. 터치하자마자 즉각적으로 게시물이 열리고 '움짤'이 보이는 세계. 반대로 현실은 진득하게 기다리고 결과가 나올 때까지 인내해야 하는 곳이었다. 원하는 곳까지 몸을 힘들게 움직여야 했다.

나는 용기를 내 스마트폰 사용을 멈추기로 했다.

2020년 1월, 제주도 여행이 기회였다. 스마트폰 사용을 극단적으로 최소화해보면서 내 몸과 마음의 변화를 추적해보기로 했다. 여행지에서 스마트폰으로 가장 많이 하는 활동—카메라, 인터넷 검색, 유튜브, 메신저, SNS 등—을 하나씩 끊어보면서 내 변화를 글로 정리해보기로 했다.

그러자 뇌는 비명을 지르기 시작했다. 과장이 아니다. 손이 덜덜 떨리고, 머릿속은 비명으로 가득 찼다. 나는 이 모든 과정을 글로 남겼다. 그리고 이 글을 '스마트폰 사용을 멈추자 뇌는 비명을 질렀다'라는 제목으로 한 전자기기 사용자 커뮤니티(클리앙)에 게시하기 시작했다. 의외로 반응은 뜨거웠다. 전자기기를 많이 사용하는 사람들의 커뮤니티라 그런지 유저들은 자신의 디지털 중독 현상을 고백하면서 열광적으로 공감했다. 계속해서 총 30화 이상의 글을 썼고 이 글을 브런치에도 함께 올리기 시작했다. 브런치에서도 게시글당 수만 회의 조회수를 기록했다. 그제야 나는 스마트폰 중독 현상에 대해 모두가 인지하고 걱정하고 있었음을 깨달았다. 그리고 더 많은 글을 쓰고 모아 책으로 만들기로 했다.

이 책은 일반적인 '디지털 디톡스'에 대한 이야기가 아니다. 스마트폰 사용을 자제할 앱을 소개하거나 이론적인 이야기를 하는 책이 아니라는 뜻이다. 철저하게 내가 직접 나 자신을 대상으로 실험하고, 그 결과를 쓴 책이다. 그렇기에 훨씬 인간적인 모습이 많이 보일 것이다. 내 글을 읽은 사람들은 자신도 시도해보겠다며 의지를 보였다.

또 아이들에게 미술을 가르치는 미술 선생님으로서 새로운 방법을 제시했다. 카메라 대신 볼펜으로 그리기, 검색 기록장 만들기 등 누구나 따라 할 수 있는 방법들을 소개했다. 부디 10장에 나온 방법들은 꼭 시도해보기 바란다.

일터에서 학부모와 상담할 때면 큰 공감을 불러일으키는 것이 바로 스마트폰과 관련한 이야기다. 이제 누구도 스마트폰으로부터 자유로울 수 없고, 스마트폰은 부모와 아이의 삶을 바꿀 만큼

파괴력을 지녔다. 아이들의 교육에도 큰 영향을 끼치고 있고, 부모는 아이들뿐만 아니라 스스로도 통제가 안 된다고 호소한다.

어떤 분은 이렇게 고백했다.

"요즘 스마트폰에는 사용 시간을 집계해주는 기능이 있잖아요. 통계를 보니 잠들어 있는 시간을 빼고는 거의 스마트폰을 보고 있었더라고요. 아이보다 더 많은 시간이었어요. 한마디로 아이를 양육한 게 아니라 스마트폰을 양육하고 있었던 거죠. 충격을 받았어요."

아이들도 이제 부모보다 스마트폰 속 온라인 세계에서 정신적으로 안정감을 얻는다. 특히 사춘기에 접어들면서 온라인 세계는 부모보다 훨씬 강력한 영향을 끼친다.

한번은 평소 조용한 성격의 고학년 아이와 온라인 세계에서 만난 적이 있다. 게임 사이트 '로블록스(Roblox)'에서 아이는 쾌활하고 말도 많고 승부욕도 강했다. 현실 세계에서 볼 수 없었던 모습이 온라인에서는 고스란히 나타났다.

어떤 아이는 내게 '제페토(Zepeto)'에서 만나자고 하면서 내 아바타를 손수 꾸며줬다. 앱을 실행시켜보니 수많은 사람들이 현실에서는 입을 수 없는 화려한 옷을 입고 돌아다니고 있었다.

코로나로 이런 가상세계는 폭발적으로 늘어났다. 더 많은 아이들이 가상세계 속에서 서로 만나고 어울린다. 어른인 나에게는 뭔가 시시하고 밋밋해 보였지만 아이들은 달랐다. 현실 세계가 전부라고 생각한 나와는 달리 아이들은 더 넓은 세상에서 가능성을 찾고 있는 것 같았다. 어쩌면 우리 아이들은 신대륙을 찾는 중인지도 모른다.

2020년 코로나19로 인한 팬데믹으로 디지털 기기 사용 시간은 2배 이상 치솟았다. 당장 비대면 근무를 하면서 컴퓨터 앞에 앉아 있는 시간이 훨씬 늘어났다. 아이들도 예전에는 정해진 시간만 스마트폰을 했지만, 이제는 비대면 수업이라는 핑계로 하루 종일 스마트폰, 태블릿, 노트북 앞에 앉아 있다. 실제로 미국 어린이 스마트폰 사용 시간을 조사한 결과 코로나 이전과 이후 스크린을 보는 시간은 두 배 이상 차이가 났다.[1] 모임도 화상으로 하는 트렌드가 확산됐고, 여행조차도 '랜선 여행'이라는 새로운 트렌드가 생겼다.

이제는 무작정 스마트폰을 끊는 것은 불가능하다. 내가 어릴 적 부모님이 찢었던 만화책은 오늘날 웹툰으로 다시 태어나 현재는 수조 원 규모의 새로운 시장과 일자리를 만들었다.

이 책이 미래에 다가올 인공지능 시대에 인간이 가질 수 있는 최고의 무기가 무엇일지 생각해볼 수 있는 기회가 되길 바란다. 이 책에 나오는 모든 '디스커넥트' 혹은 '커넥트' 활동은 내가 직접 실험해보며 그 결과를 기록한 것이다. 여러분은 이것을 바로 적용해볼 수 있을 것이며, 그럼으로써 우리 삶에 진짜 가치 있는 것에 집중할 수 있을 것이다. 부디 이 책이 여러분의 삶에서 더 가치 있는 것에 집중하는 데 도움이 되길 바란다.

마지막으로 꾸준히 연재할 수 있도록 도와준 디지털 기기 커뮤니티 클리앙과 브런치 구독자 분들께도 감사의 말씀을 전한다. 수많은 댓글과 '좋아요'를 통해 더 많은 자극과 용기를 얻어 이 책을 낼 수 있었다. 역시 지식은 나누고 공유한 만큼 더 가치가 올라간다는 진리를 실감한다.

―고용석

1부

DISCO

우리 뇌는 정신적
고도 비만증에 걸려 있다

N N E C T

1장

정크 인포메이션에서 벗어나라

DISCONNECT

정크푸드보다 위험한
정크 인포메이션

> "먹는 게 그 사람을 나타내는 거라면 전 좋은 것만 먹고 싶어요."
>
> _애니메이션 〈라따뚜이〉 중에서

애니메이션 〈라따뚜이〉의 주인공 쥐 레미는 예민한 후각과 미각을 가졌다. '음식은 연료일 뿐이다'라고 말하며 맛이나 냄새 따위 상관하지 않는 다른 쥐들과 다르게 시궁창에서 아무 음식이나 먹지 않는다. 레미에게 음식은 예술이자 삶이다. 그래서 항상 두 발로 걸어 다니고 두 손을 깨끗이 씻고 음식 재료를 다룬다.

우리는 어떨까? 예로부터 한의학에서는 식복(食福)이 으뜸이라 하여 몸속에 들어가는 음식의 섭취를 중요하게 여겼다. 음식의 다섯 가지 맛을 조절해 오장의 균형을, 그리고 약리적 효능을 이용해 음양의 균형을 유지했다. 몸속으로 들어가는 것이 단순히 에너지의 개념이 아니라 면역 기능을 유지하고 질병을 치유하는 데 도움이 된다고 생각한 것이다.

이처럼 먹는 일은 생존을 위한 가장 원초적인 활동이기 때문에 인류는 오래전부터 이에 관심을 갖고 연구해왔다. 하지만 현대에 와서는 먹는 일은 생존에 있어 그리 중요하지 않게 되었다. 내전이나 기근 등의 특별한 상황을 제외하고 우리 주변에는 늘 먹을 게 넘쳐나기 때문이다.

이제는 예전처럼 양이 많거나 맛있는 것이 음식 선택의 기준이 아니다. 오히려 내 몸에 맞는 방식으로 식이요법을 하거나 신선한 식품을 고르는 것으로 음식 섭취에 신경을 쓴다. 〈라따뚜이〉의 레미처럼, 우리는 내 몸에 들어오는 음식에 대해 민감하게 반응한다.

그런데 반대로 우리가 레미의 아버지처럼 "음식은 연료일 뿐이야"라며 마구잡이로 먹는 분야가 있다. 바로 뇌가 먹는 음식, 즉 정보다. 스마트폰(또는 태블릿PC, 노트북 등)이 보여주는 세계를 우리는 아무렇지도 않게 머릿속에 쑤셔 넣는다. 어딜 가도 사람들은 항상 '먹는 중'이다.

여러분이 인간의 정신세계를 볼 수 있는 외계인이라고 생각해보라. 어느 날 지구를 방문했다. 지구에 들어선 순간, 엄청나게 정보를 먹어대는 지구인을 보고 기겁할 것이다. 길거리에서, 침실에서 모두가 고개를 숙이고 정보를 탐닉하는 모습을 보면 외계인은 어떤 생각을 할까? 심지어 그 정보의 종류도 너무나 다양하고, 양도 무지막지하다.

오늘날 우리는 배 속에 들어가는 음식에 대해서는 아주 예민하게 받아들이면서 뇌 속에 들어가는 정보에 대해서는 그다지 신경 쓰지 않는다. 잠깐이라도 무언가를 입력하지 않으면 지루함이 찾아온다. 즉, 허기가 지는 것이다. 그래서 바로 스마트폰을 잠금해제한 후 허기를 채운다. 한 조사에 따르면, 한국인의 하루 평균 스마트폰 잠금해제 횟수는 90회라고 한다. 특히 사회적 활동이 왕성한 2, 30대는 하루 평균 100~120회 스마트폰을 잠금해제 한다.[1] 음식 섭취 횟수가 하루 세끼에 간식을 포함하더라도 10회도 안 되는 것과 비교하면 어마어마한 양이다. 물론 절대적인 비교는 아니다. 그저 비유일 뿐이다. 하지만 우리가 하루의 대부분을 스마트폰 등의 디지털 디바이스가 주는 정보를 먹고 있는 것은 분명한 사실이다.

간편하고 맛있지만 영양가 없는 음식을 '정크푸드'라고 한다. 건강에 관심 있는 사람이라면 가장 경계하는 음식이다. 하지만 모두가 자신의 뇌에 들어가는 정보에는 대부분 큰 관심이 없다. 이렇게 하루 종일 정보를 뇌 속에 욱여넣는 사람들 중 꼭 필요한 정보만을 받아들이는 사람은 없다. 대부분 수많은 광고에 노출되어 있고, 구글과 유튜브, 각종 뉴스 사이트는 교묘하게 사람들을 자신들에게 유리한 정보로 유인한다.

정크 인포메이션과 '알고리즘의 인도'

이른바 '알고리즘의 인도'라고 불리는 현상이 있다. 특히 유튜브를 보다 보면, 분명 필요한 영상을 보기 시작했는데 어느 순간 전혀 의도하지 않은 영상을 보고 있는 자신을 발견한다. '내가 왜 이걸 보고 있는지 모르겠다'라는 댓글에 수천 개의 '좋아요'가 찍혀 있다.

거대한 뷔페에서 내가 좋아하는 음식을 찾아간다고 생각해보자. 연어를 집었더니 옆에서 직원이 연어구이를 소개한다. 연어구이를 집었더니 초밥을 추천한다. 결국 어느 순간 연어와는 전혀 다른 음식을 먹고 있을 것이다. 하지만 우리의 배는 한정되어 있다. 어느 정도 먹으면 배가 불러 더 먹는 게 불가능하다.

하지만 정보의 세계는 그렇지 않다. 잠들기 전까지 스마트폰으로 영화를 보거나 뉴스를 볼 수 있다. 정크 인포메이션이 정크푸드보다 위험한 이유다. 일단 돈이 들지 않는다. 데이터 무제한 요금제를 쓰고 있거나 와이파이 환경에서는 내가 100개의 기사를 본다 한들 신문값을 요구하는 사이트는 없다. 유튜브를 아무리 봐도 상관없다. 우리가 하루 종일 끊임없이 스마트폰을 들여다볼 수 있는 것도 이 때문이다.

뉴스 하나만 보더라도 수십 개의 광고 링크가 우리의 엄지손가락 근처에 위치해 있다. 언제라도, 실수로라도 눌리길 원하는 광고들이 번쩍거리면서 우리를 유혹한다. 그들이 원하는 건 아주 작은 정보를 미끼로 우리의 지갑을 여는 것이다. 구글과 유튜브, 네이버 등 거대 디지털 기업들의 주 수익원이 광고임을 생각하면, 우리가 먹는 정보 대부분에는 그들이 원하는 약, 즉 광고가 묻어 있다. 만약 음식에 약이 묻어 있다면 난리가 나겠지만, 온라인 세계에서는 제대로 검증하기도 힘들고 그 광고라는 약을 당연하게 받아들이는 것이 보통이다.

단언컨대, 우리가 인터넷에서 얻는 정보의 90퍼센트는 정크 인포메이션이다. 정보 제공자의 생존 근원이 광고 수익이기 때문이다. 물론 구독제 등 대가를 지불하고 정보를 얻는 방법도 있지만 아직은 정착 단계다. 대부분은 수많은 광고와 알고리즘의 인도로 우리는 그들이 원하는 곳으로 끌려간다.

가장 무서운 건, 스스로 끌려가고 이용당하고 있다는 사실을 모른다는 것이다. 우리는 우리가 원해서 스마트폰을 이용하고 정보를 검색한다고 생각한다. 하지만 많은 경우 '연관 검색어'나 '당신이 좋아할지도 모르는 정보'라는 말 등으로 자신도 모르게 그들이 원하는 곳으로 이동한다.

바로 그래서 '디지털 잠시 멈춤', 즉 '디스커넥트'가 필요하다. 스마트폰과 디지털 디바이스가 가진 무궁무진한 기능과 가능성에서 우리를 분리시킬 필요가 있다. 그리고 가장 소중한 것에 '커넥트'해야 한다. 그것이 우리가 살아남는 길이자, 행복해질 수 있는 방법이다.

현대의 디지털 당뇨병, 난독증

"너무 좋은 글 감사합니다. 근데 누가 3줄 요약해주실 분?"

"좋은 글이군요. 물론 읽지는 않았습니다."

tl;dr(Too Long; Didn't Read. 너무 기네요. 읽진 않았습니다.)

긴 글을 읽는 것이 점점 어려워지고 있다. 게시판에 유용한 정보를 올려도 길면 사람들이 읽지 않는다. 바로 댓글 란으로 이동해 누군가 올려놓은 3줄 요약을 찾는다. 요약이 없으면 대충 댓글의 분위기를 파악해 이 게시글이 좋은지 나쁜지 판단한다. 그마저도 어려우면 당연히 읽지 않고 나가버린다.

사실 긴 글을 요약하는 습관은 중요한 독해 능력이다. 텍스트를 읽으며 필자의 의도를 파악하고 자신에게 필요한 정보를 찾는 힘을 길러주기 때문이다. 요약을 통해 불필요한 수사를 생략하고 핵심을 파악하며 논리적인 오류도 발견할 수 있다.

문제는 스스로 3줄 요약을 하는 게 아니라 다른 누군가에게 의존한다는 데 있다. 만약 이 요약된 정보가 가짜이거나 의도적으로 변형된 것이라면 어떨까? 그래도 믿을 수밖에 없다. 스스로 정보를 파악하기에는 너무 귀찮으니까.

오늘날 우리는 글을 '읽지' 않는다. 5인치 액정 속 정보의 바다를 엄지손가락 노를 저으며 항해하고 있는 일상 속에서 우리는 그저 관광지 풍경을 보듯이 콘텐츠를 받아들일 뿐이다. 글자를 보는 것보다 이미지나 영상에 더 익숙하다. 특히 요즘 10대들은 검색마저도 유튜브로 한다고 한다. 글자 이전에 유튜브에서 영상 정보를 먼저 검색해본다. 누군가 편집해놓은 이미지와 영상을 먼저 확인한다. 그 정보가 없을 때 비로소 검색엔진을 이용한다. 그만큼 글을 읽고 쓰는 것이 부담스러워지고 있는 시대다.

사실 이렇게 된 이유는 디스플레이의 한계 때문이기도 하다. 과거 우리는 '책'이라는 도구를 통해 정보를 파악했다. 책 속의 페이지를 하나의 디스플레이라고 해보자. 일반적인 책의 경우 양쪽을 펼쳤을 때 대략 25~30센티미터의 너비를 가진다. 대략 12~13인치다. 노트북이나 데스크톱의 디스플레이, 즉 모니터는 적어도 15인치다. 이 정도면 수많은 글자를 한 화면에 표시하는 데 큰 어려움이 없다.

하지만 현재는 누구나 스마트폰으로 검색한다. 스마트폰의 평균 크기는 4~5인치다. 책에 비해 3분의 1 크기로 줄어들었다. 대신 작은 화면에서 수많은 영상과 이미지를 보여준다. 작은 액정 속에서 글보다 이미지에 먼저 눈이 가는 건 당연하다. 소설보다 웹툰이 더 보기 편하다. 심지어 '카드 뉴스'라는 콘텐츠도 생겼다. 적절한 이미지와 커다란 글씨로 한 장씩 넘겨보게 만들어야 그나마 사람들이 뉴스를 보는 세상이다.

난독증과 요약 문화가 불러온 디지털 당뇨병

지인의 권유로 책을 읽어주거나 요약해주는 서비스를 구독한 적이 있다. 처음에는 구독 기간 동안 전자책(e-book)을 무제한 볼 것으로 생각했다. 그러나 몸에 좋은 음식을 만들어도 도무지 먹기 싫어하는 아이들을 생각해보라. 평소 책을 안 읽다가 무제한으로 책을 읽게 해준다고 책을 읽을 리가 없다.

오디오북은 컴퓨터가 TTS(음성 합성 시스템)로 텍스트를 읽어준다. 그러나 기계 음성을 듣는 것도 고역이었고, 감정 없는 말투에 흥미를 느낄 수 없었다. 그나마 최근에는 유명 성우나 연예인들이 대신 책을 읽어준다. 자신이 좋아하는 가수가 책을 읽어준다면 한번쯤은 귀를 기울일 만도 하다.

메신저 형식으로 대화하듯 책을 요약해주는 챗봇이라는 서비스를 본 순간 나는 충격을 받았다. '이 정도로 사람들이 책을 안

읽나' 하는 생각이 절로 들었다. '이래도 책 안 읽을래?'라는 절규
가 들려오는 듯했다.

이렇듯 현대의 독자들은 요약이 수반된 글을 요구한다. 스스로
긴 글을 읽는 게 너무나 힘들고 귀찮기 때문이다. 당장 어떤 글이
든 조금 길다 싶으면 누군가 '요약 구걸'을 한다. 요약된 댓글은
수천 개의 '좋아요'가 붙는다. 마치 자전거의 보조 바퀴 같다. 스
스로의 힘으로 균형을 잡지 못하는 것이다.

문제점은 또 있다.

"당신 방금 뭐라고 했어?"

"그런 말 한 적 없는데요?"

술에 취한 사람과 시비가 붙어본 사람은 알 것이다. 술 취한 상
대방은 육체적·심리적으로 취약하다. 단어 하나를 잘못 듣고서는
시비를 건다. 결국 싸움이 일어난다. 온라인에서도 똑같은 일이
일어난다. 난독으로 글을 완전히 오해한다. 비난의 댓글을 단다.
뉴스 대신 댓글만 본 사람은 '좋아요'를 누르면서 똑같이 비난한
다. 누군가 나서서 오류를 고칠 때까지 비난은 계속된다. 잘못 읽
은 사람들끼리 서로 싸운다. 서로를 난독증이라고 비난한다. 오해
한 사람은 대부분 사과도 없이 또 다른 싸움터로 이동한다.

이런 싸움이 단순히 동네 맛집을 묻는 수준이라면 해프닝으로
끝나겠지만, 보통 정치나 사회 이슈에서 발생하며, 그 경우에는 그
렇지 않다. 이제 누구도 기사를 분석하며 읽지 않는다. 그저 댓글
속 싸움에 집중할 뿐이다. 싸움 구경이 제일 재미있기 때문이다.

이런 문화는 우리가 어떤 현실에 처해 있는지 확실하게 보여준다. 본 글을 읽지 않고 요약글만 읽는 문화는 스스로 정보를 파악하고 분석하는 힘을 약화시킨다. 집중력을 떨어뜨리고, 단순하고 자극적인 콘텐츠에 집중하게 만든다. 사회 전반적인 문화 수준도 내려간다. 온갖 기사들이 자극적으로 변한다. 깊이 있는 글들이 사라지고 있는 것이다.

이런 현상을 나는 '디지털 당뇨병'이라고 부른다. 잘못된 식습관으로 인슐린 저항성이 높아져 혈액 속 당을 처리하지 못하는 것처럼, 잘못된 콘텐츠 소비로 제대로 된 정보를 걸러내지 못하는 것이다. 당뇨병으로 인해 다양한 합병증이 생기는 것처럼, 난독증과 요약 문화는 깊은 생각을 하지 못하게 만든다. 얕은 생각, 자극적인 반응에 익숙해질수록 집중은 어려워지고 생각은 불안정해진다. 결국 삶 전체에 영향을 준다.

미국 샌프란시스코주립대학 연구팀의 결과, 스마트폰 사용 시간이 긴 사람일수록 외로움, 분노조절 장애, 우울감 등을 50퍼센트나 더 느낀다고 한다.[2] 직접적인 상호작용 대신 일방적이고 직설적인 소통으로 외로움과 우울감이 증가하는 것이다. 난독증과 요약 문화는 단순한 문화 현상이 아니다. 무분별한 정보 습득과 콘텐츠 소비로 인해 우리 뇌가 얼마나 악화하고 있는지를 보여주는 현상이다.

뇌의 폭식을 유도하는
스크롤

2007년 1월 9일 스티브 잡스는 세상에 아이폰을 공개했다. 그이전에도 스마트폰은 있었지만 오늘날 우리가 생각하는 스마트폰의 가능성을 보여준 건 아이폰이 처음이었다.

특히 두 손가락으로 사진을 확대, 축소하거나 수많은 연락처를 손가락 하나로 탐색하는 모습은 가히 충격적이었다. 그중에서도 '스크롤' 기능은 놀라웠다. 이전에도 컴퓨터에 스크롤 기능은 있었다. 마우스 중간에 있는 스크롤 휠 버튼을 굴리거나 화면 오른쪽 바 형태의 버튼을 끄는 형식이었다. 하지만 아이폰은 그저 손가락으로 부드럽게 위 혹은 아래로 움직이면 끝났다. 너무나 직관적이라 아이들도 한번에 익힐 수 있었다.

오늘날 디지털 디바이스에서 스크롤 기능은 당연한 것이 되었다. 아무리 긴 글이라도 빠르게 위아래로 손가락을 튕겨 탐색할 수 있다. 이런 스크롤 문화는 모든 것을 바꾸어놓았다. 사람들이 글을 읽고 정보를 접하는 방식이 완전히 달라진 것이다.

스크롤 방식은 과거의 상소문과 비슷하다. 책처럼 종이를 한 장 한 장 넘기는 방식이 아닌, 말아서 보관하다가 필요하면 펼쳐서 읽는다. 과거 제본 기술이 없었을 때 이는 가장 효과적인 보관 방식이었다. 대신 정보가 많으면 그만큼 계속 펼쳐야 하고 많은 공간이 필요하다.

무한한 가상공간이 펼쳐지는 오늘날에는 스크롤 방식이 딱 어울린다. 쇼핑몰에서는 손끝으로 수백 가지 상품들을 마음껏 볼 수 있고, SNS로 수백 명의 지인들의 근황을 빠르게 확인할 수 있다. 이렇게 편리하다 보니 어느 순간부터 모든 정보를 엄지손가락으로 훑어보는 게 당연해졌다.

스크롤이 바꾼 문화

가상공간의 스크롤 방식은 무한한 종이가 있는 것과 마찬가지다. 그러다 보니 글쓰기 문화 자체가 바뀌었다.

과거 문서 시절에는 개요가 중요했다. 보고서의 경우 서론, 본론, 결론의 구분이 중요했고 잡지 같은 경우는 글씨체, 할당된 지면, 분량 등을 고려해야 했다. 하지만 인터넷으로 글을 쓰면서 개

요보다 글쓰기 방식이 중요해졌다. 일단 문장이 짧아졌다. 종이보다 가독성이 떨어지기 때문에 긴 글을 집중해서 읽기 힘들기 때문이다. 문장의 호흡은 짧아졌고 자극적인 글이 많아졌다. 행갈이로 글을 띄엄띄엄 쓰게 됐다. 책은 지면의 한계 때문에 공간에 제약이 있었지만 인터넷은 자유롭다. 스크롤을 해야 다음 이야기가 나오게 만들거나 문단을 짧게 잘라야 사람들이 계속 읽는다. 인터넷을 하는 연령대가 다양해지면서 전문지식을 요구하는 단어보다 짧고 자극적이고 이해하기 쉬운 단어들이 많아졌다.

그런데 스크롤 때문에 사람들은 자신이 어디를 보고 있었는지 알수가 없어졌다. 예를 들어 쇼핑몰에서 신발을 검색했더니 300개가 나왔다. 30개씩 10페이지로 보여주었다고 하자. 현재 위치가 3페이지고 아까 신발이 2페이지라고 하면 바로 2페이지로 가서 원하는 상품을 보면 된다. 하지만 스크롤은 구분할 수 없다. 중간에 표시할 수도 없다. 아까 본 상품으로 가려면 대충 그 위치를 짐작해 이동해야 한다.

페이지가 있는 책 형태라면 내가 원하는 곳의 위치를 메모할수 있다. 하지만 스크롤 방식은 페이지가 없기 때문에 그냥 지나가버릴 수밖에 없다. 그래서 스마트폰으로 긴 글을 읽으면 종이책에 비해 쉽게 잊어버린다. 인터넷상의 글은 대부분 스크롤 방식으로 읽게 되어 있다. 그래서 아무리 좋은 정보를 많이 접한다해도 종이책에 비하면 많이 잊어버릴 수밖에 없다.

인터넷 '브라우저(browser)'라는 이름에서 알 수 있듯이, 인터넷상의 스크롤 방식은 정보를 '읽는' 게 아니라 '훑어보기(browse)'에 적합하다. 한 방송사에서 디지털 시대 사람들이 글을 읽는 방식을 알기 위해 머리에 시선 추적 장치를 장착하고 글을 읽게 하는 실험을 해본 적이 있다. 종이책과 달리 사람들은 디지털상의 글을 F자 형태로 읽는다. 첫 줄만 읽고 중간중간은 건너뛰는 것이다. 중요한 단어들만 보거나, 맥락을 파악한 후 다시 처음부터 읽기도 한다. 아주 산만한 방식이다. 빠르게 읽는 대신 디테일이 떨어진다. 이는 결국 난독증으로 이어진다.

스크롤은 돛 없이 바다를 항해하는 배와 같다. 어디에도 돛을 내리지 못한다. 그저 위아래로 빠르게 전진과 후진을 반복할 뿐, 기억하고 싶은 것에 마킹을 할 수 없다.

깊은 이해를 위해서는 종이가 필수다

사람은 모든 정보를 그대로 받아들이지 않는다. 음식도 잘게 씹어야 소화가 되는 것처럼, 정보도 잘개 쪼개는 작업이 필요하다. 이를 청킹(chunking, 덩이 짓기)이라고 한다.

전화번호도 '01012345678'이 아니라 '010-1234-5678'로 돼 있어야 더 눈에 띄고 잘 기억한다. 인류는 이미 오래전부터 청킹을 사용해왔다. 1년을 365일로 나누고, 하루를 24시간으로 쪼갠다. 이렇게 해야 이해하기 쉽고 계획을 세울 수 있기 때문이다.

텍스트도 마찬가지다.

뒤에서 더 자세히 설명하겠지만, 어떤 정보를 가장 효과적으로 보기 위해서는 종이가 훨씬 좋다. 이스라엘 학자들이 아이들을 대상으로 실험한 결과, 인쇄물로 읽은 학생들이 스크린으로 읽은 학생들보다 글에 대한 이해도가 높게 나타났다.[3] 인쇄물을 읽을 때가 스크린에서보다 시간순으로 배열하는 능력이 더 높아졌다는 것이다. 특히 종이책과 같이 물리적인 감각이 더해지면 훨씬 더 깊이 집중하고 자신이 어디를 읽고 있는지 명확하게 알 수 있다고 한다. 그들은 이를 '회상의 기술'이라고 부른다.

사실 종이책과 전자책의 읽기 효과 차이는 여러 실험에서 밝혀진 바 있다. 우리나라에서도 여러 방송사에서 실험을 한 적이 있다. 결과는 공통적으로 종이책을 읽은 아이가 훨씬 더 이야기의 디테일을 잘 잡아내고 난독률이 낮았다.[4] 특히 기억력, 정보를 장기기억으로 가져가는 데에도 종이책이 훨씬 효과적이었다.

우리에게 스크롤은 이제 너무나 당연하다. 손가락으로 빠르게 왔다 갔다 하며 정보의 바다를 종횡무진하는 즐거움은 너무나 크다. 하지만 깊은 이해를 위해서는 잠시 항해를 멈추고 닻을 내릴 수 있는 방법을 생각해봐야 한다. 뒤에서 이를 위한 구체적인 방법을 소개할 것이다.

댓글에 휘둘리는
우리들

나는 대학생 시절 연극 동아리에 가입했었다. 동아리방에는 '날적이'라는 노트가 있었다. 사람들은 동아리방에 오면 습관적으로 날적이에 아무 말이나 끄적거리곤 했다.

○월 ○일, ○○○왔다 감.

○월 ○일, 오늘 6시 종강파티 참석자, ○○ 집으로 집합하기~

○월 ○일, ○○○아! 제발 그만 좀 자고 수업 좀 들어가라!!!

이런 식이다. 단톡방은커녕 스마트폰도 없던 시절이었다. 하고 싶은 말은 모두 날적이에 적었다. 공연이 있을 때에는 날적이가 공연 평가서가 되기도 했다. 그날 공연에 대한 개인적인 의견을 적곤 했다.

> 오늘 공연 100점! 특히 조명이 화려해서 좋았어요!
> ○○아! 드디어 네가 연출을 하는구나! 정말 수고했다!
> ㅋㅋㅋ ○○○이 발음 여전히 새는구나! 고생했다!
>
> ー 천상미남 ○○학번 선배 ー

나중에 공연을 끝내고 다 함께 날적이를 펼쳐 보면서 자신의 연기나 연출에 대한 평가를 보는 건 커다란 재미였다. 때로 진지한 충고도 있어 긴장할 때도 많았다.

오늘날의 댓글 시스템과 유사하다. 익명과 실명을 선택할 수 있고, 각자 자유롭게 자신의 의견을 남길 수 있기 때문이다. 댓글과 코멘트는 인터넷 문화와 함께 탄생했다고 생각할 수도 있지만, 이미 인터넷 탄생 전에도 댓글 문화는 존재했던 셈이다. 학교에서는 아이들끼리 서로에게 하고 싶은 말을 자유롭게 적어 전달하는 '롤링 페이퍼'를 썼다. 음식점에서는 손님들이 자유롭게 음식에 대한 평가를 하는 포스트잇을 두기도 했다. 벽 전체가 알록달록 포스트잇으로 꾸며진 모습을 떠올려보라. 오늘날 게시물에 달린 수백 개의 댓글과 똑같다.

이런 소소한 추억의 문화가 디지털 공간에서 이어지고 있다. 요즘은 음식, 맛집, 구입한 물건, 관람한 영화, 방문한 장소 등 거의 모든 콘텐츠에 댓글을 달 수 있다. 웹툰에서는 장면마다 댓글

스마트폰이 없던 시절에는 일명 '포스트잇 벽'이 유행이었다. 맛집이나 유명한 장소에는 어김없이 사람들이 적은 포스트잇을 붙인 벽이 있었다.

을 달 수도 있고, 댓글을 추천할 수도 있다. 가장 많은 추천을 받은 댓글은 상단에 올라 제일 먼저 볼 수 있다. 디지털 세계에서는 모든 것에 댓글과 평점을 매길 수 있게 된 것이다.

시간이 곧 돈인 시대, 무한한 콘텐츠 앞에 무릎을 꿇다

지금은 모든 곳에 정보가 넘치고 있는 시대다. 네이버의 경우 하루에 들어오는 기사가 6만여 건, 전체 트래픽은 3억 뷰에 달한다고 한다. 하루 종일 뉴스 탭을 보고 있어도 그날 올라온 뉴스 전체를 볼 수 없다. 유튜브도 그렇다. 하루에 유튜브에 올라오는 영상은 무려 18년 동안 봐야 하는 양이라고 한다. 게다가 조회수를 올리기 위해 자극적인 제목을 달고 간단한 내용을 무의미하게 늘리기도 한다. 이 정도면 정보의 산사태, 쓰나미라 할 만하다. 이런 현실에서 우리가 온전히 시간을 투자해서 무언가를 읽고 볼 수 있을까?

보통 물건을 살 때 가격 대비 성능, 즉 '가성비'를 고려한다. 가성비가 좋은 제품을 사야 돈도 아끼고 만족도도 높기 때문에 합리적인 사람이라면 가성비를 계산하는 게 당연하다. 더불어 이제는 시간도 곧 돈이 되는 시대이다. 수많은 정보를 읽다 보면 자신도 모르게 한 시간이, 하루가 훌쩍 지나가버린다. 기대했던 영화가 엉망일 때 우리는 돈보다는 그 시간이 너무나 아깝다. 버스를 타면 2시간 걸리는 곳을 택시로 1시간 만에 갈 수 있다면 대부분 기꺼이 택시를 선택한다. 시간을 돈 주고 살 수 있는 시대다. 사람들은 이제 가성비가 아니라 시간 대비 성능과 만족감, 즉 '시성비'를 따진다.

그러다 보니 시간에 여유가 없는 사람들일수록 시간을 아끼고 싶어 하고 효율적으로 보내고 싶어 한다. 2019년 대한민국 직장인의 근로 시간은 OECD 회원국 중 다섯 번째로 긴 것으로 나타났다. 초과근무 시간은 10시간 밑으로 줄어들고 있긴 하지만 여전히 높은 수준이다. 그러다 보니 퇴근 후 두세 시간 남짓한 귀중한 시간을 허무하게 보내고 싶지 않다.

이럴 때 우리는 원본을 보지 않는다. 먼저 댓글을 본다. 영화를 고를 때도 사람들의 리뷰나 댓글 평을 먼저 본다. 괜한 시간 낭비를 하고 싶지 않기 때문이다. 도서나 게임 등 각종 콘텐츠도 마찬가지다. 블로거나 유튜버가 대신 올려주는 리뷰에 만족한다. 한정된 시간, 무한한 콘텐츠 사이에서 우리는 스스로의 직감을 버리고 다른 누군가의 추천에 의존하고 있는 것이다.

문제는 누군가 이것을 돈벌이나 여론 조작의 기회로 이용할 때다. 이미 '바이럴 마케팅'이라는 용어는 익숙하다. 파워블로거, 백만 유튜버의 말 한마디에 사람들은 스스로의 판단을 내려놓는다. 비단 제품뿐만 아니라 사회·정치적 이슈도 마찬가지다. '댓글 공작'이나 '댓글 알바' 등 이른바 사이버 여론 조작이 현실이 된 지 오래다. 지금도 수많은 뉴스 게시판의 댓글에서는 한 사람이 수십 개의 아이디로 활동하는 일이 비일비재하다.

스스로 서는 연습은 디스커넥트로부터 시작된다

이제 스스로 판단하고 과감히 시간을 투자하는 일이 줄어들고 있다. 가끔 나는 어릴 적 친구들과 아무 생각 없이 놀고 게임하던 시절이 그립다. 오늘날에는 게임도 오래 하지 못한다. 여유가 없기 때문이다. 누군가와 만나도 다음 날 출근할 생각에 집중력이 흐트러진다.

이럴수록 우리는 리스크가 적고 확실한 행복에 투자하고 싶어진다. 다른 누군가의 추천을 받은 제품이나 영화, 책을 선택하는 것이다. 그러다 보니 삶은 점점 다른 사람과 비슷해진다. 이런 현상을 막으려면 다시 스스로 서야 한다. 스스로 판단하고, 확고한 취향을 갖고, 다른 사람의 댓글에 흔들리지 말아야 한다.

나는 이와 관련한 실험을 한 가지 해보았다. 바로 '커뮤니티 차단 실험'이다(6장을 참고하라). 커뮤니티를 일주일간 중단하면서 댓글이나 게시물로부터 나를 차단, 즉 '디스커넥트'한 것이다. 이 실험을 통해 나는 내가 얼마나 많은 판단과 생각을 인터넷 커뮤니티에 의존하는지 깨달았다. 때론 '인증된 맛집'이 아니라 내 직감으로 맛집을 찾아가야 함을 알았다. 비록 실패하더라도 스스로의 개성을 되찾고 삶을 풍성하게 하기 위해 반드시 필요한 일이었다.

2장

스마트폰의 지배를
벗어나라

DISCONNECT

스마트폰 없이
못 일어나는 아침

아침에 눈을 뜬다. 전날 잠들기 직전까지 보던 스마트폰을 집어 든다. 순간 액정의 밝은 빛이 눈을 자극한다. 얼굴을 찡그리며 잠금을 해제하고 바로 인터넷을 확인한다. 아침부터 뉴스에서는 오늘 날씨부터 시작해 온갖 자극적인 헤드라인들이 유혹한다. 하나하나 읽어보면서 서서히 잠에서 깨어난다. 몸은 이제 막 움직이기 시작했지만 뇌는 이미 다양한 정보를 '먹으면서' 활성화되어 있다. 그제야 침대에서 일어난다.

문득 시계를 보고선 잠시 충격에 휩싸인다. 분명 일어나서 확인한 시계는 7시 30분을 가리키고 있었는데, 벌써 8시가 넘었다. 휴일이면 그 시간은 9시, 10시가 되기도 한다. 분명 잠깐 스마트폰을 켰을 뿐인데 시간은 '순삭'되어 사라졌다. 사실 스마트폰만의 문제는 아니다. 옛날에는 일어나자마자 컴퓨터 전원을 켜고 그대로 앉아 마우스를 클릭해대며 인터넷의 바다를 헤맸다. 그저 장소와 기기가 바뀐 것뿐이다. 스마트폰은 더 깊고 은밀한 침대 속으로 침투해 뇌에게 달콤한 정보를 제공한다. 그것도 아주 간편하고 빠르게.

'스마트폰과 함께 일어나는 게 무슨 문제냐'고 반문할 수도 있다. 그러나 이는 시간 낭비는 그렇다 치고 뇌에 큰 문제가 생기는 일이다.

잠시 뇌 구조를 알아보자.

우리 뇌 깊숙한 곳에는 복측피개영역이라는 곳이 있다. 그곳에서는 도파민이라는 신경전달물질이 생성된다. 나중에도 말하겠지만 도파민은 우리 삶을 의욕적으로 만들어주는 중요한 물질이다. 특히 이 물질은 새로운 것에 대한 욕구가 강하다. 우리가 새로운 정보를 얻으면 뇌에서는 도파민을 듬뿍 만들어 전두엽까지 퍼뜨린다. 일종의 보상이다. 결국 우리가 계속해서 새로운 것을 찾는 것은 보상을 얻기 위해서다.

떠돌아다니는 삶이 아닌 이상 우리는 같은 자리에서 몇 년 동안 잠들고 눈을 뜬다. 매번 똑같은 천장을 바라보며 이불을 헤치고 나온다. 그 뒤로 보이는 풍경은 익숙하다. 하지만 스마트폰은 다르다. 작은 화면에서 매일 다른 정보들이 쏟아져 나온다. 스마트폰 속 세상은 매일, 매시간 바뀌어 있다. 도파민은 스마트폰 속 정보를 볼 때마다 분비된다. 이불 속에서 우리는 일상보다 스마트폰에 먼저 빠져들기 쉽다. 새로운 정보와 소식들을 접하면서 뇌는 먼저 일어나 활동을 시작한다.

여기까지 보면 아무런 문제가 없어 보인다. 하지만 머릿속은 이미 수많은 정보로 뒤죽박죽되어 있다. 특히 스마트폰의 특성상 짧고 자극적인 콘텐츠들은 뇌가 충분히 집중하기도 전에 끝나버린다. 우리는 짧은 시간 동안 수십 개의 기사를 읽을 수 있다. 옛날에는 신문을 통해 기사를 접했다. 신문도 다양한 정보가 있지만, 물리적 한계 때문에 어느 정도 이상 빠르게 볼 수가 없다. 커다란 종이를 한 장씩 넘겨 봐야 하기 때문이다.

아침에 스마트폰 대신 책을 읽는다면 어떨까? 스마트폰이 스포츠카라면 책은 자전거에 비교될 정도로 속도가 느리다. 덕분에 뇌는 충분히 집중할 시간을 갖는다. 도파민은 한 가지 주제에 충분히 소비되고, 보상으로 집중과 지식을 얻는다. 하지만 스마트폰은 남는 것이 적다. 같은 양의 도파민이어도 수많은 콘텐츠에 분산되기 때문에 의미 있는 기억이나 보상을 만들지 못한다. 스마트폰으로 미친 듯이 인터넷의 바다를 헤엄친 후 허무함을 느끼는 진짜 이유다. 우리는 이 상태로 아침을 맞이하는 것이다.

일어나자마자 스마트폰을 보는 습관은 깊은 잠을 방해한다

특히 이메일을 자주 확인하거나 주가나 경제 흐름을 실시간으로 파악해야 한다면 이런 일은 더 심하다. 구글의 기술 윤리 전문가인 트리스탄 해리스(Tristan Harris)는 "기상과 동시에 스마트폰으로 어제 처리하지 못한 이메일이나 업무를 확인하는 것이 습관이 되면 우리는 무의식적으로 기상 시간을 '어제 놓친 것을 확인하는 시간'으로 인식하게 될 것이다."라고 경고한다.[1] 쉽게 말해 휴식하기 위해 잠을 자는 게 아니라 일하기 위해 어쩔 수 없이 자게 된다는 것이다. 일어나는 것이 활기찬 하루의 시작이 아니라 어제의 연장이 되는 셈이다. 이런 현상을 'FOMO(Fear of Missing Out : 놓친 것에 대한 두려움) 증후군'이라고 한다. 결국 계속 과거에 발목이 잡힌 채로 살아가는 것이다.

이러한 현상을 극복하려는 시도는 많다. 『아티스트 웨이』의 저자 줄리아 카메론(Julia B. Cameron)은 아침에 일어나면 빈 노트에 아무 생각이나 3쪽 분량을 적는다고 한다. 이른바 '모닝 페이지'를 작성해 내면의 다양한 생각들을 쏟아내는 것이다. 『미라클 모닝』의 저자 할 엘로드(Hal Elrod)는 일어나는 방식을 바꿔야 한다고 말한다. 이를테면 눈을 뜨자마자 바로 스트레칭을 하거나 명상을 하는 것이다. 그는 "아침에 일어나는 방식을 바꾸면 삶 전체가 바뀐다는 걸 깨닫는 데는 그리 오랜 시간이 걸리지 않을 것이다."라고 말하며 하루 6분만이라도 명상과 묵상을 할 것을 권한다.

나는 지금 당장 할 수 있는 일이 '스마트폰을 멀리 두고 자는 것'이라고 생각한다. 애초에 침대 안에서 무언가를 쥐고 있으면 안 된다. 진정한 휴식은 그렇게 가능하지 않다. 스마트폰이 함께

하는 순간 깊은 안식은 불가능하다.

현대인은 하루를 시작하는 가장 소중한 순간인 아침을 스마트폰으로 시작한다. 우리는 수많은 정보를 얻으며 하루를 시작한다고 착각한다. 그러나 진실은 이렇다. 우리는 자극적이면서 짧고 뒤엉킨 정보들로 인해 도파민이 고갈된 상태로 아침을 시작하고 있다. 상쾌할 수가 없다. 도파민이 고갈된 뇌는 아침의 새로움을 발견하지 못한다. 그저 묵묵히 씻고 재미없게 출근 준비를 하는 것뿐이다. 하루에 대한 기대 없이 시작하는 삶이다.

화장실로 침투한
스마트폰

이제 스마트폰 없이 화장실에 가는 건 상상할 수도 없다. 큰일을 보는 시간은 기껏해야 3~5분, 그 시간조차 홀로 들어가기가 싫은 것이다. 실수로 스마트폰을 두고 화장실에 가면 보통 무슨 일을 할까? 이럴 때 스마트폰 대신 샴푸 용기 뒷면의 성분표를 보라는 말이 있다. 외국의 한 샴푸 회사는 샴푸 뒷면 수많은 성분 표시 끝에 "당신이 이걸 읽고 있다면 스마트폰을 두고 온 것입니다."라고 써놓기도 했다. 외국에서도 볼일 보는 시간이 심심한 건 마찬가지인가 보다.

나도 마찬가지였다. 화장실에 갈 때는 항상 스마트폰을 지참했다. 한번은 너무 재미있는 콘텐츠를 보느라 시간이 얼마나 흘렀는지도 몰랐다. 변기에서 일어설 때 다리가 저리는 것을 넘어 쥐까지 났다. 확인해보니 대략 20분을 앉아 있었다. 충격을 받은 나는 스마트폰이 있을 때와 그렇지 않을 때 시간을 측정해보았다. 예상대로 엄청난 차이가 있었다. 게다가 단순히 시간을 낭비하고 다리에 쥐가 난 것으로 끝이 아니었다.

스마트폰이 치질의 원인?

오랜 시간 앉아 있으면 항문이 받는 압력이 증가한다. 특히 변기는 가운데가 비어 있는 형태라 밑으로 받는 압력이 커지고 엉덩이가 끼어 혈액순환이 되지 않는다. 이는 치질이나 변비 등 항문질환을 유발할 수 있다. 전문가들은 화장실에 들어가서는 오직 볼일 보는 것에만 집중하라고 조언한다. 최적의 시간은 3분 이내이고, 최대 5분을 넘기지 말라는 것이다.

이런 궁금증도 생긴다.

'스마트폰이 없던 시절에도 치질이나 변비는 있었는데?'

그 시절에는 스마트폰 대신 책이나 신문을 가지고 화장실에 들어갔다. 예전에 화장실 옆에는 잡지가 비치된 곳이 많았다. 옛날 우리 집 화장실에도 변기 옆 선반에 잡지나 신문 등 간단한 읽을거리가 놓여 있었다. 1997년 한 신문에는 제발 화장실에 신문을 가져가지 말라고 경고하는 기사도 실렸다. 공공화장실에 들어간 사람이 도무지 나오지 않고 안에서 신문 넘기는 소리만 들려서 결국 싸움으로 번졌다는 기사도 있었다.

결국 무료함을 달래기 위해 과거에는 신문을, 현대에는 스마트폰(또는 샴푸 용기)을 들고 간다는 것이다. 그러나 스마트폰은 신문보다 훨씬 위험하다. 신문이나 잡지는 주로 어른들의 전유물이었지만 스마트폰은 전 연령이 사용하기 때문이다. 실제로 한 조사에서는 '한국인의 화장실 스마트폰 사용률이 49퍼센트'라는 결과가 나왔다. 그중 10대가 77퍼센트로 50대의 32퍼센트보다 두 배 가까이 높았다.[2] 이제는 어린아이들까지 화장실에 스마트폰을 들고 가는 지경이다.

우리가 배출한 것이 그대로 스마트폰으로

더 큰 문제가 있다. 바로 위생 문제다. 애리조나 대학의 미생물학자 찰스 게르바(Charles Gerba)와 환경보건학자 켈리 레이놀즈(Kelly Reynolds)는 화장실에 스마트폰을 가져가는 게 얼마나 위험한 행위인지 실험해 그 결과를 발표했다.[3] 겉으로 보기에 아무리 깨끗해 보여도 화장실은 눈에 보이지 않는 세균 천국이다. 주로 대변으로 인한 세균과 장에서 배출된 박테리아 등으로 뒤덮인 공간이 화장실이다. 듣기만 해도 엄청 비위생적으로 느껴지는 이것들은 특히 물을 내릴 때 미세한 물방울들과 함께 튀어 오른다고 한다. 대략 1.8미터 반경까지 미세한 에어로졸 형태로 퍼진다는 것이다. 이 세균들은 눈과 손, 그리고 호흡기에 들어간다.

국내 한 방송사에서도 뚜껑을 닫지 않은 채 변기를 내리는 실험을 해보았다. 놀랍게도 변기와는 멀리 떨어져 있는 칫솔에도 변기 속 균이 있었다. 물을 내릴 때 뚜껑을 반드시 닫아야 한다는 결론이다.

하지만 가장 위험한 요소가 남아 있다. 바로 손과 스마트폰이다. 제대로 씻지 않은 채 젖은 손으로 스마트폰을 만지는 순간, 세균들이 엄청나게 증식한다. 이미 다양한 연구 결과가 화장실 변기보다 스마트폰이 10배나 더 더럽다고 말한다. 거기에 화장실의 습도 높은 환경은 균이 번식하기에 안성맞춤이다. 화장실에서 제대로 씻지 않은 손과 스마트폰의 만남은 세균의 입장에서는 그야말로 천국이며, 우리 인간에게는 재앙이다.

결국 스마트폰이 화장실로 들어오면서 병원균에 감염될 확률과 항문성 질환을 얻을 가능성이 더 높아진 것이다. 과거보다 지금이 더 위험한 이유는 스마트폰을 전 연령대가 사용하기 때문이다. 특히 제대로 씻는 습관을 갖지 못한 아이가 볼일을 보고 그 손으로 다시 태블릿이나 스마트폰을 만지고 음식을 먹는다면 위험은 더욱 커진다.

가장 좋은 것은 아예 스마트폰을 가져가지 않는 것이다. 지루함을 달래려 하지 말고, 최대한 빠르게 집중해서 볼일을 보고, 뚜껑을 닫고 물을 내리고, 제대로 손만 씻는다면 훨씬 건강한 삶을 살 수 있을 것이다.

사진 찍기가
소중한 순간을 망친다

오늘은, 내일의 추억입니다.

-S사 캠코더 광고-

남자가 사는 디카와

아빠가 사는

디카는 다르다

아이가 생기면… 차를 고르는 눈이, 좋아하는 음식이 달라집니다.

또, 휴가를 보내는 방식도 달라집니다. 그리고…

디지털카메라를 고르는 기준이 달라집니다.

내 가족을 위한 디카

-F사 카메라 광고-

행복한 순간은 영원히 간직하고픈 게 인간의 마음이다. 카메라 회사는 이 점을 놓치지 않고 우리의 마음을 움직이는 카피를 만들었다.

내가 대학생이 되자 아버지는 장롱에서 당신이 사용하던 카메라를 물려주셨다. 무거운 렌즈가 붙어 있는 펜탁스 SLR 카메라였다. 그 카메라로 대학 생활 동안 수많은 사람들과 풍경을 찍었다. 무겁기도 하고 필름값도 만만치 않아 쉽게 가지고 다닐 수는 없었다. 그만큼 카메라를 가져온 날은 특별했고, 한 순간 한 순간이 소중했다.

그러다가 나중에 디지털카메라를 구입하고 나서는 일상에서 훨씬 쉽게 사진을 찍을 수 있었다. 더 많은 사진을 찍기 위해 고용량 메모리카드를 구입했다. 1롤에 24장을 찍을 수 있는 필름에서 메모리카드로 바꾸니 한 번에 200~300장은 기본으로 찍을 수 있었다. 그리고 시간이 흘러 지금은 256GB의 스마트폰으로 수백 수천 장의 사진과 영상을 찍는다.

많이 찍을수록 소중함은 사라진다

디지털카메라를 처음 사용하면서 가장 먼저 든 생각은 '이제 소중한 순간은 몽땅 내 손안에 있다'라는 다소 치기 어린 야심이었다. 항상 카메라를 들고 다니면서 친구들, 음식, 가족, 돌멩이,

하늘, 구름 등 조금이라도 특이한 것들은 모조리 찍었다. 지금도 당시 촬영했던 사진 파일을 보면 일상의 모든 것을 담으려고 했던 흔적이 역력하다.

하지만 어느 순간 피로감을 느끼기 시작했다. 더 많은 사진과 영상을 찍을 수 있었지만, 이상하게 대학 시절 필름카메라로 찍던 것만큼 즐겁지도, 특별함이 느껴지지도 않았다. 화질도 필름에 미치지 못했고 메모리 카드도 용량에 한계가 있었으며 항상 여분의 배터리를 들고 다녀야 할 만큼 전력 효율도 좋지 않았다.

지금은 다르다. 기본적으로 스마트폰 용량은 128GB에서 1TB에 이른다. 거기에 구글 포토, 드롭박스 등 다양한 온라인 저장소가 있다. 수만 장을 찍어 스마트폰 용량이 꽉 찬다 한들, 온라인에 백업하고 다시 찍으면 된다. 심지어 화질도 좋다. 1000만, 2000만 화소는 기본이고 4K, 8K도 가능하다. 한마디로 브레이크가 없다. 마음만 먹으면 일상의 '모든' 순간을 기록할 수 있다. 이제 '소중한' 순간은 존재하지 않는다.

내가 스마트폰과 관련된 글을 연재하면서 가장 많은 공감을 얻은 주제가 사진이다. 독자들의 수많은 댓글과 메일을 확인하면서 한 가지 공통점을 발견할 수 있었다. 사람들은 수천, 수만 장의 사진을 찍을수록 이상하게 마음이 허무하거나 공허함을 느낀다고 말했다. 나도 똑같이 느꼈다. 사진을 찍는 순간 우리는 그 순간을 '소유'했다고 느낀다. 그리고 안심한다. 나중에 보면 친구와, 가족과, 사랑하는 연인과 나누었던 그 순간이 기억날 테니까.

문제는 그 순간이 너무나 많아졌다는 것이다. 많은 것을 소유하면 자신이 무엇을 가지고 있는지조차 잊게 된다. 예를 들어 우리가 경험한 일들의 80퍼센트는 한 달도 되지 않아 기억에서 사라진다. 미국의 심리학자인 시나 아이엔가(Sheena Iyengar) 교수는 '선택의 가짓수' 실험을 통해 필요 이상으로 많은 선택지는 정신적인 소음으로 작용해 오히려 그 무엇도 선택하는 걸 꺼린다고 한다. 이를 '선택의 과부하(choice overload)'라고 한다.[4]

이번에는 뇌를 직접 들여다보자. 앞서 말했듯 새로운 경험, 소중한 순간을 만끽할 때 우리 뇌에는 도파민이 분비된다. 하지만 너무 많은 도파민이 분비되면 도파민을 수용하기 위한 수용체는 갑자기 감소한다. 평소 100의 수치를 처리해왔고 이것이 정상이라고 해보자. 갑자기 150, 200의 도파민이 들어오면 몸이 망가지기 때문에 수용체는 오히려 줄어든다. 시간이 지나면, 그러니까 사진을 수백, 수천 장을 찍고 난 후에는 도파민 분비는 중지되고 수용체는 원래대로 돌아온다.

여기서 문제가 발생한다. 회복된 수용체는 예전처럼 100에서 만족하지 않는다. 내성이 생긴 것이다. 결국 더 많은 도파민을 원하게 되고 금단증상이 나타난다. 우리가 느끼는 허무함은 여기서 비롯되는 것이다. 예전처럼 특별하고 즐겁지 않다. 그리고 많이 찍어두지 않으면 불안해진다. 소중한 순간은 이제 사라졌다. 오직 이 순간을 즐기는 것이 아니라 남겨야 한다는 불안감만 남는다.

소중한 순간을 잊지 않으려면 집중해야 한다

사진을 통해 소중한 추억을 회상할 수 있지 않느냐는 반문도 가능하다. 수십 년이 지난 후 성장한 자녀의 어릴 적 사진이나 영상을 함께 본다면 물론 특별한 추억이 될 것이다. 대부분 우리가 서로를 찍는 이유는 언젠가 이 순간을 다시 회상하기 위해, 잊지 않기 위해서다.

카메라 회사의 마케팅 포인트가 바로 이것이다. "기록은 기억을 지배한다."라는 카피를 기억하는가? 곧 사라질 불완전한 순간을 사진으로, 영상으로 남기라고 자극하는 이 카피와 함께 한동안 우리 사회에는 카메라 열풍이 불었다. 그만큼 우리의 기억은 불완전하고, 행복한 시간도 한순간임을 알기 때문이다. 영상으로, 사진으로 어떻게든 그 순간을 계속 소유하고 싶은 마음은 너무나 당연하다. 지금도 수많은 스마트폰 회사와 카메라 회사는 고화질, 대용량 메모리와 배터리 등으로 더 많이 기록할 수 있다고 우리를 자극한다.

하지만 이는 단순히 소유에 그친다는 것이 문제다.

우리는 도파민을 통해 집중하고 기억한다. 정확히는 장기기억 구역으로 소중한 순간을 이동시킨다. 이때 장기기억을 방해하는 것이 바로 산만함이다.

'잠깐 알람을 확인해볼까?' '어, 메신저 와 있네. 누가 보낸 거지?' 등 집중을 해치는 행동과 딴생각 하나하나가 우리의 기억을 훼손한다. 뇌는 중요하고 새롭다고 느끼는 순간 복측피개영역에서 도파민을 분비해 전두엽까지 전달한다. 장기기억을 담당하는 전두엽뿐만 아니라 감정을 담당하는 편도체에서도 자극을 받는다. 그래서 우리는 소중한 순간의 이미지뿐만 아니라 그 당시의 분위기와 기분까지도 기억해낼 수 있는 것이다.

기억은 결코 이미지나 소리 등으로 홀로 존재하지 않는다. 때문에 온몸의 감각기관에 집중하고 지금 내 눈앞에서 벌어지는 일들에 온전히 집중해야 한다. 지금 이 순간의 풍경, 소리, 온도, 냄새 등 온갖 것에 집중해보라. 장기기억은 복합적으로 경험할 때 가장 효과적으로 기억되고 재생할 수 있기 때문이다. 하지만 내가 가장 집중한 것이 풍경이나 상대방이 아니라 스마트폰 조작이었다면 어떨까?

멋진 순간에 눈과 귀, 온몸의 감각기관을 여는 대신 스마트폰을 잠금해제하고 카메라 앱을 실행시켜 (현실에 비하면 훨씬) 흐리멍덩한 액정을 바라보며 촬영한다. 배터리나 용량 걱정도 하고, 갑자기 온 메신저나 SNS 알람에 정신을 빼앗기기도 한다. 그러면 뇌는 그 순간을 무엇도 바꿀 수 없는 소중한 순간이 아니라 별 감흥 없는 시간으로 인식할 뿐이다. 나중에 집에 와서 촬영한 영상이나 이미지를 본다 한들, 잘 찍었는지를 확인하는 것에 불과하다.

상대방과 눈을 마주치지 못하게 하는 스마트폰

"한 번은 딸애 학교에서 단체로 춤을 추는 행사에 갔어요. 모든 부모가 전부 다 폰을 갖고 있었죠. 가관이었던 게 뭐냐면, 애들이 춤을 추고 있는데 모든 부모들은 애들을 안 보고 폰으로 눈을 가리고 있더라고요. 자기 얼굴을 아이패드로 가리는 인간도 있어요. 애들이 부모 얼굴을 못 보는 게 말이 되나요?"

-루이스 C.K(스탠딩 코미디언)-

아이들을 가르치는 일을 하다 보니 어딜 가든 부모와 아이가 보이면 관찰하는 습관이 있다. 패스트푸드점, 백화점, 아파트 놀이터 등 어디서든 아이들은 신나게 떠들고 뛰어논다. 그리고 99퍼센트의 확률로 부모는 스마트폰을 본다. 아이는 일부러 말썽을 피우거나 소리를 질러 부모의 시선을 모아보려고 하지만, 그 순간이 지나면 부모는 다시 스마트폰으로 시선을 돌린다. 아이의 눈에는 사랑하는 부모와 자신 사이에 검은 벽이 있는 것처럼 느낄 것이다.

사회생활에 첫발을 내디디며 가장 먼저 겪는 상황은 모르는 사람과 대화하는 것이다. 면접을 보거나 직장 상사와 이야기하면서 눈을 어디에 두어야 할지 모를 때가 많다. 특히 학교나 군대에서 윗사람의 눈을 빤히 쳐다보는 게 예의에 어긋난다고 가르치는 문화 속에서 성장해서 그런지 눈 마주치는 게 쉽지 않다. 하지만 사회에서는 내 의견을 전달할 때 눈을 보고 이야기해야 신뢰를 줄수 있다. 고개를 숙이고 있으면 상대방은 무시한다고 여기고, 다른 곳을 보면 자신에게 집중하지 않는다고 생각한다.

심지어 우리 집 고양이조차 아무리 쓰다듬어도 나와 눈을 마주치지 않으면 절대로 만족하지 않는다. 꼭 눈을 마주치고 쓰다듬어야 그르렁거리며 만족한다. 실제로 일본 아자부 대학의 연구진은 주인과 반려견이 30분간 마주 보며 쓰다듬기와 말하기를 하게 하고 소변검사를 한 결과 사람과 반려견의 뇌에서 모두 옥시토신 호르몬 수치가 급증했다는 결과를 발표했다. 옥시토신은 사랑의 묘약이라고 불리며 사회적 교감과 모성 본능을 촉진하는 호르몬이다. 동물과 사람 간의 관계도 이런데 하물며 사람 간 관계, 그것도 부모 자식 간 관계는 말할 필요도 없다.

눈 마주침은 사회적 에티켓으로만 치부할 게 아니다. 또다시 뇌 속을 들여다보자. 일본 국립생리학연구소의 사다토 노리히로 (定藤規弘) 교수 팀은 눈 마주침이 뇌에 어떤 영향을 미치는지를 실험했다.[5] 연구팀은 동시에 두 대의 MRI 기계에 면식이 없는 16쌍의 성인을 넣고, 파트너의 얼굴이 보이는 화면을 응시하도록 했다. 그리고 서로의 눈을 보게 하며 상대방에 대한 생각, 성격, 기분 등을 물어보게 했다. 그 결과 눈을 마주친 상태에서는 무의식적으로 상대방과 비슷한 감정을 갖게 된다고 한다.

눈을 마주치는 순간 소뇌가 활성화되며 변연계에 위치한 거울세포가 활성화된다. 거울세포는 상대방의 행동을 관찰하고 따라 할 수 있게 해주는 세포로서 공감에 중요한 요소다. 결국 눈 마주침을 통해 타인의 기분이나 마음에 공감할 수 있다는 뜻이다.

하지만 앞에서 나온 코미디언의 말처럼 지금 부모와 아이 사이, 친구 사이, 연인 사이에는 벽이 하나 자리하고 있다. 상대방과 눈을 마주치고 싶어도 한쪽은 이 순간을 남기기 위해 열심히 스마트폰 액정을 응시하는 아이러니다.

가장 큰 피해자는 우리 모두이다

한 엄마가 자녀가 공연하는 학예회에 참석한다고 생각해보자. 저 멀리 아이가 보인다. 너무나 사랑스러워 그 순간을 남기고 싶어진다. 스마트폰을 꺼내 아이를 촬영한다.

이번에는 아이의 입장이 돼보자. 저 멀리 엄마가 손을 흔드는 게 보인다. 무대 위는 긴장되지만 엄마의 활짝 웃는 얼굴을 보며 안심한다. 하지만 어느 순간 엄마의 시선 끝에는 자신이 아니라 스마트폰 액정이 있다. 이따금 스마트폰 위로 엄마의 시선이 올라오지만 나를 보고 있는 것 같지 않다. 웃고 있지만 용기를 얻기에는 부족하다. 결국 엄마 대신 다른 곳으로 시선을 돌린다.

엄마는 촬영을 마치고 재생해본다. 뭔가 이상하다. 분명 눈으로 봤을 때는 멀리 있는 우리 아이의 표정까지 보였는데 카메라로는 아주 작게 촬영돼 있다. 공연장이 어두워서 그런지 화질도 지글거리고 뭔가 마음에 들지 않는다. 아까 처음에 눈으로 봤을 때의 생생함에는 반의 반도 못 미친다.

잠시 기술적인 문제를 언급하자면, 현재 최신 스마트폰의 이미지 센서(CCD)로는 어두운 환경(저조도)에서 깨끗한 이미지를 얻기 힘들다. 5배, 100배 줌이 된다고 해도 망원렌즈의 특성상 배율을 높일수록 밝기는 더 어두워진다. 거기에 소프트웨어의 필터링을 거친다 해도 눈으로 보는 생생함을 따라잡을 수는 없다.

어떤 사람은 아예 스마트폰을 가슴에 고정시키고 촬영하고 눈은 아이에게 고정하는 꼼수(?)를 쓴다고 한다. 좋은 방법이다. 하지만 아무래도 가슴에 있는 스마트폰에도 계속 신경이 쓰이기 마련이다. 제대로 촬영되는지도 계속 확인해줘야 한다. 결국 시선은 분산된다. 잘못하면 이도 저도 안 될 수도 있다.

사람이든 동물이든, 시선을 통해 뇌에 있는 거울신경 스위치를 작동해 공감대를 생성하는 것은 공통적이다. 변연계를 자극해 상대방의 감정을 추측하고 비슷한 감정을 갖도록 유도한다. 슬픈 눈을 가진 사람을 보면서 순간 그의 눈을 통해 감정을 공유한다. 심지어 처음 보는 이성일지라도 2분간 바라보면 로맨틱한 감정이 생긴다고 한다. 반대로 눈길이 다른 곳으로 가면 별다른 반응을 일으키지 못한다. 사랑하는 사람을 바라보고 있다면 시선에 신경을 쓰자.

스마트폰과 함께 자면
빨리 늙는다

이제 잠을 잘 시간이다.

그리고 여러분은 결정해야 한다. 스마트폰을 그대로 들고 침대로 갈 것인지, 아니면 과감히 다른 곳에 두고 홀로 잠들지를 말이다. 안타깝게도 대부분 사람들은 스마트폰을 들고 간다. 심지어 침대 근처에 충전기를 둔다. 자기 전에 인터넷이나 넷플릭스, 유튜브를 보기 위해서다. 이제 스마트폰은 우리 삶의 가장 은밀하고 깊은 영역까지 침투했다.

바닷가재는 소음이나 오염이 없는 환경만 잘 갖춰지면 100년 넘게 살 수 있다고 한다. 뉴욕의 한 해산물 레스토랑 수족관에 있던 랍스터 한 마리는 무려 140세라는 게 발견돼 환경단체에서 긴급 구조를 하는 해프닝도 있었다. 하지만 이런 랍스터도 보통

15~20년 안에 죽는다. 대부분 탈피할 때 세균 감염의 위험도 있고 적에게 공격당할 수도 있으며, 탈피할수록 껍데기가 점점 두꺼워지기 때문에 오래 산 바닷가재일수록 껍데기 벗는 것이 부담되어 결국 갇혀 죽는다는 것이다. 바닷가재에게는 탈피할 때가 생사를 넘나드는 순간이다.

인간도 바닷가재처럼 가장 취약해지는 순간이 있다. 바로 잠을 잘 때다. 잠과 탈피는 서로 비슷한 면이 있다. 탈피를 함으로써 바닷가재는 새로운 껍질과 함께 혈관, 더 강한 근육이 생긴다. 사람은 잠을 자면서 피로를 푼다. 낮 동안 다친 부위가 있으면 자는 동안 다친 부위를 복구한다. 머리에서는 물청소를 하듯 노폐물을 씻어낸다.

2019년 보스턴 의과대학의 연구에서는 fMRI(기능적 자기 공명 영상)로 촬영한 결과 잠을 잘 때 머릿속에서 뉴런들이 순차적으로 활동을 정지한다는 점을 발견했다.[6] 뇌파가 느려지고, 느려진 파동은 신경을 통해 혈액에 진동을 일으킨다. 이 진동은 뇌척수액을 끌어들여 노폐물을 정리한다. 말 그대로 진동으로 물청소를 하는 것이다.

그 외에 뇌에서는 일상에서 있었던 다양한 사건들을 정리한다. 우리가 꾸는 꿈은 정리하는 도중에 있었던 단편적인 사건을 처리할 때 생기는 노이즈라고 해석하는 학자들도 있다. 이처럼 잠을 자면서 몸은 회복하고, 머릿속은 청소되고, 뇌 속에서는 입력된 정보를 정리한다. 그야말로 바닷가재처럼 다시 태어나는 것이다.

잠은 이렇게 중요하다. 그리고 그 순간만큼은 우리는 취약해진다. 깊은 어둠 속에서 몸이 치유되고 뇌는 청소를 하는 시간이기 때문이다. 우리는 자는 동안 무방비 상태가 된다. 하지만 이때도 스마트폰은 기회를 놓치지 않고 침투한다. 아니, 정확히는 스마트폰을 통해 스스로 잠들기를 거부하는 사람들이 많아졌다.

취침시간 지연행동

과거에는 대부분 일찍 잠들 수밖에 없었다. 텔레비전은 12시가 되면 애국가가 나오고, 더 이상 볼 것이 없었다. 다음 날 출근이나 등교를 해야 하기 때문에 일찍 잠들 수밖에 없었다. 하지만 케이블TV의 보급과 주5일 근무 등으로 늘어난 여가시간의 영향으로 덩달아 취침시간도 점차 짧아졌다. 여기에 불을 붙인 것이 스마트폰이다.

2011년에 불과 24퍼센트였던 스마트폰 보급률은 2014년에는 84퍼센트로 늘어났고, 2020년에 와서는 90퍼센트에 이르렀다. 전 세계 수치는 44퍼센트이다.[7] 미국인 1,508명을 대상으로 조사한 결과, 10명 중 9명이 잠자리에서 전가기기를 사용한다.[8] 국내 조사에서 불면증 환자는 2015년 34만 명에서 2019년 63만 명으로 급격하게 증가했다.[9] 특히 코로나19로 집에 머무는 시간이 늘어나면서 유튜브, 넷플릭스 등 스마트폰 콘텐츠 시청 시간이 급격히 늘어난 결과다.

이제 수많은 사람들이 자기 전에 스마트폰을 한다. 재미있는 점은 다음 날 분명히 늦잠을 자고 일정에 차질이 생기는 등 부정적인 결과를 예상하면서도 늦게 자는 사람들이 늘어나고 있다는 것이다. 이러한 현상을 '취침시간 지연행동(Bedtime Procrastination)'이라고 한다.

성신여대 연구팀은 20대 남녀를 대상으로 수면 일지를 작성하게 함으로써 취침 전 스마트폰 사용 현황을 조사했다.[10] 그 결과 참가자의 절반 이상이 잠들기 전 3시간 동안 스마트폰을 사용했다. 1위는 유튜브였고, 2위는 카카오톡이었다. 여가와 커뮤니케이션에 가장 많은 시간을 할애한 셈이다.

또한 376명의 대학생을 대상으로 조사한 결과 스마트폰 중독은 곧 개인의 외로움과 사회적 불안 수준과 연결되어 있음을 확인했다.[11] 특히 잠자기 전 스마트폰을 하는 것은 일상에서 충족되지 않은 사회적 상호작용과 즐거움을 얻을 수 있기 때문이다. 그래서 잠들기를 거부하며 잠들기 마지막 순간까지 스마트폰을 놓지 않는 것이다. 특히 2020년 코로나19로 사회적 만남이 극적으로 줄어들다 보니 대면에서 얻지 못한 만족을 비대면으로 만족하려는 욕구가 커져, 스마트폰과 태블릿PC 등 디지털 기기의 수요도 급증했다.

그로 인해 취침시간 지연행동이 반복되고, 이것이 오래될수록 총 수면시간은 짧아지고 이는 불면증으로 이어진다. 수면 부족은 우울감과 의욕 저하 등 다양한 신체적 변화를 몰고 온다. 또 우울한 사람일수록 스마트폰으로 영상을 시청하는 비중이 높다는 조사 결과도 있다. 즉, 늦게까지 영상을 보니까 수면시간은 짧아지고, 짧아진 수면시간은 신체적 피로와 우울감을 증가시키고, 다시 잠들기 전까지 스마트폰 영상에 의존하는 악순환이 나타나는 것이다.

늙고 싶으면 스마트폰과 함께 잠들면 된다

한때 '블루라이트 유해 논쟁'으로 사회가 시끄러웠던 적이 있다. 모니터, 스마트폰, 텔레비전 등에서 나오는 파란색 계열 광원(380~500nm 파장)의 가시광선이 안구건조증과 망막 손상을 일으킨다는 내용이다. 특히 파란색 계열의 빛은 에너지 밀도가 높아 다른 빛에 비해 안구에 해롭다는 것이었다. 마치 현대 사회의 기술 발달로 등장한 질환 같은 느낌을 준다.

사실 블루라이트는 말 그대로 청색 빛으로, 푸른 하늘도 블루라이트다. 현재까지 많은 연구가 있지만 대부분 스마트폰과 모니터의 블루라이트는 유해하지 않다고 결론짓고 있다. 국제 학술지인 「네이처(Nature)」와 미국안과협회에서는 공식적으로 '과학적 근거가 없다'고 밝혔다. 다만 오랫동안 액정을 보고 있으면 눈 깜빡임이 적어져 안구건조증이나 다른 질환이 생길 가능성은 있다.

블루라이트 자체는 오히려 태양빛에서 훨씬 많이 나오고, 스마트폰은 그에 비하면 10만분의 1 수준이다. 결국 블루라이트는 과장된 공포라고 할 수 있다.

이번에는 블루라이트가 아닌 스마트폰 액정에서 나오는 빛에 대해 이야기해보자. 아무리 조도를 낮춰도 스마트폰에서는 빛이 뿜어져 나온다. 영상을 제대로 보려면 어느 정도 밝기를 유지해야 한다. 그런데 이 빛이 만약 우리를 늙게 만든다면? 그래도 밤에 스마트폰을 사용하고 싶을까? 우리 뇌가 하는 이야기를 들어보자.

뇌에는 송과체 또는 솔방울 샘이라고 불리는 부위가 있다. 말 그대로 솔방울을 닮았다고 해서 붙은 이름이다. 송과체는 멜라토닌 공급을 담당한다. 멜라토닌은 주로 깊이 잠들었을 때 분비된다. 하는 일은 생체시계, 즉 낮과 밤을 구분하고 깊은 잠을 잘 수 있도록 돕는 것이다. 한마디로 우리 몸의 타이머 역할을 하는 것이다. 하지만 연구 결과 더 많은 역할을 하고 있음이 밝혀졌다.

멜라토닌은 스스로 항산화물질로 작용할 뿐만 아니라 다른 항산화물질과 협력해 시너지 효과를 낸다. 비타민E보다 두 배나 강력한 항산화 효과를 지닌다. 산화작용이 세포 노화에 주된 작용을 하기 때문에 멜라토닌은 노화를 늦추는 데 큰 역할을 한다. 또한 혈액을 통해 순환하기 때문에 순환계의 면역 시스템을 돕기도 한다. 특히 암 발병률과 사망률을 낮추는 데도 도움을 준다. '잠이 보약' 수준이 아니라 '잠은 만병통치약' 수준이다.

하지만 멜라토닌을 유일하게 억제하는 것이 있다. 바로 빛이다. 멜라토닌을 분비하는 송과체 자체가 과거엔 파충류가 눈으로 사용했을 정도로 빛에 민감한 기관이다. 어두운 방에서 잠들기 전 스마트폰을 켜는 광경을 떠올려보자. 액정에서 나오는 빛은 망막을 자극하고 신호는 시상하부의 시교차 상핵(시신경이 교차하는 곳의 위에 있는 신경핵)을 지나 송과체에 도달한다. 빛에 민감한 이 기관은 아직 낮이라 판단하고 깊게 잠들게 하는 물질인 멜라토닌 분비를 줄이거나 중단한다. 그 뒤의 일은 앞에서 말한 것과 같다. 불면증과 여러 부작용을 일으키는 것이다. 결국 스마트폰의 빛은 우리를 늙게 하는 노화의 빛이다.

단순히 멜라토닌이 수면 주기나 생체리듬을 관장하는 이야기 뿐이라면 이 글을 쓰지 않았을 것이다. 그러나 다시 한 번 강조하고 싶다. 멜라토닌이 하는 일, 즉 더 깊은 잠과 그로 인한 뇌 속 청소, 입력된 감각의 정리, 면역체계 강화, 그로 인한 '젊어지는' 효과 등을 생각하면 도저히 스마트폰을 들고 갈 수 없을 것이다. 아무리 심심하고 외로워도 건강을 해치거나 젊음을 희생할 만한 가치는 없다.

잠들기 전 유튜브 한편은 꿀 같은 유혹이다. 유일하게 힐링할 수 있는 시간이라고 주장할 수도 있겠지만 우리 몸은 그렇지 않다. 우리 몸이 유일하게 힐링할 수 있는 시간은 바로 철저한 어둠 속에서 누구의 도움도 없이 홀로 잠드는 것이다.

그렇기에 스마트폰은 아예 물리적으로 먼 곳에 두어야 한다. 전문가들은 전자파를 고려하면 최소 90센티미터 이상 떨어뜨려야 한다고 말한다. 개인적으로는 90센티미터가 아니라 9미터, 혹은 그 이상을 권하고 싶다. 장난이 아니다. 90센티미터는 여차하면 바로 팔을 뻗어 다시 스마트폰을 열고 메신저를 확인하고 유튜브 한편 보기 딱 좋은 거리다. 나는 아예 스마트폰을 거실에 따로 두고 방에서 잠을 잔다. 이 정도 거리면 새벽에 누군가 연락을 해도 도저히 받을 수 없는 거리다. 나를 함부로 깨우기 어려운 거리다. 젊어지기 위해 수백, 수천만 원을 투자하는 현대 사회에서 이 정도 실천은 큰 무리는 아니라고 생각한다.

명심하자.

젊고 건강해지기 위해서는 어둠 속에 홀로 들어가야 한다.

내가 아니라 내 스마트폰이 여행하는 세상

이 글을 쓰는 시점에서는 전 세계가 코로나19 팬데믹에 휩싸여 한동안은 제대로 된 여행은 불가능할 것이다. 그럼에도 사람들은 기를 쓰고 국내 여행이라도 시도한다. 인간의 여행 욕구는 절대로 멈추지 않는 것 같다.

스마트폰이 탄생하기 전 여행을 할 때는 가이드와 지도가 필수품이었다. 여행 서적이나 공항이나 기차역, 터미널에서 나눠주는 대형 지도는 반드시 챙겨야 했다.

오래전 대학 입학 후 처음으로 일본 여행을 간 적이 있는데, 나는 도쿄 맛집, 필수 관광코스를 모두 검색해 프린트해서 들고 갔다. 하지만 도쿄 긴자 한복판에서 길을 잃었다. 지도를 아무리 봐도 도무지 여기가 어딘지 알 수가 없었다. 그제야 깨달았다. 중요한 건 지도가 아니라 내가 어디 있는지 아는 것이라는 사실을 말이다. 수십 장의 지도가 있어도 내가 현재 어디 있는지를 모르면 지도는 아무런 의미가 없다.

스마트폰의 GPS센서 덕분에 오늘날 내가 어디 있는지 아는 건 아주 쉬워졌다. 과거 군사 장비에나 달렸던 GPS센서는 이제 스마트워치에도 탑재되어 있다. 이제는 누구나 자신의 위치를 알 수 있고 어디로 어떻게 가야 하는지도 알 수 있다. 자동차를 위한 내비게이션뿐만 아니라 보행자를 위한 내비게이션도 있는 세상이다.

길을 찾는 것보다 길을 잃는 게 더 어려워진 시대

해외에서도 구글 지도의 위력은 대단하다. 과거 내가 일본을 여행하면서 경험한 낯섦은 이제 정말 '옛날이야기'다. 지도를 실행하면 빨간 점이 내 위치를 알려준다. 가고 싶은 곳을 검색하면 도보, 지하철 경로뿐만 아니라 심지어 택시비가 얼마나 나올지도 가르쳐준다. 이제 해외에서 길을 잃어 외국인에게 손짓, 발짓으로 길을 묻는 일은 머나먼 과거가 된 것 같다.

심지어 맛집 리뷰도 볼 수 있다. 가이드북에는 맛집이라고 나오지만 실제 여행객들의 리뷰는 별 한 개라면 자연스럽게 다른 맛집을 찾아간다. 말도 안 통하고 모든 것이 낯선 해외에서 가이드 없이 이런 일을 한다는 건 예전에는 상상조차 못 했던 일이다. 이제는 오히려 길을 잃는 게 힘들어졌다. 웬만한 숙소나 교통정보는 구글이 실시간으로 파악하고 있기 때문이다.

아이들에게 미술을 가르치면서 해외에 있는 유명 전시회에도 데려가고 싶었다. 그래서 '아들 여행'이라는 프로젝트로 아이들을 데리고 일본, 스페인, 프랑스 등 많은 곳에 데려갔다. 그때 구글 지도의 위력을 절실히 깨달았다. 해외에 아무 연고지가 없어도 얼마든지 길을 찾아갈 수 있었다. 물론 처음부터 이렇게 능숙해진 건 아니다. 횟수가 거듭될수록 함께 준비하는 선생님들도 점점 검색 실력이 늘었다.

아이들을 인솔하는 선생님이 해외에서 길을 잃는 건 아주 위험한 일이다. 검색만으로는 준비가 완벽하다고 생각되지 않았고, 최대한 오차를 없애고 싶었다. 어떻게 하면 스페인 바르셀로나 한복판에서 길을 잃지 않을까? 그리고 엄청난 생각을 해냈다.

'구글 스트리트뷰를 이용해 미리 여행을 가보자!'

웬만한 주요 도시는 스트리트뷰가 완성되어 있다. 결국 우리는 스트리트뷰로 우리가 가볼 모든 곳을 여행할 수 있었다. 심지어 VR기기를 통해 아예 그 공간에 서 있는 경험까지 했다. 도보로 이동하는 구간은 실제처럼 걸을 수도 있었다. 걷는 도중 참고할 만한 간판, 표지판 등을 메모했다. 이렇게 동선을 모두 돌아보니 말 그대로 미리 여행한 것만 같았다.

그렇게 바르셀로나로 갔다. 정말 놀랍게도 구글에서 본 것과 똑같은 가게, 길거리, 관광지가 있었다. 덕분에 헤매지 않고 아이들을 안전하게 인솔할 수 있었다. 그런데 함께 랜선 여행을 한 선생님이 웃으며 이렇게 말했다.

"구글로 봤을 때랑 너무 똑같아서 여행 온 것 같지가 않아요."

기술의 발전으로 우리는 낯선 곳에서도 이전보다 훨씬 안전하게 여행할 수 있다. 하지만 그만큼 우리는 무언가 잃고 있는 게 아닐까. 연고 없는 곳에서 느끼는 긴장감 말이다. 낯선 사람들, 심지어 공기마저 다른 곳에서 우리는 한시도 긴장을 놓을 수 없다. 그러나 아이러니하게도 그것이야말로 우리가 여행을 하는 이유다. 전혀 예상할 수 없는 수많은 상황을 만나기 때문이다. 걷기, 먹기, 잠자기 등 평소 당연한 행동 하나하나가 여행지에서는 새롭다. 뇌에서는 도파민이 뿜어져 나온다. 인류는 끊임없이 새로운 것을 추구한다. 익숙한 것에는 관심을 두지 않는다. 호기심은 우리가 살아가는 동기 그 자체다.

스마트폰으로 여행의 새로움은 절반쯤 사라졌다

여행지에서도 네이버에 접속하고 블로그를 통해 맛집 정보를 얻는 세상이다. 사진을 찍고 바로 SNS에 업로드한다. 한국의 친구들과 자유롭게 메신저를 한다. 몸만 외국에 왔을 뿐 정신의 절반은 여전히 한국에 있다. 양다리를 걸친 것처럼 우리는 애매한 새로움과 애매한 신선함을 느낀다. 길을 잃지 않기 위해 눈은 온통 스마트폰 스크린에 집중한다. 누가 보면 스마트폰이 여행하는 건지 사람이 여행하는 건지 알 수 없을 정도다.

물론 스마트폰을 버리고 여행하라는 것은 아니다. 하지만 한국에서와 똑같은 패턴으로 외국에서도 스마트폰을 사용한다면 여행의 가치는 현저히 내려가지 않을까. 낯선 것과의 마주침이 여행의 본질임을 깨닫는다면 과감히 내려놓을 수 있어야 한다. 불안정한 요소를 기꺼이 포용해야 한다. 블로그에 있는 맛집보다 우연히 들어간 식당에서의 음식이 더 많은 즐거움을 줄 수 있다.

과거 일본 여행 때 나는 수많은 지도를 프린트하고도 결국 원하는 곳은 가지 못했다. 하지만 결코 안 좋은 추억이 아니라, 재미있고 소중한 추억이었다. 두 번 다시 경험할 수 없기 때문이다.

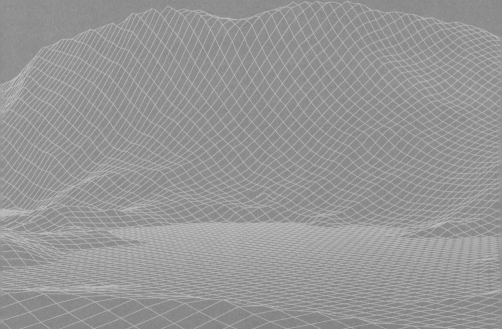

2부

DISCO

뇌에 필요한 다이어트,
디스커넥트

N N E C T

3장

카메라를
디스커넥트하라

DISCONNECT

카메라를 포기하면
관찰력이 늘어난다

이제 스마트폰, 디지털 기기로 인해 비대해진 뇌를 다이어트할 시간이다. 다이어트를 해본 사람은 알 것이다. 다이어트의 가장 큰 적은 음식이 아니다. 바로 요요 현상이다. 원 푸드 다이어트의 단점은 오래갈 수 없다는 것이다. 사람은 잡식성이다. 한 가지 음식만으로 사는 것은 일시적이고 분명한 목표가 있을 때만 가능하다. 디지털 라이프도 마찬가지다. 지금 당장 스마트폰이 뇌에 해롭다고 전원을 꺼둘 수도 없다. 우리는 이미 하루도 스마트폰 없이는 살아갈 수 없다.

그래서 나는 하나씩 포기해보는 것을 제안하고 싶다. 하루는 사진 대신 메모나 그림으로 순간을 남겨보고, 하루는 유튜브 영상이나 음악 대신 귀를 열고 일상의 소음을 감상하는 것이다. 다른 기능은 유지한 채 한 가지를 내려놓는 건 충분히 감당할 수 있다. 그 상태에서 나 자신의 변화를 관찰해보자. 생각하는 방식, 행동 방식이 달라지는 걸 실감할 수 있을 것이다.

이제부터 하나씩 내려놓아보자. 지금부터 시작되는 이야기는 직접 실천하고, 경험하고, 그 과정을 온라인에 공유한 것들이다. 수많은 댓글과 함께 공감을 얻기도 하고, 또 다른 누군가의 도전 이야기를 듣기도 했다. 진정한 커넥트를 위해서는 반드시 '디스커넥트'를 거쳐야 한다.

카메라를 내려놓고, 순간에 집중해보라

친구가 메신저로 재미있는 대화를 캡처해서 보냈다. 순간 캡처라는 단어를 생각해봤다. 예전에는 '복사해서 보내줘', '전달해줘'라는 말을 사용했지만 지금은 우리 부모님 세대도 자연스럽게 '캡처해서' 보내달라는 이야기를 한다. 결국은 다 찍는다는 생각이 들었다. 사진도, 메신저 대화도, 재미있는 글도 모두 찍어서 저장하는 시대가 온 것이다.

우리가 사진을 가장 많이 찍을 때는 언제일까? 관심 있는 것을 볼 때, 즉 뇌가 새로운 것을 봤을 때이다. 매일 먹는 식사를 찍는 사람은 없다. 우연히 맛있는 음식을 먹거나 고급 레스토랑에 갔을 때 사진을 찍는다. 낯선 풍경을 볼 때, 친구들이나 가족과 특별한 순간을 보낼 때 카메라 앱을 실행한다. 이 모든 것이 합쳐진 때는 언제일까? 매 순간이 새롭고, 먹고 마시는 모든 것이 낯설고, 만나는 사람도 새로울 때. 그래서 모든 순간을 잊고 싶지 않은 때. 바로 여행이다.

2020년 1월. 오랜만에 제주도로 여행을 가기로 했다. 어느 때보다 멋진 추억을 남기고 싶었다. 스마트폰에는 각종 카메라 필터 앱을 설치했고, 커다란 보조배터리까지 준비해서 공항으로 향했다. 그리고 누구나 찍는 공항 티켓 샷. 촬영 버튼을 터치하기 전 갑자기 이런 생각이 들었다.

'이번에도 엄청나게 찍어대겠지. 그런데 내가 여행 사진을 다시 본 적이 있나?'

생각해보니, 매번 수천 장의 사진을 찍고선 다시 본 일이 기억나지 않았다. 함께 여행한 사람들과 찍은 사진은 단톡방에 공유했고, 몇몇 사진은 메신저 프로필사진으로 올렸고, 몇 장은 친구들에게 자랑했다. 그게 전부였다. 수천 장의 사진을 찍고 날짜별로 분류하면서 몇 번 훑어봤을 뿐, 두고두고 보지는 않았다.

분명 예전에는 이렇지 않았다. 대학생 때도 핸드폰에 카메라가 있었다. 굉장히 낮은 화소에 지금과 비교조차 민망한 화질이었다. 하지만 그걸로도 일상의 수많은 풍경과 사람들을 찍었다. 그리고 심심할 때마다 사진첩을 열어 바라보았다. 어떤 것은 필터를 입히고, 함께 찍은 사진은 데이터 비용을 감수하고 친구들에게 전송했다. (그 당시 데이터 비용은 끔찍하게 비쌌다.)

그러다가 어느 순간 100만 화소, 400만 화소, 1000만 화소로 디지털카메라의 성능은 발전했다. 그리고 스마트폰에도 1000만 화소, 1억 화소까지 장착하는 시대가 왔다. 용량도 256MB, 1GB, 지금은 무려 1TB까지, 어쩌면 살면서 다 채우지도 못할 용량을 갖게 되었다. 손가락으로 가볍게 터치하기만 하면 수백만 화소의 이미지가 쉽게 만들어진다.

하지만 많아지면 자연스럽게 소홀해진다. 너무나 많은 사진 속에서 정말 멋진 사진을 찾는 일이 귀찮아진다. 결국 SNS에 올릴 만한 몇 장을 제외하고선 다시 들여다보는 일은 없다. 또 새로운 사진을 찍어야 하므로 이전 사진을 볼 시간이 없기 때문이다.

그래서 큰 결심을 했다. 이번 여행에서는 사진을 최소화해보기로 한 것이다. 하루에 딱 세 장만 촬영하기로 했다. 정말 엄청난 결심이었다. 사람들은 대부분 여행을 가면 최소한 100~200장은 찍는다. 한 친구는 SNS에 올릴 프로필사진을 찍는다며 여행을 가면 셀카만 하루에 300~400장씩 찍는다고 한다. 이런 와중에 오직 세 장이라니. 너무 가혹한 결정이 아닐까 싶었지만, 이렇게 극단적으로 하지 않으면 여행 내내 무의미하게 스마트폰의 셔터 버튼만 누를 것 같았다. 무언가를 제대로 보는 대신 '찍었다'라는 감각만으로 만족하게 될 것이 뻔했다. 그리고 이 고통스러운(?) 체험기를 글로 적기로 했다.

뇌와 나 자신의 싸움을 중계하다

원래 하던 대로 하려는 충동이 순간순간 일어났다. 이 충동을 '뇌의 비명'으로 표현했다. 원래는 나와 뇌는 하나의 존재이지만 그 순간만큼은 나와 분리가 된 것 같았기 때문이다. 끊임없이 금단증상을 호소하고 적당히 타협하려는 쪽은 뇌였고, 어떻게든 스마트폰에서 멀어지려 하는 건 나였다. 그리고 그 둘의 싸움을 관찰하며 마치 중계방송을 하는 듯 글을 써나갔다. 처음에는 재미를 위해 뇌와 나를 분리해 글을 썼지만, 점차 일상에서 뇌가 느끼는 것과 내가 느끼는 게 실제로 다르다는 걸 깨달았다.

공항에서 발권을 하고 당연히 찍어야 할 티켓 사진부터 찍지 못하자 뇌는 엄청나게 당황했다. 특히 카메라는 나에게 너무나 익숙한 것이었기에 극심한 후회가 몰려왔다. 손가락이 계속해서 주머니 속 스마트폰으로 향했다. 거의 매 순간, 매분 이런 일이 반복되었다. 결국 스마트폰을 주머니가 아닌 가방 깊숙한 곳에 넣었다.

이때부터 뇌는 비명을 지르기 시작했다. 뇌는 나에게 지금 이 순간을 찍지 않으면 내가 완전히 잊어버릴 거라고 협박했다. 그러나 결과적으로 그건 거짓말이었다. 나는 오히려 지금도 그 순간이 생생하게 기억나기 때문이다.

카메라 대신 눈으로 찍기 시작하다

사진 찍는 것을 포기하고 탑승을 위해 라운지로 이동했다. 터미널의 중앙에 독특한 구조의 기둥이 보였다. 거대한 유리지붕을 단순하게 생긴 기둥 몇 개가 지탱하고 있는 모습이었다. 왠지 신기했고 원리를 알고 싶었다. 순간 나도 모르게 '찍어놓고 수업에 참고자료로 써야겠다'고 생각하고 자연스럽게 주머니에 손을 넣었다. 하지만 스마트폰은 이미 가방에 봉인해두었기에 텅 빈 주머니만 뒤적거릴 뿐이었다. 뇌는 심각한 금단증상을 보이면서 자기 합리화를 시작했다.

'어떡하지? 이런 건 자료 수집이니까 그냥 찍으면 안 될까? 하루에 세 장 찍기로 했는데 한 장을 여기에서 찍어버리면 제주도에서는 두 장밖에 못 찍어. 아까우니까 이건 자료 수집용으로 따로 찍어두자.'

이런 생각들이 머릿속에서 계속 요동쳤다. 뇌는 계속해서 내 결심에 대해 어리석다고 협박하고, 다시 스마트폰을 꺼내라고 유혹했다. 특히 내가 가장 흔들렸던 유혹은 이거였다.

'지금 찍어두지 않으면 다 잊어버릴걸? 빨리 찍어둬!'

맞는 말이었다. 나는 명함을 받으면 바로 찍어놓았다. 메모도 찍어놓았다. 나중에 안 볼 걸 알면서도 찍어놓았다. 안심이 되기 때문이다. 비록 기억하지 못하지만 찍어놓았으니 언제든 다시 불러오면 된다는 생각에 항상 찍었다. 문제는 내가 그걸 찍었다는 것조차 잊어버렸다는 점이다. 결국 수많은 사진에 묻혀 내 기억도 사라졌다.

나는 라스코 동굴 벽화를 그린 원시인이 되기로 했다. 먼 옛날 카메라도 없던 시절 그들은 자신이 원하는 걸 그렸다. 어두운 동굴 속에서 횃불을 켜놓고 숯과 흙으로 자신이 '간직하고' 싶은 걸 그렸다. 사냥감들과 후대 사람들에게 전해줄 지식들을 그렸다.

어쩌면 간직하고 싶은 욕망은 이때부터 시작된 게 아닐까? 무언가 소중한 기억과 경험을 눈에 보이는 형태로 남기고 싶은 욕망, 지금의 순간을 영원히 간직하고픈 욕망 말이다. 지금에 와서는 스마트폰 카메라가 그 자리를 넘보고 있다.

나는 그런 원시인이 돼보기로 했다. 뇌의 협박에 대한 나의 반격이었다. 벽에다 그리는 대신 뇌 속에 그리기로 했다. 대략 1~2분간 그 자리에 가만히 서서 기둥의 구조를 관찰했다.

'피스톤 부분과 두 개의 기둥이 저렇게 붙어 있구나.'

눈은 그야말로 '미친 듯이' 관찰하기 시작했다. 그저 스마트폰

라스코 동굴 벽화. 기록하려는 욕망은 여기서 시작되지 않았을까?

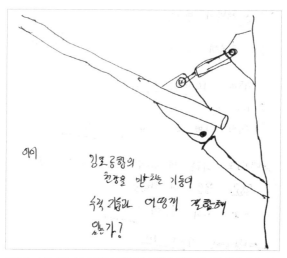

아이

김포공항의
친정을 받치는 기둥여
수직 기둥과 어떻게 절합해
있는가?

2020년 1월 1일. 김포공항 국내선의 특이한 기둥 구조를 뚫어지게 관찰한 후 기내에서 급하게 기억을 되살려 그린 그림.

터치 한 번이면 이 모든 것을 0.1초 만에 담을 수 있지만, 지금은 눈이 카메라 대신 작업해야 했다. 눈에서 가상의 레이저 포인터를 발사해 대상의 겉모습을 따라 이동했다. 피스톤과 기둥이 어떻게 접합되어 있는지, 기둥은 벽에 어떻게 박혀 있는지 그 구조를 관찰했다. 그러자 자연스럽게 머릿속에 그림이 그려지면서 색과 형태가 서서히 정리되기 시작했다. 2020년 1월 1일 수요일 저녁 8시쯤, 김포공항 국내선 터미널 중앙에서 멍하니 기둥을 바라보는 이상한 사람을 봤다면, 그건 분명 나였을 것이다.

그렇게 1~2분 정도 노려본 후 비행기에 탑승했다. 그리고 이륙하자마자 노트를 꺼내 그리기 시작했다. 잊어버릴까 불안했다. 워낙 사진으로 모든 것을 남기는 습관을 갖고 있던 내가 갑자기 그림으로 메모를 하다니. '내가 과연 기억해낼 수 있을까?'라는 의심이 마구 들었다.

기억과 손이 동기화를 시작하다

하지만 놀랍게도 노트에는 내가 본 것이 그대로 그려지기 시작했다. 특히 구조에 대한 파악이 끝났기 때문에 기억해내는 건 더 쉬웠다. 신기한 건 그림을 그리면서 기억이 더 명확해지기 시작했다는 점이다. 처음에는 '이렇게 생겼지' 하면서 띄엄띄엄 그리다가, 점차 관찰한 데이터와 손으로 그린 데이터가 '동기화'되는 것이 느껴졌다. 머리와 손이 동시에 생각하기 시작했다.

지금 봐도 참 못 그렸다. 어쨌든 나는 3색 펜을 들고, 검은색으로는 기억나는 대로 기둥의 형상을 그리고, 파란색으로는 구조에 대한 생각을 그렸다. 그리고 다음 장을 넘겨 차분히 다시 그려보았다.

이 과정을 반복하면서 기억은 더 명확해졌다. 한번 구조를 확인한 후에는 자유롭게 응용할 수도 있었다. 중요한 건 자료가 아니라 내가 그 자료를 얼마나 이해하고 응용할 수 있느냐였다. 흔히 아는 만큼 보인다고 한다. 사진을 찍어서 자료로 만드는 게 아니라, 내가 얼마든지 응용할 수 있을 정도로 이해가 되어야 진짜 내 것이 된다.

'어? 이전에 이거랑 비슷한 자료를 본 적 있어!'

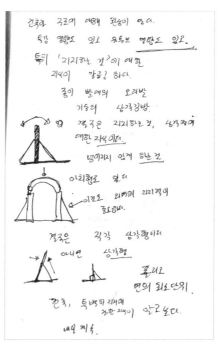

기둥의 구조가 이해되자 뇌는 과거에 학습했던 기억들을
되살려 비슷한 구조들을 떠올렸다.

뇌가 소리쳤다. 그리고 과거에 내가 봤던 자료들을 뒤지기 시작했다. 단순한 관찰로 시작한 일이, 과거의 배움까지 기억해내기 시작한 것이다. 뇌는 이전에 책에서 본 기둥의 구조들을 보여주기 시작했고, 나는 또 그렸다.

'이것 봐. 예전에 네가 책에서 본 것들이야. 비슷하지 않아?'

이렇게 뇌와 대화하면서 그림을 그리는 사이 비행기는 제주도에 도착했다.

참 신기했다. 예전 같았으면 정신없이 사진 찍고 지루함을 못 이겨 게임을 했을 시간에 이렇게 한 가지 주제를 집중해서 관찰하고 과거의 학습까지 기억해낸 적이 있었나 싶었다. 사진으로 찍어두기만 했다면 내 생각을 이렇게 확장할 수 있었을까?

카메라를 포기한 결과는 명확했다. 눈은 렌즈 대신 관찰하기 시작했고, 집중력이 강해졌다. 어떻게든 눈앞의 일을 기억해야 했기 때문에 정말 눈을 '부릅뜨고' 볼 수밖에 없다. 집중은 곧 관찰로 이어진다. 이후에 이 관찰을 손으로 그려보고 글로도 써본다. 이 과정을 통해 대상은 확실한 내 것이 된다. 결국 우리가 사진을 찍는 이유가 이것 아니었던가? 그 순간을 언제든 감상하기 위해, 내 것으로 만들기 위해 사진을 찍는 것이니 말이다.

카메라를 내려놓는 과정이 필요하다. 나를 믿어야 한다. 내 기억력을 믿어야 한다.

동공은 커지고 귀는 예민해진다

제주도에 도착했다. 나는 카메라뿐만 아니라 스마트폰 사용을 최소화하기 위해 다음과 같은 규칙을 정했다.

-여행 중 스마트폰 사용 규칙-

❶ 사진은 하루 3장만 촬영하기.

❷ 유머사이트는 일과 중(?)에는 접속 금지. 숙소에서만 제한적으로

볼 것.

❸ 메신저도 버스에서 잠깐 확인. 특별한 내용 아니면 숙소에서 답장하기.

❹ 걷거나 이동 중 스마트폰은 오직 다음 지도를 확인하거나 걸은 거리를 체크할 때만 볼 것.

❺ 음악도 금지. 지루하면 지루한 대로 바닷소리, 차 소리, 조용한 소리 들으며 걷기.

하루에 사진 세 장은 사실 아예 찍지 말라는 뜻과도 같다. 카메라를 끊는 것은 사진 찍기를 좋아하는 나로서는 가장 큰 고통이었다. 여행 온 사람들을 보면 카메라만 눈에 들어왔다. 셀카봉으로 셀카를 찍는 사람들이 부러워 죽을 지경이었다.

여행에서 사람들은 "남는 건 사진뿐이야."라며 거의 모든 순간 스마트폰과 카메라에서 손을 놓지 않는다. 그러나 정말 남는 게 사진뿐이라면, 필름카메라 시절의 추억과 오늘날 추억의 양은 다른 것일까? 과거 카메라가 없던 부모님과 할아버지 세대는 추억이 없는 것일까? 절대로 그렇지 않다. 우리가 그만큼 잘 잊어버릴 뿐이다. 잘 잊기 때문에 사진을 봐야만 다시 생각해낼 수 있다. 과거에는 추억이 머릿속에 있었지만 지금은 스마트폰 앨범 속에 있다는 것이 차이일 뿐이다.

뇌는 계속해서 나를 유혹했다. 이왕 여행 온 거, 편하게 찍고 싶은 것 찍고 즐겁게 음악도 듣고 게임도 하고 메신저도 하자고 끊임없이 졸랐다. 무엇보다 뇌는 내가 가장 두려워하는 논리로 나를 협박했다.

> 넌 절대로 기억 못 해.
> 사진을 안 찍으면 내일이 되면 모조리 잊어버릴 거야.
> 네가 마주치는 장면들 모두 아무것도 기억하지 못할 거야.
> 지금 지나가는 이 풍경, 네가 먹은 음식, 바닷소리, 멋진 야경, 숙소의 멋진 라운지 모두 기억 못 할 거야.
> 여행이 끝나고 시간이 지나면 모조리 잊어버려서 여행 다녀온 것조차 잊어버릴 거야.
> 넌 결국 돈만 버리게 될 거야.
> 귀중한 휴가도 날리게 될 거야.
> 주변 사람들에게 자랑할 사진도 없어.
> 넌 후회하게 될 거야.

지금 이 순간 사진을 안 찍으면 그대로 잊어버릴 거라는 두려움. 이 협박은 너무 효과적이었다. 열심히 일하고 오랜만에 온 여행이었다. 그런데 사진으로 남기지 않으면 과연 뭐가 남을까?

그러나 항상 모든 걸 사진으로 남겨놓다 보니 스스로 기억해본 적이 없었다. 학생 때 시험공부할 때를 제외하고 무언가를 기억해본 적이 있던가? 그만큼 머리를 안 쓰고 살아온 것이다. 이렇게 살아도 괜찮을까? 잠시 심호흡을 했다.

그리고 나에게 이렇게 말했다.

나 그렇게 바보 아니야.

사소한 건 기억 못 할 수 있지.

하지만 지금부터 다르게 볼 거야.

모조리 하나씩 다 보고 느낄 거야.

지금 이 소리, 배경도 모조리 기억할 거야.

절대로 네가 말한 일은 일어나지 않을 거야.

이렇게 결심하고 숙소로 가는 버스 안에서 주위를 둘러봤다. 사람들은 잠을 자든가 스마트폰 화면을 들여다보든가 둘 중 하나였다. 크게 숨을 들이마신 다음 서서히 버스 안을 관찰했다. 귀를 기울여 주변의 소리를 들었다. 버스 문이 열릴 때 들리는 공압 펌프 소리, 기사 아저씨가 틀어놓은 라디오 소리, 누군가의 통화 소리…… 모니터에는 제주도 귤값 안정을 위해 노지 귤은 판매하지 말아달라는 자막이 나오고 있었다.

지금 이 글을 쓰는 시점에도 그날의 기억이 생생하게 떠오른다. 결국 뇌의 협박은 엉터리였다. 지금도 눈을 감으면 버스 안의 모습이 훤하게 보인다. 물론 사진처럼 디테일하지 않을 수는 있지만, 그때 들었던 소리, 그때 보았던 풍경은 바로 머릿속에서 재생할 수 있다. 철저하게 내 몸의 감각기관으로 모든 것을 받아들이기로 했다. 숙소에 도착해서 체크인할 때의 풍경도 생생하다.

만약 그 시간에 정신없이 사진을 찍고 유튜브를 보며 이동했다면 아무것도 기억하지 못했을 것이다. 스스로 모든 감각을 열고 관찰하면, 사진보다 훨씬 더 생생하고 선명한 기억을 가질 수 있다는 것을 깨달았다.

여행지에서 하루 딱 세 장만
사진 찍기 프로젝트

뇌는 사진을 안 찍으면 아무것도 기억할 수 없다고 협박을 해 왔다. 나는 엄청나게 흔들렸다. 그만큼 사진 중독자였고, 모든 걸 파일로 남겨놔야 직성이 풀렸다. 하지만 결국 남는 건 없었다. 내가 찍었다는 사실조차 잊게 되고, 수만 장의 사진이 들어찬 폴더만 있을 뿐이었다. 나중에는 너무나 많은 사진들에 질려서 열어보는 것조차 부담스러워졌다.

어떤 사진작가도 비슷한 말을 했다. 마음에 들 때까지 수백, 수천 장을 촬영하는 게 당연하다고 여겼던 그는 의뢰인에게 보여줄 단 한 장을 고르기 위해 엄청난 시간을 들였고 그 과정에서 스트레스도 많이 받았다고 한다. 그런데 그 뒤로 최대한 정성 들여 찍는 대신 최소한의 양을 촬영하기로 하자, 이전보다 훨씬 시간도 적게 들었을 뿐 아니라 의뢰인도 만족하는 퀄리티를 뽑아낼 수 있었다는 이야기다.

단 세 장. 허투루 찍을 수는 없었다. 최대한 신중히 고르고 골라 찍기로 마음먹었다. 하지만 여행지에서의 첫날은 누구나 그렇듯 흥분으로 가득 차 있다. 출근길과 전혀 다른 풍경, 낯선 것들 투성이다. 심지어 공기조차 다르다. 나오자마자 손은 계속 꿈틀거렸다. 자꾸 스마트폰을 꺼내 카메라 앱을 실행시키고 싶었다.

길을 걷다가 멋진 바위를 만났다. 생각할 겨를도 없이 손은 빠르게 스마트폰을 잠금해제하고 카메라 앱을 실행했다. 머릿속에서는 '빨리 찍어야 해!'라는 강렬한 충동이 일어났다. 간신히 스마트폰을 다시 집어넣었다. 하루 단 세 장. 좀 더 가치 있는 것을 찍고 싶었다.

이제 나는 모든 풍경과 사물들을 보면서 찍을 만한 가치가 있는지를 판단하기 시작했다. 이전 같으면 모든 순간을 촬영했을 것이다. 마음속에서 엄청난 갈등이 일어났다. 손을 묶어놓고 싶을 지경이었다. 결국 나는 눈앞의 풍경을 보며 한 가지 결심을 했다.

눈에 새기고 기억하자.

뇌가 말했다.

'미쳤어? 사진 하나 찍으면 될 일 가지고! 시간 아깝다고!'

마음속 깊이 남기고 싶다면 눈앞의 대상을 암기해야 한다

당신이 지금 알프스나 에펠탑 같은 오랫동안 원하던 여행지에서 있다고 상상해보자. 누군가 당신에게 1분을 줄 테니 눈앞의 풍경을 외우라고 말한다면 어떨까?

암기는 학생 때 지긋지긋하게 했던 일이다. 취업 준비하면서 토익 영어 단어를 외운 이후 무언가를 외우는 건 두 번 다시 하고 싶지 않았다. 외우는 건 어디까지나 숫자나 문자에 국한된 것 아닌가 하는 생각도 든다. 하지만 이미지도 암기해야 내 것이 된다. 수많은 화가들이 대상이 없어도 캔버스를 채울 수 있는 이유는 머릿속에 이미지가 저장되어 있기 때문이다.

아이들에게 미술을 가르치다 보면 재미있는 점을 관찰할 수 있다. 매일 보는 엄마 얼굴은 못 그리지만 자신이 좋아하는 공룡은 발톱의 생김새까지 그린다. 좋아하는 게임 속 무기는 위장 무늬

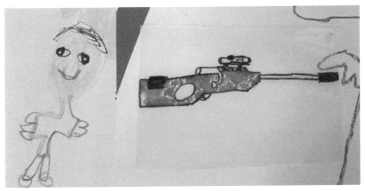

아이들이 그린 엄마 그림과 좋아하는 것을 그린 그림. 좋아하는 것은 세부적인 것까지 표현한다.

까지 완벽히 그려낸다. 빈 종이에, 주변에 참고할 것 없이도 아이들은 자신이 좋아하는 주제는 어른들조차 몰랐던 디테일까지 잡아낸다.

우리도 마찬가지다. 예를 들어 〈아이언맨〉 영화를 재미있게 봤다고 하자. 하지만 아이언맨을 그려보라고 하면 제대로 그리는 사람은 얼마 없다. 머릿속에서는 아이언맨이 화려하게 날고 있지만 막상 그려보면 어설픈 고철 덩어리만 있을 뿐이다. 보기만 했지 관찰하거나 암기하지 않았기 때문이다.

풍경과 대상을 암기하는 법

눈앞의 멋진 대상을 찍고 싶은 마음을 뒤로하고 눈으로 기억하기로 했다. 차분히 서서 가상의 레이저포인터를 떠우고 바위의 테두리를 따라가기 시작한다. 어디에 굴곡이 있는지, 어디가 깎여 있는지 관찰한다. 용 머리 같기도 하고 웅장한 느낌이다. 질감은 어떤지 상상해본다.

이제 전체적으로 배경과 함께 바라본다. 바다와 하늘의 색감도 관찰한다.

여기에서 사람의 눈과 카메라의 차이점이 드러난다. 사람은 눈앞의 풍경 전체를 받아들이지 않는다. 움직이거나 관심을 끄는 것에 집중하고 초점을 맞춘다. 반면 카메라는 전체를 담아버린다. 가끔 우리가 분명 감동적인 풍경이나 대상을 찍었는데 막상 사진을 보면 뭔가 밋밋하거나 별 감흥이 안 느껴지는 이유다.

이럴 때 전문 사진작가들은 렌즈를 교환해 배경을 흐리게 한다. 이른바 '아웃포커싱(Out Focusing)'을 하는 것이다. 스마트폰에도 '인물 모드'를 선택하면 사람을 제외한 배경이 흐릿해진다.

이렇듯 우리는 대상과 배경을 포토샵의 레이어처럼 분리한다. 왜 이렇게 하는 것일까?

우리는 항상 무언가를 바라본다. 하지만 대부분 기억나는 건 없다. 하지만 어느 날 길을 가다가 누군가 술에 취해 비틀거리다 쓰러졌다거나 갑자기 어딘가 불이 났다면 몇 년이 지나도 기억한다. 익숙한 배경에서 특별한 이벤트나 대상을 분리했기 때문이다. 정확히 말하면 눈에 '들어온 후에야' 관찰하기 시작한다. 관찰이란 곧 배경에서 떼어내는 과정을 가리킨다.

이때 다른 정보를 차단하고, 집중해서 분리할 대상을 파악한다. 분리가 완료되면 그 정보가 뇌 속의 해마에 전달된다. 해마는 장기기억을 가능하게 해주는 기관이다. 그 조건이 바로 분리, 즉 관찰이다.

페어필드 대학의 린다 헨켈 교수(Linda A. Henkel)는 박물관에서 스마트폰 카메라를 가진 사람들과 눈으로 본 사람들의 기억력 차이를 조사했다.[1] 그 결과, 눈으로 본 사람이 더 많은 걸 기억했다고 한다. 그는 이 현상을 '사진 찍기 장애 효과'라고 명명했다. 사진을 찍을 때 정작 우리의 뇌는 그 장면을 보지 않는다. 셔터를 누르는 순간 '이건 나 대신 카메라가 기억할 거야'라고 생각하면서 기억을 카메라에 아웃소싱하기 때문이다. 우리는 사진을 찍으면서 그 장면을 '영원히' 간직한다고 생각하지만, 아이러니하게도 그 순간을 간직하는 것은 우리가 아니라 카메라다.

온전히 관찰하면 더 이상 찍고 싶은 마음이 사라진다

나는 5분간 바위와 주위 풍경을 관찰했다. 배경으로부터 바위를 분리하고, 형태를 관찰하고, 재질을 느꼈다. 그러자 신기한 일이 일어났다. 갑자기 만족이 찾아왔다. 더 이상 사진을 찍을 필요가 없다고 느껴졌다. 미련도 남지 않고, 무언가 내 안에 풍성하게 차오르는 감정이 느껴졌다. 대상이 내 마음속에 확실히 들어왔다. 사진을 찍으려는 금단증상이 사라지고, 강렬한 열망도 가라앉았다. 그리고 깨달았다.

아, 마음이 찍었구나.

자신감이 생겼다. 뭐든지 관찰만 하면 충분히 기억할 수 있겠다는 용기가 생겼다. 사진으로 남기지 않아도 나중에 시간이 지나도 충분히 기억할 수 있겠다는 안도감이 들었다. 그 뒤로 여행이 조금씩 달라졌다. 뭐든 빨리 보려고 하지 않고, 천천히 걸으며 차분히 보기 시작했다. 예전에는 열 걸음을 걷고 찰칵, 또 열 걸음을 걷고 찰칵 찍었다면 이제는 조용히 걸으며 사물을 바라보게 되었다.

이전과 다르게 천천히 바라보자 대상의 디테일이 보이기 시작했다. 나무 위의 빨간 열매가 갑자기 너무나 새빨갛게 보여 눈이 아플 지경이었다. 열매 꼭지에 쌓인 먼지까지 보였다. 줌렌즈 대신 내가 직접 두 발로 대상에 가까이 다가갔다. 걷는 것이 즐거워졌다. 자세히 관찰할수록 사진을 찍어야겠다는 마음이 사라졌다. 드디어 온전히 카메라를 '디스커넥트'할 수 있게 된 것이다.

눈과 손으로, 러프 스케치로
대체하는 스냅사진

여행 내내 사진 찍는 횟수를 극단적으로 줄이면서 깨달은 점이 있다. 나 자신이 얼마나 기억력의 많은 부분을 '아웃소싱하면서' 살아왔는지였다. 그동안 뇌는 너무나 안일하게 일해왔다. 자신이 해야 할 일을 계속해서 스마트폰에게 미뤘다. 특히 기억력은 심각할 정도로 많은 지분을 스마트폰의 카메라와 메모리에 맡겼다. 사소한 메모, 명함 속 이름, 자동차 주차 위치 등 삶 속에서 기억이 필요한 많은 부분을 그대로 스마트폰의 메모리칩에 넣었다. 사람의 기억은 재생할 때 상당히 다차원적(소리, 냄새, 촉각 등)으로 작동하지만, 스마트폰 속 메모리는 단편적이다. 3차원의 풍부한 현실이 2차원 사진으로 바뀌어버린다.

여행하는 동안 나는 정말로 하루 세 장의 사진을 찍으며 걸어

다녔다. 한번 깊이 관찰하고 난 후로 충동적인 사진 촬영을 그만
둘 수 있다. 대신 더 많이 보고 시간이 나면 '그리기로' 했다. 예를
들어 해변이 보이는 커피숍에 들어가 먹고 있는 커피와 스콘을
찍는 대신 노트를 꺼내 3색 볼펜으로 스콘을 들고 있는 손을 그
리는 것이다.

　여러분이 이 그림을 보면 그저 투박하고 급하게 그린 그림이라
는 감상밖에 안 들 수도 있다. 하지만 나는 지금도 이 그림을 보
면 그 당시 커피숍에서 나오던 재즈 음악, 딸기잼과 버터의 달콤
하고 고소한 맛과 스콘의 향이 기억난다. 사진을 찍었다면 좀 더
먹음직스럽게 보였을 수도 있겠지만 흔한 음식 사진으로 남았을
것이다. 그리고 그대로 잊어버렸을 것이다.

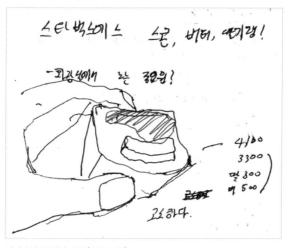

커피숍에서 남긴 순간(스콘 그림).

사진 대신 러프 스케치로 추억을 담다

이호테우 해변을 걷다가 조랑말 모양의 등대를 봤다. 이것도 찍고 싶었다. 하지만 이미 다른 사진을 두 장을 찍었기에 이것마저 찍으면 그날 저녁에 사진을 찍을 수가 없었다. 나는 관광객들이 사진을 찍는 근처에 앉아 그리기 시작했다. 조금 민망해서 최대한 빨리 그렸다.

민망함을 무릅쓰고 바닥에 앉아 등대를 관찰하기 시작했다. 조금씩 어두워져서 그런지 등대의 조명탑 부분에서는 미세한 빛이 나며 회전하기 시작했다. 바다 건너편에 태양이 조금씩 저물고 있었다. 한 가족의 남자아이가 다가와 내가 그리는 걸 구경했다. 정신없이 선을 그었다. 주변에서는 사람들이 웅성대고 여기저기에서 셔터 소리가 들렸다.

준비해온 맥주를 한 캔 땄다. 한 모금을 마시고 다시 등대를 관찰했다. 아래쪽에는 사람들이 서서 등대를 배경으로 기념 촬영을 하고 있었다. 얼추 형태를 그린 후 일어섰다. 그림과 등대를 번갈아 보았다. 사진만큼 정확하진 않지만 조랑말 형태가 잘 나온 것 같았다. 이후에 숙소에서 기억을 더듬어 채색했다.

여행한 지 1년이 지난 지금, 내가 사진이 없으면서도 이때의 정황을 이렇게 생생하게 글로 표현할 수 있는 건 왜 그럴까? 바로 집중해서 관찰했기 때문이다. 지금도 이 그림을 보면 당시의 바닷바람과 주변의 웅성거림, 파도 소리, 짠 소금기를 머금은 바람과

이호테우 해변의 등대. 사진 촬영 대신 그대로 바닥에 앉아 5분 정도 시간을 투자해
그대로 그렸다. 사진으로 찍었다면 1초 만에 찍었겠지만 그만큼 빨리 잊었을 것이다.

함께 시리도록 찬 맥주가 혀에 닿았던 느낌까지 떠오른다. 만약
지나가면서 여러 장의 사진을 찍고 이동했다면 어땠을까?

평소라면 가볍게 찍고 넘어갈 대상들, 별생각 없이 담고 싶은
가벼운 주제들도 간단히 그려봤다. 관찰해서 그리다 보면 이전보
다 훨씬 느려진다. 몇 분간 대상을 바라봐야 하기 때문이다. 원래
계획했던 일정대로 움직이는 게 힘들어진다. 하지만 그만큼 마음
속에 충분히 추억이 채워지기 때문에 상관없다.

그날 저녁도 그랬다. 나는 숙소에서 목재 난로 앞에서 멍하니 앉
아 있었다. 일명 '불멍'을 하며 홀린 듯 그림을 그렸다. 나 말고도

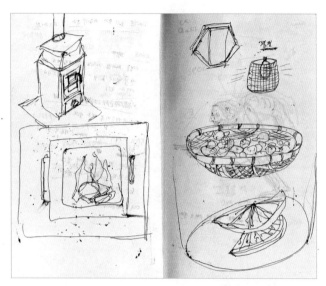

숙소의 난로 앞에서 불을 보며 멍하니 있었다. 또 사진을 찍고 싶어졌지만 대신 눈에
보이는 풍경과 사물을 조용히 그렸다. 지금 봐도 이때의 풍경이 고스란히 떠오른다.

다른 사람들도 주위에 둘러앉아 아무 말 없이 장작이 타는 걸 바라보고 있었다. 주인은 불이 줄어들 때마다 덮개를 열어 나무를 채웠다.

한 장 한 장 소중하게 찍은 사진은
2차 창작물이 된다

사진으로 담고 싶은 풍경을 발견했다. 오솔길을 걸으며 귤밭을 지날 때였다. 코를 은은하게 자극하는 귤 향기와, 흐린 가운데 하늘에서 내려오는 따뜻한 햇빛이 좋았다. 넓은 귤밭을 보니 귤들이 어마어마하게 달려 있었다. 나무가 위태로워 보일 정도였다. 조심스럽게 스마트폰을 꺼냈다. 찰칵. 셔터 소리가 조용히 울렸다.

나중에 여행을 다녀온 후 이 사진을 두고두고 관찰했다. 남들 눈에는 그저 평범한 귤밭이지만 내 머리에서는 그때의 풍경과 소리가 생생하게 떠오른다. 그리고 이 소중한 사진을 이대로 두고 싶지 않았다. 몇 장 안 되는 사진들 하나하나가 귀했다. 이 사진을 그림으로 다시 그려보기로 했다.

라인펜으로 풍경을 그리고 나무들을 그렸다. 수많은 나무를 관찰했다. 길가에 있었던 돌들의 생김새를 관찰했다. 생각보다 사진 안에는 그 당시 보지 못했던 수많은 정보들이 있었다. 시간을 들여 하나씩 그리고 수채화로 채색했다. 이걸 그리면서 사진을 수백 번을 본 것 같다.

결국 사진 한 장을 하나의 파노라마 수채화로 완성할 수 있었다. 신기하게도 지치거나 지루하지 않았다. 그리면서 그 당시 느꼈던 감정을 오랫동안 다시 느낄 수 있었다. 여행의 여운을 상당히 오래 느낄 수 있었던 것도 새롭게 깨달은 점이었다. 마치 오래된 레코드판을 재생하듯 내 팔은 그림을 그리면서 그때를 회상한다. 아주 아날로그적인 방법이긴 하다. SNS에 올리면 끝나는 일을 굳이 하나하나 다시 보고 그리는 일은 비효율적으로 보일 수도 있다. 하지만 나는 새로운 추억 저장 방식을 만들었다. 이제 이 그림은 몇십 년이 지나도 다른 어떤 사진보다 훨씬 오래 기억하고 머릿속에 간직될 것이다.

여행에서 돌아온 후 사진 앨범을 열어봤다. 이전 여행에 비하면 턱없이 적은 열 장 남짓의 사진이 있었다. 사진 하나하나가 귀

그날 굴밭에서 찍은 사진. 하루 세 번 누를 수 있는 셔터 중 한 번을 쓸 정도로 임팩트 있는 풍경이었다.

하게 느껴졌다. 사진을 보는 순간 바로 그 당시의 배경음이 들리는 것 같다. 무엇보다 게다가 관리도 쉽다. 사진을 전부 인화해서 앨범을 만들어도 사진을 고르는 고민이 필요 없다. 하나하나가 다 나에게는 마음속 깊이 찍혀 있는 사진들이기 때문이다.

그전에는 여행지에서 찍은 사진을 이렇게 관찰한 적이 있을까 생각해봤다. 결코 없었다. 오히려 너무 많은 사진을 찍어 SNS에 올릴 걸 고르는 것도 스트레스였다. 머릿속에는 '좋아요'가 몇 개

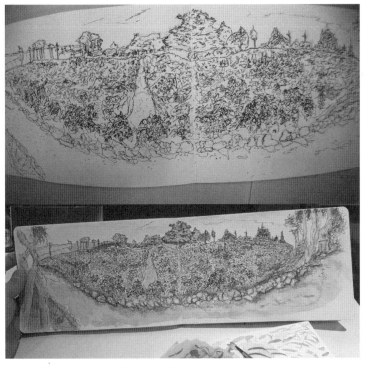

몇 시간가량 사진을 관찰하며 세밀하게 그렸다. 관찰할수록 당시 귤밭에서 느꼈던 냄새, 바람, 소리가 되살아나기 시작했다.

나 찍힐지 정도의 생각만 있었다.

이후 일상에서 사진에 의존하는 습관을 점차 줄여나갔다. 대신 보고 그리는 시간을 좀 더 많이 가지면서 집중력과 관찰력이 이전보다 훨씬 좋아졌다. 이것과 관련된 구체적인 이야기는 나중에 또 이야기하겠다.

재미있는 건 그 당시 다이어리에 휘갈겨 쓴 글이다. 여전히 스마트폰을 사용하지 않고 사진을 찍지 못해 괴로워하는 심정이 고스란히 담겨 있다. 그리고 마지막에 고통스럽게 다음과 같은 한마디가 적혀 있었다.

여행하면서 끄적인 다이어리. 뇌는 계속해서 괴로움을 토로했다.

4장

음악을
디스커넥트하라

DISCONNECT

뇌를 굶주리게 하면
일어나는 일들

가끔 누아르 영화를 보면 굶주린 개가 나오곤 한다. 악당은 주인공을 위해 며칠간 굶겨놓았다고 친절히(?) 설명해준다. 쇠사슬에 매인 개들은 허연 이빨을 드러내며 당장이라도 달려가려 한다. 쇠사슬이 팽팽해진다. 악당이 손을 놓는 순간 개들은 주인공을 향해 군침을 흘리며 달려든다.

여행 중에 무분별한 사진 찍기를 금지당한 뇌는 영화 속의 점점 굶주린 개처럼 변해갔다. 무언가 자극적인 정보들을 찾기 위해 주변 풍경과 소리에 바짝 눈과 귀를 기울였다. 내 손은 순간순간 주머니를 뒤지면서 스마트폰을 찾기 시작한다. 스마트폰으로 뉴스나 각종 게시글을 보고 싶어 한다. 애써 참으며 길을 걷는다.

하루에 세 장만 사진을 찍으면서 이전보다 여행에 집중하는 시간이 늘어났다. 예전에는 정신없이 맛집을 검색하고 카톡하고 인스타를 봤다면 이제는 스마트폰은 지도 보는 데만 썼다. 여행지의 모든 풍경을 이전보다 뚜렷하고 선명하게 볼 수 있었다. 사진 대신 노트에 그림을 그리면서 날카로워진 관찰력이 느껴졌다. 이런 승리감에 취한 나는 또 다른 결심을 했다.

'뇌를 좀 더 굶주리게 해보자.'

카메라를 차단해서 기억에 대한 뇌의 역할을 살려냈다면 이번에는 음악을 없애보기로 했다. 원래 처음에는 파도 소리와 좋아하는 음악을 들으며 여유 있게 푸른 바다를 걸을 예정이었다. 원체 음악을 들으며 걷는 걸 좋아해 음악과 함께라면 아무리 먼 거리라도 괜찮다고 생각할 정도였다. 하지만 이제는 그것마저 없애보려고 한 것이다.

뇌는 경악했다.

'미쳤어? 지금도 지루해 죽겠는데 음악까지 안 듣겠다고? 대체 왜 이러는 거야? 이렇게 해서 얻는 게 뭔데?'

뇌는 계속해서 묻는다. 굳이 이렇게까지 해야 할 필요가 있냐고. 참고로 1월의 제주도는 상당히 한산하다. 모든 것이 한풀 꺾여 있다고 해야 할까, 무채색이고 조용하다. 시장은 대낮에 가도 닫혀 있고 몇몇 쇼핑상가만 운영할 뿐이다. 게스트하우스조차 1박에 조식 포함 몇만 원이라는 저렴한 가격을 자랑한다. 그만큼 1월의 제주도는 모든 것이 조용하고 가라앉아 있다.

반대로 뇌에게는 굉장히 고달프고 배고픈 상황이다. 만약 라스

베이거스처럼 좀 더 자극적인 환경이 펼쳐진 곳을 갔다면 뇌는 신나게 주변의 볼거리를 탐색했을 것이다. 지금 생각해보면 1월의 제주도는 뇌를 훈련시키기에 안성맞춤인 곳이었다.

이제 낭만적인 '음악 들으며 해변 걷기'는 계획에서 삭제되었다. 스마트폰의 역할은 더 줄어들었다. 카메라와 유튜브가 사라진 스마트폰은 정말로 쓸모가 없어졌다. 생각해보면 100만 원, 200만 원이라는 거금을 주고 스마트폰을 교체하는 이유는 더 선명한 사진을 찍고 큰 화면에서 유튜브를 보기 위함이다. 하지만 둘 다 사용하지 않는 스마트폰은 갑자기 초라해진다. 이제 이어폰은 주머니 깊숙이 넣고, 계속 걷는다.

갑자기 엄청난 지루함이 찾아왔다

끔찍하게 지루하고 피곤하고 모든 감흥이 사라졌다. 파도 소리의 청량함은 화이트 노이즈로 변해버렸고 바다와 산은 그저 배경일 뿐이다. 만약 차를 렌트해서 드라이빙을 했다면 빠르게 변하는 풍경 때문에 지루하지는 않았을 것이다. 그저 뚜벅뚜벅 걸으면 주변 풍경은 굉장히 느리게 변한다. '저기 무엇이 있을까?'라고 질문해도 한 시간이 지나야 그 답을 알 수 있다. 아까 말했듯이 1월의 제주도에서는 로드무비 영화처럼 새로운 만남, 이벤트를 기대하기 어려웠다.

뇌는 필사적으로 정보를 모았다. 눈과 귀로 의미 있는 시각, 청각 데이터를 얻으려 했지만 쓸 만한 건 없었다. 모든 것이 회색이 되고 밋밋하게 변해버렸다. 그러자 뇌는 두 번째 공격을 시작했다.

뇌는 옛 기억을
들춰내기 시작했다

그리스 로마 신화에 사투르누스(크로노스)라는 신이 있다. 농경의 신인 그는 '자식의 손에 죽음을 맞을 것'이라는 저주가 실현될까 무서워 자식들을 차례로 잡아먹는다.

뇌는 굶주리자 신화 속 사투르누스처럼 자기 자신, 그러니까 내 과거의 기억을 끄집어내 잡아먹기 시작했다. 갑자기 내 과거를 뒤져 '씹고 뜯고 맛보고 즐기기' 위해 뇌가 보기에 '리뷰할 만한' 일들을 찾기 시작한 것이다. 마치 마음에 드는 장난감이 나오기까지 계속해서 상자에서 장난감을 꺼내는 아이처럼, 뇌는 과거의 기억들을 계속 기억해낸다.

뇌가 좋아하는 자극적인 정보는 어떤 것일까? 무난한 일상, 반복되는 일들은 아니다. 그것보다 사람과 관련된 일들이었다.

나를 괴롭게 한 사람, 나를 무시한 사람, 사람 때문에 기분 나빴던 일, 후회되는 일들 등 내가 과거에 '덮고 넘어간' 일들을 다시 꺼내기 시작했다. 그런 것들이 뇌가 가장 좋아하는 먹잇감이다. 후회되는 선택, 미래에 대한 불안도 마찬가지다. 그냥저냥 무난한 일들이 아닌, 내 마음속에 상처나 무언가 흔적을 남긴 일들 모두를 뇌가 꺼내기 시작한다.

'그때 왜 거절하지 않았어?' '왜 솔직하게 말하지 않았어?' '만약 그때 그렇게 행동했으면 어땠을까?' 등등 수많은 질문을 퍼붓는다. 마치 설날에 만난 친척 어른들처럼 듣기 싫고 생각하기 싫은 질문들만 골라서 집요하게 질문한다. 다시 그 상황을 생각해보기도 하고 그때의 기분을 불러온다. 걷다가 갑자기 화가 나기도 하고 슬퍼지기도 했다. 뭔가 몸이 뒤죽박죽되는 것 같다. 만약 친구와 함께 있었다면 쓸데없는 이야기들을 잔뜩 하며 지금의 지루함을 견뎌냈을 것이다. 하지만 홀로 음악도, 카메라도 없이 걷다 보면 지독한 지루함과 기억하기 싫은 것들의 공격을 받을 수밖에 없다.

물론 사람마다 다르다. 어떤 사람은 즐거운 기억을 되살려 콧노래를 흥얼거리며 걸을 수도 있다. 반대로 애인과 헤어진 사람은 걸으며 함께한 순간을 계속 곱씹어볼 것이고 혹은 후회할 것이다. 중요한 건 뇌가 '씹고 뜯고 맛보고 즐길 거리'들을 꺼낸다는 점이다. 오랫동안 걸으면서 뇌는 지칠 때까지 과거의 기억들을 집요하게 찾아냈다.

뇌가 내 기억을 잡아먹을 수 있는 시간을 줘야 한다

모든 기억을 찾아내고 물어뜯고 나면 고요해진다. 정적이 찾아오고, 아무런 생각을 안 하게 된다. 몸은 계속 기계처럼 앞으로 나아간다. 무표정인 채로 오로지 걷는 것에만 집중한다. 이때는 정말 어떠한 욕구도 없고, 그저 모든 것을 놔버린 상태가 된 것 같았다. 영화에서 주인공이 악당을 물리치고 지친 몸을 이끌고 멍하니 운전하며 집으로 돌아가는 마음과 비슷하다고 할까.

우리 뇌는 상황에 따라 다양한 모드로 전환한다. 멍때리거나 아무런 생각을 안 할 때 특별한 상태가 되는데, 이를 디폴트 모드 네트워크(Default Mode Network), 줄여서 DMN이라 한다.[1] 겉으로는 아무것도 안 하고 있지만 내면으로는 끊임없이 자료를 찾고 분석하는 상태를 말한다. 보통 멍때린다고 하면 무념무상이라고 생각하지만 정작 뇌는 계속 바쁘게 내면의 정보를 정리한다. 우리가 의식하지 않더라도 뇌는 가치 없는 정보를 솎아낸다. 그런 과정에서 다양한 감정, 생각의 파편들이 떠오르는 것이다. 어떤 이는 이를 두고 '마음 방황'이라고도 하며, 종교인들은 이때가 '자아성찰의 순간'이라고 한다.

뇌의 두 번째 공격, 과거 들춰내기에서 나는 그저 뇌의 공격을 그대로 받고 있을 수밖에 없었다. 이미 지난 일을 가지고 다시 꺼내서 리뷰하는 뇌가 얄밉고 짜증 나기도 했다. 동시에 내가 지금까지 그런 일들을 묻어두고 아무런 반성도, 감사도 하지 않은 채

살아왔다는 걸 깨달았다. 기분 나빴던 일, 후회되는 일들을 무시하고 진지하게 생각해보지 않았다. 살아가는 데 바쁘다는 핑계로 나 자신에게 소홀했다는 걸 깨달은 것이다. 매번 스마트폰이나 컴퓨터로 자극적인 것들을 찾고 듣다 보니 내면의 기억들을 다시 꺼내 볼 생각조차 못 했다. 보는 것도 듣는 것도 없어지자 그제야 뇌는 내면을 정리하기 시작한 것이다. 우리가 멍때리는 이유는 제발 아무것도 하지 말고 가만히 좀 있으라는 뇌의 부탁과도 같다.

조용해진 뇌는
스스로 노래한다

당시 여행 동안 나는 하루에 무조건 20킬로미터씩 걸었다. 올레길은 짧으면 10킬로미터에서 길면 25킬로미터까지 다양했다. 며칠간 계속 20킬로미터씩 걸었다. 평소에는 출퇴근 때 지하철 에스컬레이터 대신 계단을 이용하는 정도였지만 갑작스레 먼 거리를 걷자 근육에는 피로가 쌓이고 한 걸음 한 걸음이 점차 무거워졌다.

그러나 중간에서 포기할 생각은 없었다. 죽이 되든 밥이 되든 한 코스를 무조건 마무리하겠다고 결심하고 걷고 또 걸었다.

뇌는 몸을 움직이는 데 온전히 집중하기로 했다. 더 이상 어떠한 추억도 후회도 생각나지 않았다. 65킬로그램의 몸뚱이를 계속 걷는 것에 집중하기 시작하자 머릿속 잡음이 사라졌다. 육신의 피곤함이 정보를 찾는 뇌를 가라앉게 했다. 그렇게 발악하고 질문하던 뇌는 이제 산만함보다 집중을 선택했다. 여전히 지루하고 힘들었지만 뇌는 더 이상 과거나 미래가 아닌 현재에 초점을 맞추기 시작했다. 그저 다리를 내디디면서 목적지까지 걷는 데에만 온 신경을 쏟았다.

몸이 지쳐갈수록 신기하게 정신은 또렷해지고 고요해졌다. 명상을 해본 적은 없지만 이런 기분이 아닐까 싶었다. 신기한 일은 여기서 그치지 않았다.

뇌를 조절하려면 적당한 피곤함이 필요하다

나의 뇌는 적당히 지친 상태, 적당한 튜닝이 된 상태를 좋아한다는 걸 깨달았다. 사람마다 그 정도는 다르다. 한때 '아침형 인간'이라는 개념이 책과 함께 유행했지만 결국 사람마다 집중할 수 있는 시간대는 다른 것으로 밝혀졌다. 가장 창의적이고 가장 생산적인 활동을 하려면 뇌는 지금 오직 이 순간만을 생각하고 직시할 수 있어야 한다. 나에게는 그 상태가 몸이 적절히 지쳐 있는 때였다. 뇌는 현실을 인정하고 모든 욕구를 포기했다.

그때 뇌는 또 한 가지 이상한 행동을 하기 시작했다.

머릿속에서 듣고 싶었던 음악이 흘러나오기 시작했다. 갑자기 뇌가 스스로 음악을 재생하기 시작한 것이다. 그것도 예기치 못한 순간에, 아주 자연스럽게 연주하기 시작했다. 게다가 원래 여행하며 듣고 싶었던 음악이었다. 음질도 세밀했고 볼륨은 너무 크지도, 작지도 않았다. 심지어 원하는 구간은 몇 번이고 반복해서 재생하는 것도 가능했다. '이 부분 다시 듣고 싶어'라고 생각한 순간 머릿속 플레이어는 자연스럽게 그 부분만 다시 재생했다.

그저 뇌에서 틀어주는 음악을 들으며 흥얼거리며 걸었다. 재밌는 건 또 있다. 보통 음악에 집중하면 외부 소리가 들리지 않는다. 이어폰이 귀를 물리적으로 막고 있기 때문이다. 하지만 뇌에서 재생하면 주변 소리와 음악이 조화롭게 어우러진다.

머릿속에서 음악이나 특정 소리가 울려 퍼지는 현상은 생각보다 흔하고 광범위하게 나타난다고 한다. 이른바 '귀벌레' 현상[2]이라고 하는데, 심리학 용어로 '상상 음악', '비자발적인 의미 기억'이라고도 부른다. 전 세계 사람들의 90퍼센트가 경험하고 있고, 누구나 한 번쯤은 경험하는 현상이다.

이것은 주로 뇌가 스트레스를 해소하기 위해, 긴장을 이완하기 위해서 음악을 연주하는 현상이다. 대부분 자신이 좋아하는 음악, 듣고 싶은 음악을 연주한다. 이전에 뇌는 정보에 굶주렸다. 아주 긴장된 상태였다. 이후에 스스로 자신의 기억을 꺼내어 반추하면서 굶주림을 해결했다. 보통 음식을 급하게 먹으면 트림을 한다. 뇌 또한 정보를 정신없이 기억을 섭취한 후 음악이라는 매개체로 긴장이 완화되었다는 신호, 즉 일종의 트림을 한 것이 아닐까?

배불리 먹고 난 뒤 뇌는 트림을 했다. 그것은 나에게 음악으로 전환되어서 내 안에서 울려 퍼졌다. 뇌와의 싸움으로 서로가 지친 가운데 평화가 찾아왔다. 몸이 적절히 피곤해졌을 때, 뇌는 미래도 과거도 아닌 오직 현재에 집중하기 시작한다. 쌓여 있던 긴장이 풀리면서 그 대가로 뇌는 음악을 선물해주었다.

포기하면
진정으로 자유로워진다

출근하기 위해 아침에 길을 나선다. 집 앞의 주유소에서는 차들이 들어갈 때마다 울리는 알람 소리, 거기에 섞여서 들리는 음악 소리가 들려온다. 이어폰을 귀에 꽂고 유튜브를 실행한다. 순간 세상의 반은 사라진다. 세상의 소리 대신 음악만 들린다. 주변의 시끄러운 소리는 음악에 묻혀 사라진다.

주위를 보면 대부분 사람들이 음악을 듣거나 영상을 보면서 걷는다. 지하철에서는 모두가 고개를 숙여 스마트폰으로 SNS를 하거나 유튜브를 본다. 귀에는 이어폰을 꽂은 채로 모두 자그마한 화면을 응시한다.

주위를 보면 길을 걸을 때도 모두가 스마트폰을 들여다본다. 심지어 영상을 보며 걷는 사람도 있고 횡단보도에서 신호가 몇 번이나 바뀌어도 계속 스마트폰에 집중하는 사람도 있다. 금지 신호에도 그대로 길을 건너다 사고가 나기도 한다. 교통안전공단의 분석에 의하면 스마트폰을 보며 길을 걸으면 시야 폭이 56퍼센트 감소하고 전방 주시율은 무려 85퍼센트가 감소한다고 한다. 보행자가 일반적으로 소리를 듣고 인지하는 거리가 14.4미터이다. 하지만 문자를 하는 등 스마트폰을 들여다보면 그 거리가 7.2미터로 줄어든다. 여기에 음악까지 가세하면 5.5미터로 더 좁아진다. 매년 스마트폰 보행 관련 교통사고는 계속 늘어나는 추세다. 특히 10대나 20대 등 젊은 층에게서 가장 많이 발생한다고 한다.

온전한 일상은 이제 존재하지 않는다. 항상 나는 무언가를 보거나 듣고 있다. 특히 음악을 좋아하는 나로서는 외출할 때 이어폰을 두고 나가면 약속에 늦더라도 부리나케 다시 집으로 돌아간다. 약속에 늦는 것보다 음악 없이 지하철을 타고 길을 걷는 게 두렵기 때문이다.

고요함을 모르는 사람들

"오늘 스타벅스에서 어떤 사람을 봤는데 스마트폰도 없고 태블릿도 없고 노트북도 없었다. 그는 그저 앉아서 커피만 마시고 있었다. 완전히 사이코패스 같았다."

_미국 영화배우 데이브 베시오(Dave Vesio)가 트위터에 올린 글

이 트윗은 무려 105만 명이 '좋아요'를 누르고 16만 명 이상이 리트윗했다. 커피숍에서 커피만 마시는 게 이제는 비정상적인 세상이 되었다는 반증이다.

아주 가끔 지하철에서 아무것도 하지 않고 그저 앉아서 정면을 바라보는 사람을 발견하면 깜짝 놀란다. 은행에서 번호표를 뽑고 기다릴 때도 마찬가지다. 미친 듯이 지루한 시간이다. 그런 와중에 차분히 정면을 보고 앉아 있는 사람들을 찾기 힘들다. 대부분 음악을 듣거나 고개를 숙여 스마트폰을 보고 있다.

때로는 음악에 심취해 내 차례가 온 것도 모를 때가 있다. 내려야 할 역을 지나칠 때도 있고 횡단보도 신호를 놓칠 때도 많다. 아마 나만의 문제가 아닐 것이다. 이른바 '스몸비(Smombie, 스마트폰과 좀비의 합성어)' 현상은 사회적으로 큰 문제가 되고 있다. 내가 아닌 스마트폰이 본체인 양 모든 감각이 스마트폰에 집중되어 있으면 자연스럽게 주변 환경에 대한 인지가 줄어들어 사고 위험이 올라간다. 내 몸은 자유롭지만 정신은 그렇지 않다. 정신은 온전히 유튜브, 인터넷 속 세상에 있기 때문이다.

하지만 카메라와 음악을 포기하면서 엄청난 자유가 찾아왔다. 스마트폰을 아예 가방에 넣었다. 이제 카메라로 무언가 촬영할 필요도 없고 음악을 들을 필요도 없다. 카메라와 유튜브를 포기하니 양손이 자유로워지면서 마치 맨몸으로 서 있는 기분이다.

'아무것도 의지하지 않는 삶이라는 게 이런 건가?'라는 생각이 들 정도로 벌거벗은 감각이었다. 영화 〈매트릭스〉의 네오가 가상

세계에서 깨어나 진짜 현실을 보고 비명을 지르는 장면이 떠올랐다.

귀를 감싸고 있던 음악, 내 기억력을 대신하던 카메라, 그리고 즐거움을 담당하던 인터넷. 이 모든 것을 통제하는 스마트폰을 스스로 가방 안에 넣으니 진정한 자유가 찾아왔다.

한밤중의 오싹한 경험

밤에 글을 쓰는 중에 출출해져서 근처 편의점에 가기 위해 집을 나섰다. 바지 주머니에서 방금까지 대하하던 친구에게서 온 듯한 메신저 진동이 울렸다. 나중에 답장하기로 하고 편의점으로 향했다. 스마트폰으로 계산을 하려고 하는데, 주머니에 아무것도 없었다. 순간 핸드폰을 두고 왔나 생각했지만 아까 메신저 진동을 분명히 느꼈다는 게 떠올랐다. 길에서 잃어버린 줄 알고 한참을 찾다 집으로 돌아왔는데, 놀랍게도 책상 위에 스마트폰이 그대로 있었다. 순간 소름이 돋았다.

'그렇다면 아까 진동은 뭐였지?'

실제로 경험해본 사람은 알 것이다. 일명 '유령 전화', '팬텀 진동' 현상[3]은 사실 오래전부터 있었다. 핸드폰 사용자 중 90퍼센트는 이런 경험을 했다고 한다. 과학자들은 대부분 이 현상의 원인을 심리적인 것으로 추측하고 있다. 특히 스마트폰 중독성이

심할수록 이런 증상이 일어날 확률이 더 높다고 한다. 우리 몸은 이제 스마트폰이 없으면 스스로 '유령 전화기'를 만들어낼 만큼 스마트폰에 매여 있다는 증거다.

카메라와 음악을 포기하면서 자유로움을 얻었지만 몸은 계속 스마트폰을 찾았다. 계속 주머니 속에 손이 들어가 스마트폰이 있었던 자리를 뒤적였다. 마치 아기가 배냇저고리를 찾듯이 내 손은 계속해서 적당한 크기의 네모난 물체를 찾고 있었다. 진정한 자유는 이처럼 얻기가 힘들다. 두 팔과 눈과 귀는 자유로움을 만끽하지만 뇌는 끊임없이 메신저 알람을 보고 싶어 하고 음악을 듣고 싶어 하고 사진을 찍고 싶어 했다. 마치 몸속 중요한 장기를 하나 떼어낸 듯한 느낌이 들었다.

몇 시간이고 올레길을 걸으면서 점차 텅 빈 두 손이 자연스러워졌다. 두 귀는 바닷가 파도 소리를 좀 더 듣기 시작했다. 때론 머릿속에서 자체적으로 음악을 재생하기도 했다. 주변 파도 소리를 들으며 또 다른 경로로 뇌 속에서 음악이 들려오기 시작했다. 스마트폰으로 음악을 듣는 것보다 훨씬 자유롭게 재생 속도와 목록을 조절할 수 있었다.

몇 시간이 지나고 나서야 진정으로 자유로워졌다. 더 이상 가방 속의 스마트폰보다 두 개의 빈 손바닥이 훨씬 가벼운 걸 깨달았다. 두 눈과 귀가 순수하게 풍경을 보고 들을 수 있게 되었다. 지금 이 글을 쓰는 순간에도 눈앞에 펼쳐질 만큼 생생하게 보고 느끼고 기억할 수 있게 되었다.

자유에는 대가가 따른다. 결코 쉽게 얻을 수 없다. 때론 과감하게 스마트폰을 몸에서 '디스커넥트'해야 한다. 진실로 나와 '커넥트'하려면, 때론 가장 의지하는 것을 끊어버려야 하는 것이다.

5장

구글링을
디스커넥트하라

DISCONNECT

무료 서비스의
비밀

"상품에 대한 대가를 치르지 않으면 네가 상품이다."

_트리스탄 해리스(Tristan Harris, 구글 윤리 디자이너)

확실히 스마트폰이 생긴 이후의 삶은 이전과는 너무나 달라졌다. 과거에는 노트북이든 데스크톱이든 사용하려면 일단 어딘가에 앉아야 했다. 부팅시간이 필요했고 키보드와 마우스를 이용해야 했다. 지금은 다르다. 어디서나 접속할 수 있고 몇 번의 터치만으로 무엇이든 할 수 있다.

특히 검색이 너무나 쉬워졌다. 과거에는 노트북이나 데스크톱 같이 크고 자리를 차지하는 기계를 이용해야 했다. 인터넷이 어려우면 사람에게 물어보고, 도서관에 찾아가야 했다. 지금은 그 모든 것이 검색을 통해 가능하다. 특히 구글 검색은 단순한 정보 검색이 아닌 인간 문화의 모든 것을 다룬다. 구글북스에서는 전 세계 유명 고서들을 모두 스캔하고 디지털로 만드는 작업을 하고 있다. 구글아트는 전 세계 미술 작품을 초고화질 기가픽셀로 저장해 누구나 집에서 고화질 작품을 감상할 수 있다. 심지어 유화의 두께, 물감의 질감까지 구별할 수 있으니 굳이 전시관을 찾을 필요가 없다. 그 외에도 오피스 기능도 있다. 비싼 돈 주고 프로그램을 살 필요가 없다. 구글문서(Docs), 스프레드시트, 프레젠테이션 등을 무료로 사용할 수 있다. 그 외에도 구글포토, 유튜브 등 구글은 수십 가지의 서비스를 무료로 제공한다.

신이 된 구글

어떤 이는 구글이 종교의 역할을 대신하고 있다고 표현하기도 했다. 나는 너무나 정확한 표현이라고 생각한다. 우리가 궁금한 것을 (기도 대신) 검색하면 하늘의 응답 대신 바로 검색 결과를 보여준다. 24시간 어디서나 인터넷만 연결되어 있으면 무엇이든 물어볼 수 있다. 무엇보다 이 모든 것이 공짜다. 하지만 누구도 이 생각을 해보지 않았을 것이다.

왜 이것이 무료인가?

보통 사람들은 우리가 광고를 보는 대가로 구글의 서비스를 이용한다고 말한다. 절반만 맞는 말이다. 구글이 원하는 건 그 이상이다. 구글은 각 개인의 완벽한 프로필을 원한다. 우리가 무엇을 검색하고 어떤 음악을 좋아하는지, 어디에 자주 가는지 등 모든 것을 알고 싶어 한다. 말 그대로 우리의 아바타를 원한다.

왜 그럴까? 우리는 상품이기 때문이다. 구글의 진정한 고객은 사용자가 아니다. 진짜 고객은 광고주들이다. 그들은 우리의 아바타를 이용해 자신들의 상품을 소비하고 자신들의 웹페이지에서 시간을 보내게 만든다. 그 돈이 바로 기업으로 넘어가게 만들기 위해서다.

한 유튜버는 재미 삼아 한 가지 실험을 해보았다. '구글 마이크 테스트(Google mike test)'라 불리는 이 실험의 결과는 상당히 충격적이다.[1] 유튜버는 구글 크롬 브라우저를 켜놓고 강아지 장난감에 대한 대화를 했다. 해당 유튜버는 강아지를 키우지도 않고 검색이나 쇼핑도 한 번 한 적이 없었다. 하지만 대화가 끝나고 다시 크롬을 실행해 광고 배너를 보는 순간 그는 경악했다. 강아지 장난감 배너가 떠 있던 것이다.

나도 비슷한 경험을 했다. 어느 날 밤 친구가 놀러 왔다. 인터넷을 하던 중이었다. 친구는 자취해서 사는 중이라 다음 해 집 계약에 대한 고민을 털어놨다. 이야기가 깊어지면서 현재 우리 동네의 집값이나 부동산 문제에 대해서도 한바탕 성토를 했다. 그리고 다음 날 유튜브를 켜고서는 경악했다. 유튜브에는 정확히 우리 동네의 현재 집값이나 추세에 대한 영상이 추천 영상으로 떠 있었다. 맹세컨대 이 대화를 하기 전에는 부동산이나 집값에 관한 검색을 단 한 번도 한 적이 없었다. 해당 영상을 본 적도 없다. 그때부터 뭔가 심각함을 느끼기 시작했다.

물론 구글은 이렇게 말한다. "프로그램을 설치할 때 당신은 이 사항에 대해 동의했다."[2] 그 사항이란 프로그램 설치 전 작은 영문 글씨로 이루어진 깨알 같은 계약서다. 이걸 읽어보는 사람은 거의 없을 것이다. 빨리 설치하기 바쁘다. 문제는 동의 자체를 '디폴트(기본값)'로 설정해놓았다는 것이다. 구글의 디폴트 정책[3]은 대부분 사람에게는 강압적인 것이나 다름없다. 누가 세세하게 계약서를 읽고 프로그램을 설치하겠는가. 결국 오늘도 우리가 끊임없이 검색하고 대화하고 이동하는 모든 것은 구글 서버 안에서 내 미니 아바타를 정교하게 만드는 데 사용된다.

내 아바타가 더욱 정교해질수록 나의 가치는 높아진다. 광고주에게는 더없이 순수하고 질 좋은 상품이 되는 것이다. 결국 우리는 우리의 주의를 끌고 집중력을 흩뜨릴 광고들에 노출된다. 지금도 구글에서는 세계 최고의 과학자들, 마케터들, 기술자들이 어떻게 하면 기업의 이익을 올릴 수 있을지 고민 중이다. 이는 단순히 광고 노출을 높이는 것뿐만 아니라 내 인간관계, 위치 경로, 문화적 성향을 분석해 내 삶 자체를 통제할 위험이 있다. 가장 직접적인 위험은 의식이 편협해진다는 것이다.

알고리즘은
시야를 좁힌다

"내가 왜 이 영상을 보고 있는지 모르겠다."

"알고리즘의 인도로 여기까지 왔습니다."

다들 이런 경험 있을 것이다. 전혀 알지도 못하는 유튜버의 영상이 내 스마트폰 유튜브 앱의 중앙에 올라와 있다. 무의식적으로 영상을 보게 된다. 보다 보니 내 취향이다.

흔히 '알고리즘의 인도로 이 영상을 보게 되었다'라는 댓글처럼, 유튜브를 비롯해 수많은 콘텐츠 제공자들은 내 취향을 분석하고 있다. 내가 어떤 음악에 '좋아요'를 누른 순간 다음부터는 유튜브 첫 화면에는 내 취향과 비슷한 음악들이 뜬다. '좋아요'를 자주 누를 때마다 내 취향은 점차 구체적으로 변한다. 그 결과 내가 좋아하는 장르, 가수 위주로 음악을 듣게 된다. 그런데 만약 음악이 아니라 정치, 사회 이슈라면 어떻게 될까?

상대방을 알고 싶으면 유튜브를 봐라

혹시 부모님의 정치 성향을 정확히 알고 있는가? 단순히 텔레비전 앞에서 정치에 대해 한탄하는 정도로는 자세히 알 수 없다. 대신 부모님 스마트폰의 유튜브를 열어 첫 화면에 어떤 유튜버의 영상이 떠오르는지 보면 부모님의 정치 성향을 거의 확실하게 알 수 있다. 부모님 세대는 기본적으로 보수성향이 강한데, 친구가 메신저로 추천하는 영상을 보게 되면서 점차 성향이 강해진다. 유튜브는 자주 보는 영상을 토대로 정치 성향을 판단하고 관련된 영상만을 추천한다.

반대로 젊은 사람들은 진보성향이 강하다. 진보와 관련된 영상에 '좋아요'를 누를수록 점차 진보성향의 영상들만 올라온다. 결국 양극단으로 몰리게 된다. 부모와 자식 간 정치적 견해는 더 이상 접점이 사라지고 서로가 서로를 다름이 아닌 옳고 그름으로 판단하게 된다.

지금 우리 주변 대부분은 블랙박스로 이루어져 있다. 스마트폰은 내가 사용할 수는 있지만 어떤 원리로 작동하는지 모른다. 구글 검색은 편하게 사용하지만 어떤 과정을 거쳐 나에게 정보가 배달되는지 모른다.

과거에는 카세트나 라디오를 보면 내가 직접 분해하고 조립하는 게 가능했다. 내부를 열어보고 원리를 알아볼 수 있었다는 뜻이다. 하지만 오늘날 스마트폰은 그것이 불가능하다. 분해도 불가능하지만 분해한다 해도 얇은 디스플레이와 메모리가 전부다. 뭐가 어떻게 돌아가는지 알 수가 없다. 최신형 디지털 기기일수록 그렇다.

우리가 유튜브, 페이스북, 인스타에서 '좋아요'를 누르는 순간 겉으로는 그저 '좋아요' 아이콘이 채워지는 게 전부다. 하지만 그 '좋아요'로써 우리의 행동이 어떻게 평가되고 관리되는지는 알 수 없다. 예를 들어 구글에서 우리가 검색어를 입력하고 돋보기 아이콘(검색 버튼)을 터치하는 순간 이런 일이 발생한다.[4]

첫째, 검색 조건을 만족하는 페이지의 색인을 검토한다. 페이지의 색인은 미리 전 세계의 웹페이지들을 요약해놓은 꼬리표와 같다. 매일 수억 개의 색인이 만들어진다.

둘째, 수십만 개의 가능한 검색 결과 중 관련성이 높아 보이는 웹 사이트를 최상위권에 배치한다. 이때 검색 결과 순위는 대략 200가지 사항을 고려한다.

여기서 200여 가지의 사항은 일반인들은 알지 못한다. 게다가 사용자에 따라—평소 행동 패턴, 검색 단어, 종류, 빈도에 따라—검색 결과가 달라진다. 그 결과 모두가 동일한 검색 결과를 얻지 않는다. 대신 사용자가 '좋아할 만한' 검색 결과를 표시한다. 검색엔진은 진실을 말해주지 않는다. 사용자가 보고 싶어 하는 결과를 보여준다. 만약 왜곡된 역사관을 가진 사람이나 음모론을 추종하는 사람이라면 무엇을 검색해도 평소 그 사람의 취향과 맞는 검색 결과가 나오는 것이다. 설령 진실과 멀어지더라도 말이다.

내가 '좋아요'를 누른 영상과 관련해 조금이라도 비슷한 주제의 영상은 항상 메인에 있다. 우리는 도저히 클릭하지 않을 수 없는 섬네일과 유튜브 알고리즘에 대한 신뢰를 바탕으로 그 영상을 시청한다. 설령 그 영상이 거짓이거나 반인륜적인 내용을 포함하더라도 말이다.

나는 유튜브의 알고리즘은 정확히 알지 못한다. 하지만 한 가지 확실하게 말할 수 있는 건 알고리즘의 목표는 우리가 더 많은 시간을 유튜브에 쏟게 하고, 그 결과 더 많은 광고를 시청하는 것이다. 그들의 운영자금은 광고에서 나오기 때문이다. 결국 알고리즘의 인도로 내 성향은 구체화되고, 시야는 좁아진다. 내가 아는 세상은 점점 더 좁아진다.

검색 차단 실험

"선생님 검색해주세요."

수업 때 이 말을 참 자주 듣는다. 이제는 모르는 게 창피한 시대는 지났다. 몰라도 그저 검색하면 모든 질문에 대한 답을 찾을 수 있다. 상상 가능한 이미지는 대부분 구글에 존재한다. 아이들도 이제 질문 대신 검색해달라고 한다. "그게 뭔데?"라고 물어봐도 설명하지 않는다. 그저 검색하면 다 나온다고 한다. 비단 아이들뿐만 아니라 우리도 친구가 물어보면 딱히 설명하지 않는다. 그저 "한번 검색해봐"라고 말할 뿐이다. 검색창에 단어만 입력하면 위키 문서부터 이미지, 유튜브 영상까지 모두 볼 수 있으니 굳이 설명할 필요가 없다. 하지만 문득 이런 생각이 들었다.

이래도 괜찮은 건가?

아예 호기심 자체가 사라져버린 기분이다. 모르는 것이 있으면 먼저 상상을 한다. '그게 뭘까?' '어떻게 생겼을까?' '어떤 일을 할까?' 등 갖가지 궁금증이 생긴다. 하지만 인터넷 검색이 일상이 된 후부터는 아무것도 궁금해하질 않는다. 바로 검색해본다. 그리고 정답을 얻는다. 그게 전부다.

궁금한 즉시 검색해서 답을 얻어내는 일상. 객관적으로 보면 너무나 편리하고 당연하니 의문을 품을 수 없다. 하지만 이렇게 무턱대고 검색을 하면서 잃는 것은 없을까? 특히 아이들을 보면 검색은 너무나 당연해서 스스로 아무것도 하지 않는다. 그것을 알기 위한 어떤 행동도 없다. 선생님에게 검색을 부탁하거나 스스로 자판을 쳐서 알아내는 게 전부다. 나 자신도 디지털 중독자였고 수천 명의 아이들과 수업했지만 검색에 관해서는 항상 의문점을 갖고 있었다. 결국 한 가지 실험을 하기로 했다.

검색을 하지 못하게 될 때 내면 검색이 작동한다

아이들에게 오늘은 인터넷이 '망가져서' 검색할 수 없다고 했다(쉽게 설명해야 한다). 그러자 아이들은 당황했다. "왜 안 돼요?" "AS 부르면 안 돼요?" "요금제 뭐예요?" 등등 불만을 쏟아냈다. 하지만 요지부동으로 안 된다고 하자 아이들은 결국 검색을 포기했다. 나는 이렇게 질문했다.

"네가 찾으려고 하는 캐릭터는 어떻게 생겼어?"

그러자 아이들은 각자 자신이 찾고 싶은 캐릭터, 대상을 설명하기 시작했다. 말로 설명이 안 되니 그림으로 설명하기 시작했다. 그때 처음 깨달았다. 우리의 몸은 모르는 것이 있으면 손과 발, 목소리 등 온몸을 사용해서 설명할 수 있다. 무엇보다 아이들은 '행동'하기 시작했다. 움직이기 시작했다. 커다란 캐릭터면 두 팔을 위로 번쩍 들어 동그랗게 펼쳐 설명했다. 선생님은 계속해서 질문한다.

"근데 그걸 왜 찾아야 해?"

"어떻게 생겼는지 몰라서요."

"지금 네가 말해주고 있잖아."

"그래도 더 알고 싶단 말이에요."

"일단 네가 아는 것까지 그려볼래?"

아이는 답답하다는 듯이 종이에 '아는 만큼' 그리기 시작했다. 순간 아이에게서 '내면 검색'을 목격했다. 일단 자신이 아는 것만큼 그리거나 설명을 하기 시작한 아이들에게서 무언가 생동감이 넘쳤다. 무표정의 '검색해주세요'가 아니라, 좀 더 생기있게 설명하기 시작했다. 그림을 그리지 않는 아이도 그리기 시작했다. 몇몇 아이는 아예 자신이 생각하는 캐릭터로 변형해서 그리기도 했다.

시간이 지나고 다시 인터넷이 고쳐져서 검색할 수 있다고 말했다. 원래대로 다시 검색에 매달릴 줄 알았다. 하지만 절반 이상의 아이들은 더 이상 검색을 원하지 않았다. 그저 자기가 그린 것에 만족하고 그린 걸 토대로 만들기를 하거나 다른 활동을 했다. 몇 몇 아이들은 자신이 그린 어설픈 캐릭터와 검색한 캐릭터를 비교하면서 자신의 그림을 업그레이드했다.

여기서 '내면 검색'의 중요한 점을 깨달았다. 사람은 호기심을 강화하고 원하는 지식을 얻기 위해 더 많이 움직인다. 반대로 검색이 쉬워질수록 알고자 하는 욕망은 약해진다. 결국 검색해서 얻은 결과는 큰 가치를 갖지 못한다. 쉽게 얻은 지식은 쉽게 취급해버리는 것이다.

대니얼 마크 월퍼트(Daniel Mark Wolpert)는 세계적인 신경과학자로 뇌의 존재 이유에 대해 연구했다. 그는 2011년 TED 강연에서 "뇌의 존재 이유는 오로지 움직이기 위해서다. 다른 이유는 생각할 수 없다"고 단언했다.[5]

그가 예로 든 생물은 우리가 흔히 아는 멍게다. 멍게가 유생일 때는 뇌가 있다. 바닷속을 돌아다니며 안착할 바위를 찾기 위해 뇌가 필요했던 것이다. 하지만 안착하고 나서는 제일 먼저 뇌를 소화해 영양분으로 써버린다. 움직일 필요가 없자 뇌부터 없애버린 것이다. 우리가 음식을 먹을 때 수저를 입에 가져가는 행동조차 뇌와 수백, 수천 개의 근육들이 실시간으로 힘과 방향을 조절해야 한다. 뇌 없이는 이 모든 것이 불가능하다.

발버둥 쳐야
오래 기억한다

가끔 영화를 보면 보물이나 강력한 힘을 얻으러 떠나는 주인공이 나온다. 그 보물은 어디 있는지조차 모른다. 추상으로 가득한 예언을 해독하면서 주인공은 산을 넘고 물을 건넌다. 만약 구글로 검색해서 보물의 위치를 한 번에 알 수 있다면 이야기는 재미없어질 것이다.

재미가 없다는 건 뇌에서는 곧 종말을 의미한다. 뇌는 재미없고 지루하고 의미 없는 것은 가차 없이 지워버린다. 소중한 사람과의 추억을 생각해보자. 아무런 충돌이 없는 일상은 기억나지 않을 것이다. 그보다 서로 뭔가를 하려다 맞지 않아 싸우거나 서로 고생했던 때, 결과는 허무했지만 뭔가 엄청나게 노력했던 때가 훨씬 오래 기억에 남는다. 왜 그럴까? 우리의 몸이 움직였기 때문이다.

만지작거린 쥐가 똑똑해진 이유

캐나다 심리학자 도널드 헤브(Donald Hebb)는 연구실의 실험용 쥐 몇 마리를 자녀들에게 구경시켜주기 위해 집으로 가져왔다. 가벼운 마음으로 한 이 일로 헤브는 깜짝 놀랄 결과를 얻었다. 아이들의 손길과 집 안의 다양한 환경을 경험한 쥐들이 실험실에 갇혀 있던 쥐들보다 학습 능력이 월등히 높았던 것이다. 헤브는 이런 현상을 '사용 의존적 가소성(use-dependent plasticity)'이라고 명명했다.[6]

이후 여러 나라에서 비슷한 실험을 진행했다. 1960년대 버클리 대학에서는 다양한 자극과 놀 거리가 있는 공간의 쥐와 그렇지 않은 쥐들의 뇌의 크기와 무게, 지능을 측정했다. 모든 면에서 다양한 자극을 받은 쥐가 월등히 머리가 좋았다.

후에 환경이 풍요로워지면 뇌세포의 시냅스가 새로운 가지를 만들어낸다는 사실이 밝혀졌다. 즉, 더 많은 것을 기억할 수 있고 지능이 높아지는 것이다. 오늘날 우리가 검색하는 모습을 생각해보자. 의자에 앉아서 고개를 숙이고 손가락을 옮기는 것이 전부다. 반대로 지식을 얻기 위해 도서관에 가거나 인터뷰를 한다고 생각해보자. 밖에 나가기 위해 옷을 갈아입고 두 발로 걷고 사람을 만나고 수백 수천 권이 꽂혀 있는 서가에서 책을 찾는 등 풍성한 자극과 움직임이 있다. 이중 어느 것이 더 기억에 남고 삶을 지혜롭게 만들어주는지는 말할 필요가 없다.

그 시작이 바로 '내면 검색'이다. 내가 왜 이 지식을 알아야 하는지, 왜 궁금한지 먼저 물어봐야 한다. 그리고 혹시라도 내가 아는 것은 없는지 스스로에게 물어야 한다. 완전히 새로운 분야, 아무것도 모르는 분야의 지식이라면 몰라도 대부분은 어느 정도 내가 사전 정보를 갖고 있다. 아는 대로 적다 보면 내가 왜 검색을 해야 하는지 알 수 있다. 여기까지 오면 집중력은 더 높아진다. 뇌에서는 이제 그것을 중요한 정보로 판단하기 때문이다.

그래서 나는 '검색 기록장'을 만들었다. 빈 노트를 하나 준비하고 매번 검색할 때마다 옆에 두고 검색어를 먼저 적었다. 그리고 내가 아는 것을 최대한 기억해 적어보려 했다. 이 과정에서 검색해야 하는 이유가 명확해진다. 이후에 검색을 하면 이전보다 훨씬 집중할 수 있었고 기억에도 오래 남았다. 검색 기록장 덕분에 나는 더 많은 글을 쓸 수 있었고 더 깊은 지식과 기억을 갖게 되었다. (검색 기록장에 관한 더 자세한 설명은 10장을 보라.)

6장

커뮤니티를
디스커넥트하라

DISCONNECT

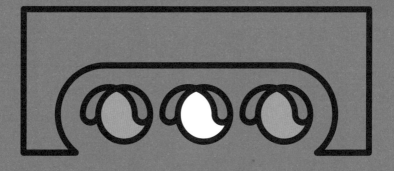

침묵의 나선 이론

이제 스마트폰은 낯선 사람과의 만남도 주선해준다. 바로 SNS
이다. 훨씬 이전에 우리는 전화선(모뎀) 기반의 PC통신으로 전혀
모르는 사람과 정보를 교환할 수 있었다. 낯선 사람과 채팅하는
것만으로 두려움과 설렘을 느꼈던 시절이 있었다. 지금은 너무나
많은 커뮤니티가 생겼고 수많은 게시판과 글쓰기 도구, 댓글과 대
댓글 등 다양한 형식으로 소통할 수 있는 장치가 많아졌다. 이제
사람들은 자신의 취향과 성향에 맞는 사람들끼리 온라인으로 만
날 수 있다. 과거에는 평생 마주치는 것조차 불가능했던 인연들이
이제는 매일 모든 게시판에서 실시간으로 이루어지고 있다.

수많은 사람들이 아침에 일어남과 동시에 메신저를 확인하고
뉴스를 확인하고 댓글을 읽는다. 자신이 속해 있는 온라인 커뮤

니티에 들어가 글을 쓰고 읽는다. 바쁜 출근길, 아침을 거르는 사람은 있어도 정보를 거르는 사람은 없다. 버스, 지하철 출근길을 보면 모두가 조용히 스마트폰을 보며 정보를 섭취하고 있다. 심지어 운전하는 사람들조차 한 손은 운전대를 잡고 한 손으로는 스마트폰을 조작하기도 한다. 잠깐의 정지신호에도 바로 스마트폰을 보는 사람들이 부지기수다.

미국 시장조사기관인 퓨 리서치(Pew Research)가 2019년 세계 27개 국가를 대상으로 조사한 결과, 스마트폰을 사용하는 사람들의 비율이 가장 높은 국가는 우리나라로 나타났다.[1] 무려 95퍼센트의 사람들이 스마트폰을 이용한다고 한다. 거기에 우리나라 성인의 76퍼센트는 스마트폰을 통해 SNS를 이용하고 있다고 한다. 이렇게 좁은 나라에서 매일 수많은 사람들을 보며 지내는데도 우리는 부족함을 느끼는 것 같다. 몇 시간을 통화해도 "자세한 건 나중에 만나서 얘기하자"라고 할 만큼 우리는 만남에 목말라 있다. 하지만 모든 만남이 다 좋은 것만은 아니다. 특히나 얼굴도 안 보이고 누구인지도 알 수 없는 익명의 공간에서의 무분별한 만남은 오히려 큰 상처를 줄 수도 있다.

지록위마(指鹿爲馬).

최근 인터넷상의 여론몰이와 가짜 뉴스 등을 볼 때마다 떠오르는 사자성어다. 사슴을 보고 말이라 하듯, 진실을 알고 있어도 다수의 의견을 따르는 요즘의 우리 모습이 계속 떠오른다. 우리는 기본적으로 안정을 추구한다. 모난 돌보다는 상황에 맞춰 다수가 되고 싶어 하고 홀로 떨어지고 싶어 하지 않는다. 그렇기에 스스로 판단하기보다 현재 대세가 되는 의견을 따르는 게 더 익숙하다.

독일의 저명한 커뮤니케이션 학자이자 여론조사 기관인 알렌스바흐 연구소의 설립자인 엘리자베스 노엘레 노이만(Elisabeth Noelle Neumann)은 1972년 세계심리학회에서 '침묵의 나선 이론'을 발표했다.[2] "인간은 고립의 두려움이 있기 때문에 소수의 의견에 속한다고 느낄 때 자신의 의견을 감추어야 한다고 압박을 느낀다"는 것이다. 바로 '침묵의 소용돌이'다. 그녀는 고립에 대한 두려움과 주류에 속하고 싶은 인간의 강한 욕망이 '침묵의 나선'을 만든다고 주장했다.

오늘날도 인터넷 게시판에서 이런 글들을 많이 볼 수 있다. 페이스북은 '좋아요'와 '싫어요'를 통해 글에 대한 평가를 할 수 있다. 그 외에도 요즘 게시판에선 댓글에도 추천과 비추천을 매길 수 있다. 추천이 많이 달릴수록 상위권에 노출되고, 반대로 비추천은 수많은 사람들의 비아냥 섞인 대댓글을 볼 수 있다. 어떤 게시판은 일정 수 이상의 비추천이 매겨지면 글이 아예 안 보이게 되는 곳도 있다. 전형적인 침묵의 나선 이론의 현장이다. 비추천이 매겨진 의견은 저 심해로 사라져가는 현장을 매일 목격한다.

나도 추천과 비추천 모두 받아봤다. 때론 내 댓글이 수백 개의 추천을 받고 베스트 댓글로 지정된 적도 있다. 이때는 별다른 보상이 없는데도 의기양양해진다. 마치 내가 여론의 대변자가 된 것 같았다. 그날은 이상하게 힘이 솟고 기분이 좋았다.

반대로 솔직한 생각을 적었지만 그야말로 '비추천 폭탄'을 맞아 결국 나중엔 내 댓글 자체가 사라진 경험도 했다. 그 아래 달린 비아냥거리는 댓글들을 보면서 마음이 찢어지는 것 같은 기분을 느끼기도 했다. 우울하고 기분이 좋지 않고 갑자기 겁이 덜컥 났다. 그리고 자연스럽게 하게 된 생각은, '앞으로 댓글 방향을 보고 의견을 달아야겠다' '비추 받지 말아야겠다'라는 생각이었다. 침묵이었다.

가끔 뉴스에서 연예인들이 악플로 인해 극단적인 선택을 했다는 기사를 볼 때가 있다. 처음에는 이해가 잘 되지 않았다. 면전에서 욕을 한 것도 아니고, 심지어 악플을 단 사람보다 훨씬 사람들의 사랑을 많이 받는 연예인이 기껏 몇 글자 때문에 그렇게 심한 상처를 받을까? 하지만 직접 악플이나 비아냥대는 댓글을 받아보면 생각이 달라진다. 배가 아파오고 소화가 안 된다. 별것 아닌 듯 반응하려 해도 하루 종일 마음이 불편하다. 왠지 글을 고쳐야 할 것 같고 아니면 그 사람에게 따지는 대댓글을 달고 싶다.

일반인인 나도 이런데 연예인들이 받는 악플은 얼마나 고통스러울지 상상이 안 간다. 한 변호사는 자신의 SNS에 한 명의 연예인이 받은 악플을 모아 출력한 분량을 공개했다.[3] 30센티미터가 넘는 높이로 쌓인 A4용지를 보며 마음이 선뜩해졌다. 그는 "이런 감정의 쓰레기 더미가 매일 온몸에 끼얹어진다고 생각해보시라"고 적었다.

용감한 사람은 이런 악플에 강력한 대응을 한다. 하지만 많은 사람들은 그저 상처 받는 걸로 끝난다. 이러다 보니 자연스럽게 여론의 의견에 수긍하게 된다. 설령 내 생각과 다르더라도 반대 의견을 내는 것보단 동의하는 게 훨씬 마음이 편하다. 이러한 과정이 반복되면 스스로 생각하는 힘이 점차 약해진다.

보고 싶은 대로만 보려 하는 사람들

가짜 뉴스, 편파적인 방송, 악의적으로 편집된 이야기들이 아무렇지도 않게 게시판에 올라온다. 게다가 수많은 정보가 넘쳐나는 시대이다. 뭐가 진짜고 뭐가 가짜인지 구별하기 힘들다. 게시판에는 캡처한 뉴스나 동영상이 어떻게 편집되었는지도 모른 채 올라온다. 우리는 캡처된 뉴스 이미지만 보고 그대로 믿어버린다. 모두 자신이 보고 싶은 대로 보려 한다. 논리적인 사고를 떠나 편향된 사고가 가득하다.

모든 커뮤니티는 각자의 특색이 있다. 선호하는 취향도 다르다. 정치적인 관점도 극과 극을 달린다. 중요한 건 사람들은 자신의 생각과 비슷한 커뮤니티를 고른다는 것이다. 설령 커뮤니티에서 가짜 정보를 다루어도, 설령 그것이 가짜인 것을 인지하더라도 커뮤니티 성격이 나와 맞기 때문에 그냥 받아들인다. '가재는 게 편'이라는 속담이 있듯이 내가 보고 싶은 뉴스만 올라오고 내 생각과 비슷한 댓글만 보고 싶어 한다. 거기서 우리는 안정감을 느낀다.

하지만 때로는 내 모든 판단이 커뮤니티에서 나오는 건 아닌가 하는 생각이 들 때가 있다. 스스로 생각하는 건 피곤하다. 사는 것도 바쁜데 가짜 뉴스를 걸러낼 의지와 시간이 부족하다. 때문에 내 입맛에 맞는 커뮤니티에서 누군가 편집해놓은 정보들을 받아들인다.

아침에 일어나서 한 시간가량 멍하니 커뮤니티를 돌아다니는 내 모습에서 무언가 잘못되었다는 생각이 들었다. 디스커넥트가 필요한 때가 온 것이다.

커뮤니티 중단 실험

코로나19로 인해 한동안 백수로 지내면서 계속 집에 있다 보니 유일한 즐길 거리는 스마트폰과 태블릿PC로 인터넷을 하는 것이었다.

특히 커뮤니티에 올라오는 각종 이야기는 아침부터 굶주린 뇌를 만족시키기에 충분했다. 정말이지 배고픈 건 참을 수 있어도 궁금한 건 못 참는다. 아침을 먹기도 전에 커뮤니티 사람들에게 아침 인사 글을 올리고 다른 사람들의 일상을 엿본다. 사회에 일어나는 크고 작은 일들을 훑어보고 의견 댓글을 달고 이슈가 되는 게시물을 탐독한다.

그렇게 오전 시간이 훌쩍 지나가고 갑자기 '내가 뭘 하고 있었지?'라는 생각과 함께 주위를 둘러본다. 마치 원래 있을 곳은 온라인 세계인데, 갑자기 하늘에서 뚝 떨어진 것처럼 좁은 방 안에 있는 나를 발견했다. 사람과의 만남이 줄어들수록 커뮤니티에 의존하는 내 모습을 볼 수 있었다. 책을 읽다가도 사람들이 올린 게시물을 보고 내 글의 댓글이나 '좋아요'를 확인한다. 밥을 먹으면서도 댓글을 달고 계속 올라오는 이슈들을 확인한다.

문득 나 자신이 점차 현실과 온라인의 중간쯤 위치하는 것처럼 느껴졌다. 항상 붕 떠 있고 조금이라도 가만히 있지 못했다. 물론 코로나로 집 안에 갇혀 있는 답답함이 컸다. 어떻게든 탈출구를 찾기 위해 항상 스마트폰을 보며 시간을 때웠다. 그러다 문득 지금 이 상황이 나를 실험할 좋은 기회라는 생각이 들었다. 나는 일주일간 커뮤니티를 끊어보기로 했다.

시작하자마자 엄청난 금단증상이 찾아왔다. 커피를 갑자기 안 마시면 두통이 오듯이 커뮤니티를 갑자기 끊으니 엄청난 지루함이 찾아왔다. 항상 이렇다. 무언가 의존하는 걸 '디스커넥트'하는 순간 뇌는 엄청난 지루함을 느낀다. 지루함은 곧 빈 구멍이기도 하다. 우리는 지루함을 달래려고 무언가를 만지고, 보려 한다. 가만히 있지 못한다.

누군가 그랬다. 금연을 시작하려고 담배를 피우고 싶을 때마다 껌을 씹기로 했다. 나중에 담배를 끊는 데 성공했지만 결국 껌에 중독되고 말았다고 한다. 그만큼 우리는 무언가를 하지 않으면 공백으로 생각하고 그 공백을 채우기를 원한다. 마치 진공 상태에서 공기를 찾는 것처럼 대체할 것을 찾는다. 그러나 이 공간

실험 전 내 모습

① 스트레스를 받으면 강박적으로 커뮤니티에서 재미있는 짤방이나 이야기들을 읽는다.
② 30분간 내가 본 게시물을 세보니 50개가 넘었다.
③ 자기 전에 커뮤니티 게시글을 확인하고, 일어나자마자 추천게시판을 둘러본다. 이 과정에만 무려 1~2시간을 소비했다.
④ 게임은 그다지 즐겨 하지 않는다.
⑤ 유튜브로 흥미로운 영상을 보긴 하지만 커뮤니티 사용량에 비하면 적은 시간을 소비했다.

실험 방법

① 인터넷 검색, 메일 확인, 메신저, 인터넷 쇼핑 등 기존 활동은 허용.
② 커뮤니티의 게시물을 읽거나 올리는 것만 중단한다. 인스타, 블로그 등 SNS 활동도 포함한다.

시작 ~ 종료 날짜 : 8월 30일 ~ 9월 6일

을 소중한 것, 건강한 것으로 채우는 것이 중요하다. 물론 소중하고 건강한 게 무엇인지는 사람마다 다를 것이다. 누군가는 평소 읽고 싶었던 책일 수도 있고 쌓아두었던 게임일 수도 있다.

어차피 코로나로 인해 사람을 만나거나 여행을 가는 것은 꿈도 꿀 수 없었다. 이러한 제한 덕분에 오히려 나 자신에게 집중할 수 있었다. 오직 밤에만 집을 나섰다. 사람과의 마주침 자체를 최소

화했다. 대신 내가 가장 하고 싶었던 것들을 생각해보았다.

- 사두고 읽지 못한 만화책 읽기
- 지칠 때까지 계속 걷기
- 보고 싶었던 영화 보기
- 그동안 쓰지 못했던 주제들로 글쓰기

그 외 여러 가지 리스트가 나왔다. 많은 부분이 지극히 개인적인 일들이었다. 어쩌면 이번 실험을 통해 진짜 내가 하고 싶었던 것들을 할 수 있는 기회가 된 것 같았다. 그래서 일주일간 매일 소파에 앉아 몇 시간씩 만화책을 봤다.

속도는 웹툰과는 비교도 안 되게 느렸다. 웹툰 자체가 작은 화면에 빠른 전개가 특징인 반면 만화책은 천천히 손으로 한 장 한 장 넘기도록 되어 있다. 그렇기에 한 장에 있는 표정, 대사를 모두 천천히 읽고 소화해야 한다. 빨리 읽고 싶다고 해서 웹툰처럼 손가락을 획획 내젓는다고 페이지가 넘어가는 게 아니다. 예전 같았으면 '이 시간에 웹툰 10편은 더 보겠다' 싶어 금방 포기했을 것이다. 하지만 시간이 남아돌자 나의 뇌는 거기에 맞춰 천천히 음미하며 보기 시작했다.

매일 밤 밖에 나가 하염없이 걸었다. 일부러 사람들이 가지 않을 만한 골목길이나 구석진 곳을 많이 다녔다. 잠실에 사는 친구네 집까지 걸어간 적도 있다. 우리 집에서 무려 22킬로미터가 넘는 거리다. 친구는 처음에 내가 농담하는 줄 알았다고 했다. 하지만 6시간 동안이나 계속 걸었다. 오전에 출발해 저녁에 도착했다. 황당해하는 친구의 모습이 지금도 선명하다. 지금은 시간이 충분하다고 해도 도저히 못 할 것 같다.

이렇게 하고 싶었던 것을 하며 일주일을 보냈다. 그리고 많은 것을 깨달았다. 특히 커뮤니티를 하지 않으면서 나 자신에게 집중하는 법을 배웠다. 내가 얼마나 많은 사람들과 비교하며 살고 있는지도 깨달았다. 그리고 이 경험을 글로 간단히 정리해서 커뮤니티 사람들에게 공유했다. 그 내용을 들여다보자.

커뮤니티 디스커넥트의
8가지 엄청난 결과

커뮤니티 디스커넥트 실험은 생각보다 엄청난 결과를 가져왔다.

첫째, 스마트폰이 정말로 쓸 데가 없어졌다.

스마트폰 바탕화면에는 수많은 아이콘이 있지만, 정작 실행할 게 거의 없었다. 코로나로 집에 있는 시간이 많다 보니 카메라 관련 앱도 실행할 이유가 없었고, 약속 잡을 일이 없으니 메신저나 채팅 앱도 할 일이 없었다. 스마트폰 기능의 70퍼센트는 아예 사용하지 않게 되었다. 마치 비행기 모드를 켠 것처럼.

둘째, 예전에 찍었던 사진들을 보기 시작했다.

습관처럼 손이 계속 스마트폰으로 향했지만 커뮤니티를 할 수 없다는 것을 깨닫고 절망했다. 그리고 결국 사진첩을 열게 됐다. 그동안 찍었던 사진들을 보면서 추억하는 시간을 가졌다. 여기에서 우리가 카메라에 기억을 빼앗긴 이유를 깨달을 수 있었다. 우리는 여행을 가서 수백, 수천 장의 사진을 찍지만 그걸 하나하나 다시 볼 시간이 절대로 없다. 여행에서 돌아오면 다시 바쁜 일상이 시작되기 때문이다. 친구들과 메신저로 사진을 공유하고 몇 번 웃고 끝이다. 다시 들여다보는 일은 없다. 하지만 커뮤니티를 중단하자 사진첩을 들여다볼 시간이 생겼다.

'남는 건 사진뿐이다'라는 말은 한국 사람들의 바쁜 삶을 잘 표현한 것 같다. 외국처럼 한 달간 휴가를 갈 수 있는 것도 아니고 갭 이어 같은 것도 없다. OECD 국가 중 야근 시간은 항상 1~2위를 다툰다. 이렇게 바쁘게 살다 보니 정말 기억에 남는 게 별로 없다. 그래서 더 많은 사진을 찍어야 한다. 많이 잊어버릴수록 더 많이 찍어야겠다고 생각한다. '언젠가 보면서 추억하는 시간이 있겠지'라는 생각으로 사진을 찍지만 이런 기회(?)가 아니면 좀처럼 찾기 힘들 것이다.

코로나19 전에 갔던 여행 사진들, 친구들과 찍었던 사진들, 풍경 사진들…… '정말 내가 찍었나?' 싶을 정도로 잘 찍은 사진도 발견했다. 생각해보면 과거에 사진이 귀했을 때는 앨범까지 만들어서 가끔 꺼내 보곤 했다. 하지만 지금은 특별한 일이 없으면 앨범은 만들지 않는다. 사진 인화라는 단어조차 생소하다. 모든 건 디지털상에 존재한다. 손으로 집어 들거나 작게 잘라 지갑에 넣을 수도 없다. 그저 스마트폰 화면 속에서만 재생될 뿐이다. 하지만 다시 사진들을 들여다보니 소중한 순간들을 발견했다. 갑자기 인화하고 싶은 생각이 강하게 들었다. 직접 손안에 넣고 싶었다. 소중한 건 어떻게든 구체적으로 소유하고 싶어지는 법이다.

셋째, 계속해서 스마트폰을 만졌다.

계속해서 할 일 없이 스마트폰을 만지게 된다. 무의미한 쇼핑 앱 알람에도 황급히 열어본다. 뇌는 스마트폰 안에서 놀 거리를 찾아 헤맨다. 아예 무음으로 해놔서 알람조차 들리지 않게 했다. 하지만 계속해서 스마트폰으로 뭔가를 하고 싶다. 잠금해제한 후 멍하니 스마트폰 화면만 응시한다. 포털 앱에 들어가 뉴스를 확인하지만 뭔가 재미가 없다. 댓글을 보면 온통 비방하는 말들이 가득하다. 다시 스마트폰을 내려놓는다. 그리고 1분도 안 되어 집어 든다. 한동안 이런 행동을 반복했다.

넷째, 안 보던 종이 만화책을 보기 시작했다.

소파에 앉아 책을 보는 시간이 엄청나게 늘어났다. '내가 소파에서 책을 읽은 게 언제였지?'라는 생각이 들 정도로 생소한 경험이었다. 소파에 앉아 스마트폰이나 태블릿을 한 적은 있지만 종이책을 집어 든 건 굉장히 오랜만이었다. 예전에 소장용으로 사놓고 먼지만 쌓인 만화책들을 하나하나 읽어나갔다. 마치 어릴 적 동화책을 읽듯이 그림, 대사 하나하나를 꼼꼼하게 읽었다. 오랜만에 학생 시절로 돌아간 것 같았다. 만화책이 유일한 즐길 거리였던 시절, 부모님 몰래 보는 긴장감은 없지만 그 시절의 여유를 다시금 만끽할 수 있었다.

다섯째, 시간이 엄청나게 남아돌기 시작했다.

물론 코로나로 밖에도 못 나가고 출근도 하지 않아 시간이 남아돌긴 했다. 하지만 보통 때의 휴일과 다르게 시간이 정말로 느리게 흘러갔다. 만화책을 전부 보고도 시간이 남아돌았다. 계속해서 스마트폰에 손이 간다. 손가락은 계속해서 커뮤니티 즐겨찾기를 찾는다. 겨우 참았다.

시간이 남아돌자 소파에 앉아서 멍때리는 시간이 많아졌다. 매일 밤늦게 퇴근하고 노트북 앞에 앉아 영화 유튜브나 커뮤니티를 하는 게 일상이었다. 소파에 앉아 오랜만에 다리를 꼬고 옆에 두었던 책을 집었다. 코로나로 카페에 갈 수도 없으니 마치 카페에 온 것같이 행동했다. 조용한 음악을 틀어놓고 만화책과 소설책들을 읽었다.

누군가는 이렇게 반문할 수도 있다.

"독서를 통해 유익한 정보를 얻는 것과 커뮤니티에서 유익한 정보를 얻는 것 모두 같은 것 아닌가?"

그렇지 않다. 커뮤니티를 중단하고 독서를 하면서 둘 사이에 어마어마한 차이가 있음을 발견했다. 스마트폰으로 1~2시간 인터넷을 하고 나서 접속 기록을 확인해본 적이 있는가? 짧은 시간 동안 얼마나 많은 게시물과 영상을 봤는지 깜짝 놀랄 것이다. 전문가들의 연구 결과에 의하면 온라인 콘텐츠의 길이는 되도록 짧아야 한다고 한다.[4] 유튜브의 경우 상위 50개 영상의 길이를 분석해보면 평균 2분 54초다. 블로그의 경우도 1,500단어로 게시글당 7분 이내인 것이 가장 많은 조회수를 기록했다고 한다. 온라인 콘텐츠는 그 자체로 '짧음'을 의미한다. 그 덕에 우리는 출퇴근 시간에도, 운전 중 신호를 기다릴 때도, 화장실에서도 순간순간 콘텐츠를 즐길 수 있다.

하지만 독서의 경우 한 가지 주제에 깊이 집중할 수밖에 없다. 책을 쌓아두고 1~2분 간격으로 이 책 저 책 바꿔 읽는 사람은 없을 것이다. 어떤 책이든 최소 5~10분은 투자해야 내용을 파악할 수 있다. 무엇보다 책은 읽는 것 외에 다른 기능이 없다. 반면 스마트폰에는 온갖 기능이 있다. 우리가 전자책으로 아무리 다양한 책을 손바닥 안에 담을 수 있다고 해도 종이책만큼 집중하지 못하는 이유다. 중간에 유튜브를 볼 수도 있고 뉴스를 확인할 수 있다. 관련 링크를 들어가다 보면 결국 어느 순간 독서는 저 멀리 가버린다.

게다가 커뮤니티 게시물의 경우 짧고 자극적인 것이 대부분이다. 그때그때 소비해버리는 콘텐츠가 대부분이다. 그러다 보면 오래 집중하거나 기억하는 힘이 약해진다. 실제로 뇌의 기억력을 담당하는 전두엽은 잦은 멀티태스킹의 경우 중요한 작업으로 인식하지 않는다. 주제가 다른 게시물들, 스마트폰의 잦은 작업전환 자체가 뇌에 상당한 무리가 된다. 멀티태스킹을 할 때는 투쟁-도피 호르몬인 아드레날린과 스트레스 호르몬인 코르티솔의 생산도 증가한다.[5] 결국 뇌는 초점을 잃고 주의집중을 할 수 없는 상태가 된다.

한번 눈을 감고 오늘 스마트폰으로 읽은 인터넷 기사, 게시물을 생각해보자. 얼마나 생각나는가? 나는 아무것도 생각나지 않았다. 하지만 기록을 조회해보면 분명 거의 100개에 가까운 게시물을 읽었다. 커뮤니티 디스커넥트는 내게 다시 집중할 수 있는 힘을 기를 수 있는 기회가 되었다.

여섯째, 새 기기에 대한 욕심이 줄어들었다.

습관적으로 스마트폰에 손을 대고 잠금해제를 한다. 바로 인터넷 아이콘으로 손가락이 이동하지만 다시 호흡을 가다듬고 절제한다. 달리 할 게 없다. 어느 앱을 실행해도 5분도 채 안 하고 종료한다. 스마트폰이 그냥 전화할 수 있는 기계 덩어리로 변한 것 같았다. 나중에는 새로운 스마트폰에 대한 욕심도 줄어들었다. '굳이 바꿔서 뭐 하게?'라는 생각이 들었다.

일곱째, 깊게 자고 일찍 일어나게 됐다.

원래 침대에 누워 커뮤니티에 올라온 자극적인 이야기를 보고 잠들곤 했다. 잠이 안 올 때는 새벽 2~3시까지 스마트폰을 붙들고 있기도 했다. 일어날 때도 마찬가지다. 일찍 일어나도 스마트폰에 저절로 손이 갔다. 추천 게시물만 봐도 침대 속에서 30분은 그냥 지나가버린다. 하지만 커뮤니티를 할 수 없게 되자 일어나는 것 말고는 할 게 없었다. 이런 경험이 며칠 반복되면서 점점 더 깊이 잠들게 되었다. 나중에는 일어날 때도 바로 그 자리에서 상쾌하게 일어났다.

여덟째, 언론의 사막 위에 홀로 서 있는 나를 발견했다.

세상 돌아가는 이야기가 궁금해졌다. 그전에는 커뮤니티를 통해서 뉴스들을 접하곤 했다. 이제는 뉴스 사이트에 직접 가서 보기 시작했다. 온갖 뉴스들이 올라온다. 하지만 어느 것을 받아들이고, 또 가짜 뉴스를 어떻게 분별해야 하는지도 몰라 당황스러웠다. 커뮤니티를 하다 보면 세상만사 이야기들이 다 올라온다. 누구는 친절하게 캡처해서 중요한 부분만 보여준다. 또 친절한 누군가는 댓글로 3줄 요약을 해준다. 이렇게 되면 굳이 내가 기사 전문을 읽고 판단할 필요가 없다. 가짜 뉴스는 누군가 팩트체크해서 알려준다. 나 혼자서 뉴스들을 보고 있자니 갑자기 홀로 사막 위에 서 있는 기분이었다.

즉, 내가 얼마나 타인에게 내 판단을 의지해왔는지 처절하게 깨달은 것이다. 언론사마다 성향이 달라 같은 사건을 두고도 한쪽은 변호를, 다른 한쪽은 비난을 한다. 스스로 비판하며 읽을 힘이 없다는 걸 절실히 깨달았다. 애초에 얼마나 지식이 빈약한지 알 수 있었다. 그걸 공부하느니 누군가의 의견이나 요약을 원했던 것이다.

부모님들 사이에 메신저로 퍼지는 뉴스가 있다. 젊은 사람이 보면 애초에 말도 안 되는 헛소문이 대부분이다. 하지만 인터넷을 잘 모르는 부모님은 메신저 대화창의 짤막한 말 몇 마디가 훨씬 효과적일 것이다. 가끔 어머니는 떠도는 메신저 뉴스를 나에게도 보내주시곤 한다. 자세히 읽어보면 은연중에 편집자의 의도대로 정보가 왜곡되어 있는 걸 발견한다. 우리 부모님들이 이런 뉴스에 노출되어 있는 게 안타까웠다. 한편으론 그만큼 스스로의 의견을 세우려면 그만한 시간과 노력을 투자해야 한다는 걸 깨달았다.

일주일이 지나고 다시 커뮤니티를 시작했다. 무서운 속도로 게시물들을 흡입(?)했다. 다행히 이전보다는 덜 의지해야겠다는 생각이 들었다. 무엇보다 뉴스나 정보를 볼 때 올린 사람의 의도가 무엇인지를 먼저 살피는 습관을 들일 수 있었다. 뭐든 극과 극은 맞닿아 있다. 누구라도 스마트폰의 특정 기능(커뮤니티나 카메라 등)에 너무 의지하고 있다면 극단적으로 멈춰보기를 권한다. 양극단의 차이점을 경험하면 적절함이 무엇인지 깨달을 수 있기 때문이다.

7장

식탁의 스마트폰을
디스커넥트하라

D I S C O N N E C T

스마트폰의
밥상 점령기

지하철을 타면 사람들의 자세가 똑같은 것을 볼 수 있다. 고개를 구부정하게 숙이고 작은 5인치 화면에 푹 빠져 있다. 이 광경은 우리가 무언가를 기다리거나 서 있는 곳 어디서나 볼 수 있다. 은행 대기표를 뽑고 앉아 있을 때, 엘리베이터 앞에서, 심지어 화장실에서도 이 모습을 볼 수 있다. 적어도 우리가 무언가 하지 않는 비어 있는 시간은 스마트폰이 점령했다. 그러고도 스마트폰은 끊임없이 우리의 삶 곳곳을 파고들 기회를 엿본다.

그리고 새로운 식민지를 찾았다. 바로 밥상이다.

식당에서 밥을 먹으며 한 손에는 스마트폰을 들고 있는 모습은 일상이 되었다. 특히 혼밥족이 늘어나면서 홀로 식사할 때 스마트폰은 필수다. 음식이 나올 때까지 메신저로 대화를 나누고, 음식이 나오면 한 장 찍고 SNS에 올리고, 먹으면서 유튜브를 검색한다.

점심시간 직장인들의 식사 풍경도 비슷하다. 상사와의 식사에서 상사가 먼저 스마트폰을 확인하면 그 틈에 다들 서로 스마트폰 알람, 메신저를 확인한다. 동료들끼리의 식사에서도 비슷하다. 가벼운 일 얘기를 제외하곤 묵묵히 스마트폰을 보며 식사를 하는 것이 보통이다. 특히 온 가족이 각자 스마트폰을 보며 식당에서 식사하는 모습을 보면 무언가 안타깝고 삭막한 사막을 걷는 기분이 든다.

식탁은 항상 미디어의 점령지였다

생각해보면 밥상이라는 공간은 끊임없이 무언가 '볼거리'가 점령하고 있었다. 오늘날 스마트폰을 보며 밥을 먹는 모습은 손에 들고 있는 매체만 바뀐 것이지 예전부터 꾸준히 볼 수 있던 광경이었다.

어릴 적 한창 만화책에 빠져 있을 때 나는 밥을 먹을 때도 만화책을 옆에 두고 먹었다. 종종 혼나긴 했지만 혼자 먹을 때는 꼭 손바닥만 한 단행본 만화책을 손에 쥐고 식사를 했다.

또 종종 옛날 만화나 드라마를 보면 아버지가 신문을 보며 식사를 하는 모습을 자주 볼 수 있다. 그날 아침에 배달된 조간신문을 4등분해 접고서 밥을 먹으며 신문을 읽는 아버지의 모습. 지금 3, 40대는 쉽게 떠올릴 수 있을 것이다.

신문은 한 면 기준으로 종이 크기, 즉 디스플레이가 가로 39.4센티미터에 세로 54.6센티미터로 거대한 크기를 자랑한다. 화면으로 치면 대략 24인치와 같고 여기에 좌우로 펼치면 성인의 상체를 가릴 수 있을 정도로 거대해진다.

가끔 중요한 기사를 볼 때 바닥에 펼쳐서 보는 이유이기도 하다. 넓은 디스플레이로 수많은 정보를 표시할 수 있지만 크기 때문에 밥상에서 양쪽을 펼치는 일은 불가능하다. 그래서 4분의 1로 접어 한 손으로 주요 기사만 확인한다. 하지만 다른 기사, 새로운 콘텐츠를 확인하려면 귀찮게 다시 펼쳐서 접는 과정을 반복해야 한다. 시간도 오래 걸리고 걸리적거린다. 넓게 펼치면 반찬도 보이지 않고 주위 사람들이 짜증 낼 수도 있다. 차라리 밥을 얼른 먹고 거실에서 보는 게 편할 것이다.

이처럼 신문은 너무나 넓은 디스클레이와 정보 전환의 번거로움 때문에 밥상 점령권을 다음 경쟁자에게 넘겨주게 된다.

바로 책이다. 책은 문고판 기준으로 손바닥보다 조금 큰 사이즈, 오늘날 화면으로 변환하면 7~8인치 정도이다. 신문에 비해서 다소 무겁지만 한 손으로 충분히 지지할 수 있다. 또한 적당한 디스플레이 크기로 시야를 가리지 않는다. 즉, 책을 읽으면서 가족들을 보며 반찬도 집어 먹을 수 있다. 정보 전환 속도도 한결 빠르다. 그저 다음 페이지를 넘기면 그만이다. 한 입 먹고, 책장을 넘기고, 또 한 입 먹고 넘기고. 신문보다 정보 전환 속도가 월등히 빨라졌다.

여기에 또 하나의 적이 등장하는데, 바로 만화책이다. 만화책 단행본은 일반 활자책보다 훨씬 빠른 정보 전환 속도를 자랑한다. 그림으로 되어 있어 빠르게 읽을 수 있고 전개가 빠르다. 소설책 한 권을 10분 만에 읽는 사람은 보지 못했지만, 만화책 한 권을 10분 만에 본 사람은 많은 이유다. 그만큼 만화책은 눈으로 쓱 보기만 해도 기본적인 흐름을 파악할 수 있기 때문에 더 쉽게 집중할 수 있다. 이 시기부터 어머니의 등짝 스매싱이 시작되었다고 생각한다. 만화책에 집중해서 밥을 입으로 먹는지 코로 먹는지도 모르는 모습에 어머니는 어떤 생각을 했을까? 그 당시 수많은 만화책 애호가들은 부모님의 탄압 속에서 결국 얼른 밥을 먹고 다시 책을 보러 가는 길을 택했을 것이다.

어떻게 스마트폰이 식탁을 점령할 수 있었나

하지만 그다음 무시무시한 경쟁자가 나타났다. 바로 텔레비전이다.

만화 〈심슨 가족〉을 보면 온 가족이 소파에 앉아 텔레비전을 보며 밥을 먹는 모습이 나온다. 대화가 사라진 현대 가족의 모습을 풍자하는 동시에 텔레비전이 어떻게 가족의 식사 시간을 지배하

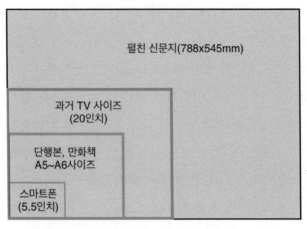

과거부터 현재까지의 디스플레이 크기 비교. 화면은 작아졌지만 더 빠르게, 더 많은 정보를 볼 수 있게 되었다.

는지를 보여주는 장면이다. 텔레비전의 다양한 콘텐츠가 가족의 대화를 압도한 것이다. 정보 전환 속도도 엄청나게 빠르다. 영상은 활자와는 달리 초당 30개의 장면이 연속으로 움직이기 때문에 만화책보다 훨씬 더 시선을 사로잡는다. 리모컨 버튼만 누르면 바로 원하는 채널을 볼 수 있다.

그러나 한 가지 단점이 있다. 각자 자신이 원하는 채널을 볼 수 없다는 점이다. 흔히 아버지는 뉴스를 보고 싶어 하고 어머니는 드라마를, 아이들은 만화를 보고 싶어 한다. 그 당시 대부분 집에는 텔레비전이 한 대뿐이었으니 채널의 주도권은 당연히 부모님에게 있었다.

그리고 스마트폰이 등장했다.

5인치 화면의 작은 스크린에 영상, 활자, 만화 등 모든 것을 표시할 수 있다. 정보의 전환은 기존 매체보다 월등하게 빠르고 간편하다. 무게도 가벼워 한 손으로 쥔 채 엄지손가락으로 마음대로 조작할 수 있다. 신문지나 책은 '페이지 넘김'이라는 복잡한 움직임이 필요했다. 하지만 스마트폰은 그저 탭(tap), 스와이프(swipe), 스크롤(scroll) 등 그저 한 손가락으로 간단히 움직이면 된다. 작은 디스플레이에서 믿을 수 없을 정도로 빠른 정보 전환과 조작이 가능하기에, 우리의 밥상은 간단하게 스마트폰에 점령당할 수밖에 없었다.

차세대 AR글래스나 웨어러블 컴퓨터가 일상화되기 전까지 스마트폰은 우리의 밥상에 당당히 자리 잡을 것이다. 이제 식당을 보면 오직 식사에 전념하는 사람은 거의 볼 수 없다. 반드시 한 손에는 스마트폰이 있다. 동료들과의 식사도 비슷하다.

누군가는 이렇게 반문할지 모른다.

"스마트폰을 보며 먹는 게 뭐가 잘못된 것인가?"

"직장에서의 점심은 밥을 먹는 것일 뿐이다. 불필요한 대화나 지루한 식사를 하고 싶지 않다."

"밥 먹는 게 정말 귀찮을 때가 있다. 그나마 스마트폰 덕분에 즐겁게 먹을 수 있다."

맞는 말이다. 어차피 예전에도 사람들은 책을 읽으면서 밥을 먹었다. 그렇다면 또 하나의 궁금증이 생긴다.

왜 밥 먹는 일이 이토록 지루해졌을까?

지루하지만 중요한,
식사의 가치

어쩌다 밥 먹는 일이 지루해진 걸까?

밥 먹는 일이 지루해진 이유는 단순하다. 식사의 가치가 이전보다 낮아졌기 때문이다. 오해하지 말기 바란다. 밥을 먹는 것이 가치 없는 일, 천한 일이라는 말이 아니라, 식사보다 중요한 일들이 많아졌다는 뜻이다. 즉, 식사는 우선순위에서 빠르게 밀려나고 있다.

가장 큰 이유는 식사를 너무나 쉽게 할 수 있기 때문이다. 예전에는 식당에서 혼자 밥을 먹는 것이 눈치 보일 때가 있었다. 지금은 혼밥족을 위한 식당과 배달업체가 있어 언제든지 다양한 종류의 음식을 집에서도 먹을 수 있다. 편의점에서도 매달 다양한 신상 도시락들이 출시된다. 이런 환경에서 밥 먹는 일은 굉장히 간

편해졌다. 그 결과 무분별한 식사로 인한 비만, 영양 불균형 문제가 대두되었다.

너무나 쉽게 충족되는 것은 가치의 하락으로 이어지고, 쉽게 저장할 수 있는 것은 기억력의 감퇴로 이어지며, 쉽게 식사를 할 수 있는 것은 비만과 영양 불균형으로 이어진다는 논리다.

반대로 식사의 가치가 높아질 때는 언제일까? 배고프지만 쉽게 밥을 먹을 수 없는 상태일 것이다. 예를 들어 큰 수술을 마치면 한동안 아무것도 먹지 못한다. 그때는 갑자기 평소 먹던 음식들이 아른거린다. 사고로 고립되어 며칠을 굶다가 누군가 따뜻한 국밥을 주었을 때, 그때도 스마트폰을 보면서 대충 먹을 수 있을까? 그야말로 허겁지겁, 걸신이 들린 것처럼 먹을 것이다.

또 다른 예로 너무나 음식이 먹고 싶은데 환경이 안 따라준다면 어떨까? 영화 〈김씨 표류기〉에서 주인공은 거액의 빚을 피해 한강의 밤섬에 들어가 살게 된다. 그 안에서 물고기나 새들을 먹으며 도심 한가운데서 '표류'하던 어느 날, 주인공은 강변에 떠내려온 짜장라면 봉지를 보게 된다. 심지어 그 안에 수프까지 그대로 있었다! 순간 잊고 살았던 문명의 맛을 기억한 주인공은 짜장라면을 먹겠다는 희망을 품고 농사를 짓기 시작한다.

이렇게 겨우 짜장라면을 먹게 됐다면, 그 순간 스마트폰을 보면서 먹을 수 있겠는가?

우리 주변에도 먹는 것에 큰 가치를 두는 사람들이 있다. 일상에서 소소한 행복을 찾기 위해 맛집을 탐방하는 사람들이다. 유명하고 비싼 맛집뿐만 아니라 동네의 숨은 맛집을 발굴하는 사람들도 많다. 이런 사람들에게 식사의 가치는 스마트폰을 보며 대충 끼니를 때우는 사람들의 그것과는 확연히 다르다.

일본 드라마 〈고독한 미식가〉의 주인공은 사람들이 줄 서는 인기 식당에 가지 않는다. 오히려 자신이 있는 곳에서 숨은 맛집을 찾아낸다. 그에게 식사란 일종의 고고학적인 모험과 발굴, 도전이다. 전혀 지루한 일이 아니다. 오히려 흥미진진하고 매 순간이 기대감으로 가득 차 있다. 식당에 들어가 음식을 주문하고 맛을 음미하며 먹는다.

"흰쌀밥으로 쫓아가는 행복"

"나에겐 불평도, 나약한 마음도 날려주는 맛있는 밥이 있다."

"무언가를 먹을 땐 말이야. 아무에게도 방해받지 않고 자유롭게. 뭐라고 할까, 구원받지 않으면 안 돼. 혼자서 조용히 넉넉하게."

이렇게 음식에 대해 특별한 가치를 부여하는 사람에게 밥을 먹으면서 스마트폰이나 책을 본다는 건 상상도 할 수 없다. 삶에서 스마트폰이 주는 재미와 이렇게 먹으면서 순간순간 감탄하는 것 중 어느 것이 더 의미 있을까?

그런데 우리 조상도 이런 마음가짐에 대해 매뉴얼을 만들었다는 것을 아는가?

선조들의 식사에 대한 마음가짐, 식시오관

식시오관(食時五觀)은 조선시대 빙허각이씨의 『규합총서(閨閤叢書)』에 나와 있는 내용으로, 사대부가 음식을 접할 때 생각해야 할 다섯 가지 덕목을 말한다. 간단히 소개하자면 다음과 같다.

첫째, 상을 차린 정성을 헤아리고 그것이 어디에서 왔는지를 생각하라.

이 음식이 만들어지기까지의 드는 수고와 출처를 생각해보는 것이다. 어릴 적 농부의 피땀이라고도 했던 쌀밥은 이제 다이어트에 방해가 되는 식품이 되었다. 하지만 여전히 힘들 때는 밥부터 챙겨 먹어야 힘이 난다. 힘들어하는 사람에게는 밥 한 끼 대접해야 한다고 생각하는 게 우리의 정서이다.

둘째, 자신의 덕행을 살펴 밥을 먹을 자격이 있는지를 생각하라.

내가 밥을 먹을 자격이 있는지 생각하라는 뜻이다. 오늘날 야근이 잦은 현대인들에겐 당연히 밥을 먹을 자격이 있다. 대신 대충 먹어서는 안 된다. 편의점에서 대충 끼니를 때우는 것이 아니라 확실히 내 몸을 위해, 나 자신을 위한 밥이 필요하다는 뜻이다.

셋째, 마음을 절제해 지나친 탐욕을 금하는 법도를 생각하라.

과하게 먹지 말아야 한다. 스마트폰은 자기도 모르게 많이 먹게 만든다. 스마트폰을 보며 식사하면 식사 집중도가 떨어져 음식을 빨리 먹거나 대충 씹어 삼키게 된다. 결국 위산 역류, 복통, 소화불량으로 이어진다. 미국 오하이오주립대 연구팀의 연구 결과 텔레비전이나 미디어를 시청하면서 식사를 하면 비만 위험이 40퍼센트나 증가한다고 한다. 식사에 집중하지 못해 자신이 얼마나 더 먹어야 하는지 판단하지 못하기 때문이다. 특히 스마트폰은 손으로 여러 정보를 터치해야 하기 때문에 더 식사에 집중하지 못하게 만든다.

넷째, 음식을 좋은 약으로 알아 괴로운 것을 고치게 하라.

음식을 좋은 약으로 생각하라. 내가 먹은 것이 나를 만드는 법이다. 당연히 좋은 음식, 건강한 재료로 만든 음식을 먹어야 한다. 식사가 지루하다는 생각 때문에 빠르게 먹을 수 있는 배달 음식, 패스트푸드만 먹는다면 결국 나를 망가뜨리는 길이다.

다섯째, 일을 이루기 위해 음식을 먹음을 생각하라.

때론 간단히 먹어야 할 때도 있다. 운동선수는 경기에 출전하기 전 식단 조절을 해야 한다. 자신의 꿈을 이루기 위해 먹는 일은 때론 절제하고 금할 수 있어야 한다. 먹는 것도 꿈을 이루기 위한 과정 중 하나이기 때문이다.

이렇게 우리 조상님들도 식사가 얼마나 가치 있는 것인지 잊지 않기 위한 매뉴얼을 만들었다. 스마트폰을 보며 밥을 먹는 행동에서 이제는 먹는 자세에 대한 고찰로 이어졌다. 이제 세 번째 질문이 떠오른다.

스마트폰 없이 밥을 먹으면 어떤 변화가 생길까?

식탁의 스마트폰
제거 실험

식당에서 식사를 하다가 문득 주변 풍경을 본다. 혼자 식사하는 사람들은 어김없이 한 손에는 스마트폰을 보며 밥을 먹는다. 여행지에서도 마찬가지다. SNS에 올릴 사진을 찍고 나서는 곧바로 스마트폰과 함께 식사를 한다. 우리는 지금 스마트폰이 점령한 우리 삶의 공간을 하나씩 되찾는 실험을 하고 있다. 이번에는 식탁 위에서 스마트폰 없이 온전히 식사에 집중해보자.

실험을 설계한 후 먼저 스마트폰을 보면서 하루 동안 평소처럼 식사를 하고 시간을 재보았다.

실험 결과, 스마트폰과 함께 먹을 때와 그렇지 않을 때 대략 2분에서 5분, 많게는 20분 이상 차이가 났다. 20분 이상 차이가 난 경우는 유튜브나 넷플릭스를 보며 에피소드 하나가 끝날 때

식탁 위 스마트폰을 끊어보기

실험 방법

① 스마트폰을 보며 식사하는 시간과 스마트폰 없이 식사하는 시간을 계산한다.

② 외부라면 먹기 전 사진, 먹은 후 사진을 찍어 두 사진 간 시간차를 구해보자.

③ 스마트폰 없이 식사할 때는 종이와 필기구를 옆에 두고 생각나는 것들을 적어본다.

까지 보면서 먹었기 때문이다. 콘텐츠의 종류에 따라 시간이 달라지긴 하지만, 스마트폰과 함께하면 식사 시간은 대체로 5분~20분 정도 더 걸린다고 생각할 수 있을 것 같았다.

스마트폰 없는 식사로 달라진 점

스마트폰 없이 식사를 해보니 몇 가지 확연히 달라진 점을 느낄 수 있었다.

제일 먼저 드는 기분은 '지루함'이었다.

뭔가 허전하고, 심지어 짜증이 밀려왔다. 하지만 시간이 흐르면서 밥 자체에 집중할 수 있었다. 집중하면서 지루함은 사라졌다. 반찬 하나하나를 관찰하며 먹게 되었다. 이전보다 좀 더 식사에 집중하면서 내가 무엇을 먹는지, 어떻게 씹고 목구멍으로 넘기는지도 의식할 수 있었다.

둘째, 먹는 자세가 달라졌다.

스마트폰을 보면서 먹다 보면 고개를 계속 숙이게 된다. 먹을 때도 숙여야 하고, 스마트폰을 보려면 또 숙여야 한다. 그야말로 고개를 들 틈이 없다. 그러나 스마트폰 없이 식사를 해보니 자연스럽게 고개를 앞으로 향하게 되었다. 친구와 식사할 때와 비슷한 자세가 된다.

실제로 스마트폰을 보면서 식사하면 평소보다 목뼈에 하중이 실리게 된다. 여러 의사들은 이런 자세가 목 주변 근육과 인대 손상을 유발할 수 있다고 경고한다. 스마트폰 없이 밥을 먹으니 자연스럽게 주변을 살피게 되고, 주로 정면을 보게 되었다.

셋째, 식사 자체에 집중하게 되고 빨리 먹게 된다.

한 가지 작업에 집중하면 효율이 올라간다. 먹는 데 집중하니 이전보다 식사 속도가 빨라졌다. 기존에는 15~20분 걸린 식사가 10~12분 만에 끝날 정도로 짧아졌다.

넷째, 밥 먹는 시간이 아깝지 않다.

가끔 사람들이 이런 말을 한다.

"바빠서 밥 먹는 시간도 아까워. 그래서 스마트폰 보면서(또는 일하면서) 밥 먹어."

하지만 직접 경험해보니 집중해서 먹고 그다음 온전히 업무를 하는 것이 훨씬 시간을 절약할 수 있었다. 스마트폰으로 자극적인 게시물이나 영상으로 된 콘텐츠를 보면 2, 30분은 그냥 지나가버릴 때가 더 많다. 바쁘다면 스마트폰을 보며 업무를 확인할 것이 아니라 식사에 집중한 다음 바로 업무를 하는 것이 효율적이라는 뜻이다.

식사 속도와 건강의 균형을 맞추기 위한 고민

한 가지 문제가 있었다. 스마트폰을 없애고 먹는 데 집중하다 보니 식사 시간이 너무 짧아진 것이다.

고려대 안산병원에서 건강검진을 받은 8,700명을 분석한 연구[1]에 따르면, 대상자의 90퍼센트가 식사 시간이 15분 이내였고, 이 중 가장 많은 비중을 차지한 것은 5~10분이었다. 전문가들은 이 시간이 너무 짧은 시간이라고 경고한다.

빨리 먹으면 혈중 콜레스테롤 수치가 높아 성인병 위험이 2배 가까이 높아진다. 5분 이내로 식사를 한다면 지방간 위험이 2배 이상 증가한다. 또한 많이 먹는 것보다 빨리 먹어서 뚱뚱해질 확률이 더 높다.

더불어 빨리 먹을수록 무절제하게 먹게 되어 훨씬 많이 먹는다고 한다. 적어도 20분 동안 먹어야 식욕 조절 호르몬(렙틴)이 분비되는데, 그 전에 식사를 마치게 되면 공복감이 해소되지 않아 더 많이 먹는다는 것이다. 5분 안에 먹는 사람들은 다른 사람들보다 평균 110킬로칼로리를 더 섭취한다고 한다.

결국 빨리 먹으면 몸의 소화 능력에 무리가 가고, 각종 성인병에 노출된다. 그렇다면 '스마트폰을 보면서 먹으면 오래 식사하게 되니 좋은 것 아닌가?'라는 반문이 나올 법하다.

하지만 스마트폰을 보며 먹으면 목뼈에 부담이 가고, 콘텐츠에 집중하느라 골고루 씹지 않고 대충 먹기 때문에 소화불량에 걸릴 확률이 높다. 또 스마트폰 없이 먹으면 먹는 데 집중해서 빨리 먹게 되니 그것도 문제다.

그렇다면 이제 최후의 질문이다.

어떻게 먹어야 가장 이상적인 식사를 할 수 있을까?

가장 이상적인
식사를 하는 법

나는 원래 '먹방'을 좋아하지 않는다. 일단 '왜 저렇게 많이 먹어야 하나?' 생각이 먼저 든다. 반면 한 친구는 먹방을 좋아한다. 만날 때는 항상 맛집에서 만나야 한다. 함께 여행을 가면 식당 동선을 결정하는 건 친구에게 맡겨야 한다. '대충 먹자'라는 말은 그 친구 앞에서는 하면 안 된다. 잠을 잘 때도 먹방 채널을 틀어놓는 그 친구가 추천한 작품이 앞서 말한 〈고독한 미식가〉였다. 단순한 스토리, 음식에 대한 재치 있는 평가, 배부르게 먹고 마음속 깊이 만족한 고독한 미식가의 표정. 나는 여기서 정답을 찾았다.

우리도 고독한 미식가처럼 먹어보자. 고독한 미식가는 음식에 대해 단순한 맛 평가를 떠나 그와 연관된 다른 기억들을 떠올린다. 철판 위에서 요리하는 모습을 보고 마치 라이브쇼 같다고 표현한다. 다양한 반찬들을 보고 마치 테마파크와도 같다고 생각한다. 음식뿐만 아니라 식당이라는 공간과 자신의 어린 시절을 연결한다. 이쯤 되면 그에게 식사는 허기를 채우는 것이 아니라 치유의 행위 혹은 종교적인 의식과도 같다. 여기에 스마트폰이 스며들 여지는 없다.

오직 현재에 집중하고 입안으로 들어오는 것들에 대해 하나하나 음미하고 감동하고 놀라는 것, 이것이 삶을 가장 풍성하게 만드는 일이다. 단순히 배를 채우고 배터리를 충전하듯이 식사를 하면 당연히 재미없고 자극적인 재미를 찾기 마련이다. 그 자리가 결국 스마트폰, 넷플릭스의 영토가 되는 것이다.

고독한 미식가는 음식을 먹을 때 최대한 천천히 음미하면서 식사를 한다. 그러기 위해서 나름의 규칙을 정해 실험을 해 봤다.

첫 실험 메뉴는 평소 먹는 김치찌개와 밥, 간단한 반찬이었다. 평소라면 5분, 길어야 7분 안에 모두 먹을 만한 양이었지만 천천히 먹기로 하고, 맛을 음미하면서 떠오르는 생각들을 적기 시작했다.

그렇게 한동안 하루에 한 끼는 왼쪽에 스톱워치, 오른쪽에 노트를 놓고 식사했다. 20분간 식사를 음미하며 떠오르는 느낌을 적어보니 음식의 맛을 훨씬 풍성하게 느낄 수 있었다.

실험 결과 느낀 점은 다음과 같았다.

첫째, 20분이라는 시간은 생각보다 굉장히 길다.

친구들과 이야기하면서 먹거나 드라마를 보면서 먹으면 한 시

실험 방법

① 20분 동안 식사를 한다.

식사 시간을 20분으로 정한다. 우리 몸에서 식욕을 억제하는 렙틴 호르몬이 분비되는 데에는 15~20분이 걸리며, 식당에서 밥을 먹을 때 20분을 넘기면 너무 오래 머무는 '민폐 손님'이 되어버린다. 따라서 최대한 식당에 머무를 수 있는 20분으로 정했다.

② 메모장을 준비해 생각나는 것을 메모한다.

매번 떠오르는 생각을 일일이 기억하는 것은 불가능하다. 좋은 비유, 삶의 연결 등이 생각날 때를 대비해 메모장을 준비한다.

③ 하루에 적어도 한 끼는 고독한 미식가처럼 식사한다.

하루 세 번 모두를 고독한 미식가처럼 먹을 수는 없다. 적어도 하루 한 번은 혼자서 고독한 미식가처럼 식사하는 기회를 만들기로 했다.

간도 금방 흐른다. 하지만 막상 혼자 먹는 데만 집중하려고 보면 20분이 아주 길게 느껴진다. 맛집이나 고급 레스토랑 메뉴도 아니고 일상의 밥을 계속해서 음미하며 먹기도 힘들다. 그러다 보니 어느 순간 지루함이 찾아왔다. 이럴 때는 주변의 풍경을 많이 보았다.

둘째, 반복되는 메뉴로는 새로운 의미를 찾기가 쉽지 않다.

매일 먹는 일상의 음식에서 새로움을 발견하기란 쉽지 않다.

직장인들의 대표적인 고민이 '오늘 점심 뭐 먹지?'라는 걸 생각하면 이해가 갈 것이다. 매일 반복되는 삶에서, '먹는 즐거움'은 내 삶에 변화를 줄 수 있는 몇 안 되는 기회라는 것을 새삼 느꼈다.

셋째, 다른 사람과 먹을 때는 시도하기 힘들었다.

직장에서도 천천히 꼭꼭 씹어먹고 최대한 음미하려 해봤지만, 한국 직장인의 평균 순수 점심식사 시간은 10분 내외다. 빨리 먹고 근처 커피전문점에 가 커피 한잔이라도 하는 게 소중한 점심 시간을 활용하는 정석이다. 이런 상황에서 혼자 천천히 먹는다면 민폐다. 기다리는 입장에서는 얼마나 지루하겠는가? 결국 직장에서 점심식사를 할 때는 그냥 사람들에게 맞춰 먹기로 했다.

넷째, 오래 씹는 것이 정답이다.

20분 동안 먹기 위해서는 천천히 음미하며 오래 씹어야 한다. 한입에 최소 50번, 많으면 100번까지 꼭꼭 씹어 먹었다. 실제 연구 결과 40번 이상 씹으면서 음식을 먹으면 300킬로칼로리당 10킬로칼로리를 추가로 소비한다고 한다. 무엇보다 음식에 아밀라아제가 많이 섞여 소화력이 올라가고 소화 장애가 줄어든다.

식사에 집중하며 오래 씹어보니

이처럼 식사에 집중하며 오래 씹도록 의식적으로 노력한 결과 몇 가지 뚜렷한 효과를 느낄 수 있었다.

첫째, 맛을 선명하게 기억할 수 있다.

지금도 패스트푸드점에서 먹은 치즈버거의 맛과 김치찌개의 매운 맛이 선명하게 기억난다. 매콤하다, 느끼하다, 고소하다 정도의 표현이 아니라 그대로 혓바닥에 맛이 느껴질 정도다. 오래 씹으면서 그 맛을 고스란히 느끼고 있기 때문이다. 그러니 더 많이 기억할 수밖에 없다.

반면 스마트폰을 보면서 대충 먹은 음식은 아예 기억조차 할 수 없다. 많은 직장인들이 '어제 뭐 먹었더라'를 굳이 생각해야 떠올릴 수 있는 이유는 먹는 것 자체에 대한 기억보다는 다른 기억들, 즉 스마트폰으로 본 콘텐츠나 동료와 나눈 대화가 더 생각나기 때문이다.

둘째, 먹을 양을 조절할 수 있다.

식욕을 억제하는 렙틴 호르몬은 식사 후 15~20분 사이에 분비된다고 한다. 빨리 먹으면 렙틴 호르몬이 나오기 전에 이미 배부르게 먹게 된다. 오래 씹고 천천히 먹다 보면 자연스럽게 포만감이 찾아온다.

흔히 사람들 사이에서 '햄최몇?'이라는 질문을 한다. 햄버거를 최대한 몇 개 먹을 수 있냐는 건데, 대부분 성인 남성 기준으로 2~3개이다. 한 개로 만족하는 사람은 드물다. 하지만 천천히 오래 씹어 먹기를 하면서 1개로도 어느 순간 포만감이 찾아왔다. 다이어트를 하려면 정말로 오래 씹어야 한다는 걸 깨달았다. 평소 햄버거라면 2개는 먹어야 된다고 믿던 나로서는 새로운 경험

이었다. 시간을 2배로 하고 양은 절반으로 줄이는 게 다이어트에 훨씬 도움이 된다.[2]

한 가지 더, 오래 씹다 보니 많이 먹을 엄두가 나질 않았다. 음식을 50번, 100번 씹다 보면 더 많은 음식을 먹을 수가 없다. 적당히 먹고 끝내야겠다는 생각이 강하게 든다. 먹는 것도 하나의 노동이라는 걸 절실히 깨닫는다.

셋째, 식사에 대한 만족도가 높다.

이렇게 천천히, 오래 씹으며 식사에 집중하면 내가 뭘 먹고 있는지 확연히 알게 된다. 이것이 좋은 음식인지 나쁜 음식인지 생각하면서 절제하게 된다는 뜻이다. '다음에는 무엇을 먹을까?' 같은 생각도 떠오른다. 만약 편의점 도시락이나 패스트푸드, 백반을 스마트폰과 함께 먹었다면, 나의 식사는 휴대폰 충전과 다를 바 없었을 것이다. 천천히 먹다 보니 나의 식사 시간은 단순히 끼니를 때우는 것이 아니라 내가 이것 때문에 산다는 생각이 들 정도로 소중해진다.

이렇게 일주일 남짓 고독한 미식가처럼 먹기를 시도해보았다. 최대한 맛을 음미하면서 생각나는 것들을 적고, 천천히 오래 씹었다. 물론 드라마처럼 극적인 경험은 없다. 오히려 50번 이상 씹는 것에 집중하면서 먹는 것이 얼마나 고된 일인지 깨달았다. 오래 씹는 것은 다이어트와 각종 성인병 예방에 아주 훌륭한 방법이다. 그리고 가장 중요하게는, 먹는 것 자체에 집중하는 것이야말로 인간에게 가장 의미 있는 콘텐츠라는 것을 깨달을 수 있었다.

3부

DISCO

내 삶의 중요한 것에
커넥트하는 방법

N   N   E   C   T

8장

진짜 소중한 것에
커넥트하기

DISCONNECT

검은 화면의
지배력

지금까지의 글을 읽어보면 마치 스마트폰이 모든 일의 원흉으로 보인다. 하지만 절대 그렇지 않다. 우리가 커넥트하는 방식에 문제가 있었던 것뿐이다.

검은 화면이 있다.

마치 어두컴컴한 공허, 우주 공간을 보는 것 같다.

전원을 켠다. 순간 화면에는 수많은 아이콘이 떠오른다. 우주로 비유하면 수많은 행성이 탄생하는 것 같다. 아이콘은 각각의 기능이 있다. 인터넷, 커뮤니케이션, 금융업무, 카메라 등 수많은 '가능성'을 보여준다.

우주와도 같은 검은 화면에는 불가능이란 없다. 작은 화면에서 인류가 쌓은 거대한 지식 창고를 모두 보여줄 수 있다. 세상 속 다양한 이야기, 사건들을 빛과 같은 속도로 전달해준다. 손가락 하나로 수많은 가능성에 접속할 수 있다. 마치 신이 된 것 같다. 전지전능이라는 단어가 어울리게 모든 것을 알고 모든 걸 할 수 있을 것 같다. 어떠한 수고도 필요 없다. 그저 몇 번의 터치로 순식간에 다른 곳의 소식을 볼 수 있다. 그렇기에 사람들은 앞다투어 이 작은 우주를 소유하려 한다.

하지만 이제 진심으로 말하지만, 이 검은 화면 자체가 부담스럽다. 아니, 미치도록 두렵다.

화면을 켠 순간 의식은 저 멀리 다른 곳으로 이동하기 때문이다. 특히 좋아하는 사이트를 방문하거나 게임을 하다 보면 시간은 그야말로 '순삭'되어버린다.

앱을 실행하는 건 너무나 쉽고 단순하다. 그저 가볍게 터치하면 된다. 하지만 뇌는 다르게 반응한다. 앱을 실행한 순간 뇌는 온 힘을 다해 의식을 '앱이 인도하는 곳'으로 이동한다. 의식이 이동한다는 표현 자체가 과장되게 들릴 수도 있다. 하지만 사실이다. 만약 의식이 이동하지 않는다면 인터넷상에서 일어나는 일에 크게 상처받거나 마음이 흔들리지 않을 것이다. 하지만 누군가 내 글에 악플을 다는 순간 실제로 그 사람에게 얻어맞은 것같이 아프다. 반대로 나를 치켜세우면 갑자기 호흡이 빨라지고 시험에 합격한 것같이 기쁘다.

뇌는 외부의 일을 자신의 것으로 받아들인다

인간에게는 거울신경 체계(mirror neuron system)가 존재한다.[1] 말 그대로다. 우리 뇌는 누군가 하는 행동을 보고 그대로 따라 하도록 시킨다. 1990년대 이탈리아 파르마 대학의 자코모 리촐라티(Giacomo Rizzolatti)는 짧은꼬리원숭이의 뇌를 연구하는 중에 재미있는 현상을 발견했다. 원숭이가 물체를 집을 때, 그리고 사람이 물건을 집는 것을 볼 때 원숭이의 뇌가 동일하게 반응한 것이다. 그는 이를 거울신경이라고 이름 붙였다.

계속되는 연구를 통해 인간의 거울신경은 원숭이보다 훨씬 복잡하다는 것이 드러났다. 원숭이는 단순한 행동을 따라 했지만, 인간은 상대방의 의도를 파악하고 복잡한 행동도 아무렇지도 않게 따라 할 수 있다. 타인의 감정을 마치 내 일처럼 느끼는 것, 바로 '공감'의 발견이었다.

공감 덕분에 인류는 국경과 인종, 시간을 초월할 수 있었다. 책을 통해 수백 년 전 사람들의 마음을 느끼고 가족 이외에 다른 사람과 동질감을 나눌 수 있다. 오늘날 거울신경 시스템은 스마트폰을 통해 나의 머릿속을 벗어나 전 세계로 퍼져나가고 있다. 이제 지구 반대편의 일을 내 일처럼 느낄 수 있다. 직접 비행기를 타고 가지 않아도 손바닥만 한 화면만 있으면 가능하다.

한번은 가족들과 패밀리 뷔페에 갔다. 옆 테이블에는 아이들과 부부가 식사하러 왔다. 아이들은 산만하게 떠들고 식당을 뛰어다

넀다. 그때 부부는 두 아이에게 각자 자신의 스마트폰을 건네주었다.

그 순간 아이들은 다른 세계로 갔다. 표정은 갑자기 무표정으로 변하고 시선은 완벽하게 스마트폰의 화면에 고정되었다. 달리 표현할 방도가 없다. 그 아이들은 정말로 다른 세계에 갔다. 음식이 나와도 멍하니 화면을 바라보고 있었다. 덕분에 부부는 조용히 식사할 수 있었다. 기묘한 풍경이었다. 몸은 식당에 있지만 누가 봐도 아이들의 의식은 그곳에 없었다. 아마도 유튜브가 인도하는 행복의 나라 그 어딘가를 탐험하고 있었을 것이다.

거리에 나와 사람들을 보면 모두가 고개를 숙이고 검은 화면속 세계로 들어가 있다. 마치 작은 블랙홀 같다. 모든 것을 빨아들인다. 그 속에는 모든 정보, 모든 가능성이 존재한다. 우주에 있는 블랙홀이 강력한 중력으로 빛을 빨아들인다면 스마트폰의 화면은 강력한 앱으로 시간을 빨아들인다.

지금도 내 방에는 수많은 우주가 있다.

아이패드 프로 12.9인치

아이팟 터치

17인치 노트북

24인치 LED TV

아이폰 11

갤럭시 노트8

디지털 기기로 가득 찬 멀티 유니버스, 내 방.

마치 멀티 유니버스를 보는 것 같다. 모든 화면에서 모든 가능성이 열린다. 한때는 이러한 풍경을 자랑스러워했다. 조그마한 방 안에서 모든 가능성에 접속할 수 있다고 믿었다. 모든 화면을 켜놓으면 무려 여섯 개의 우주를 거느릴 수 있는 막강한 힘을 가진 듯했다. 그러나 사실은 결코 그렇지 않았다. 내 의식은 각각의 우주에 '찢어지며' 분리되었다. 즉, 나는 여섯 개의 존재로 찢어진 것이다.

뇌는 집중할 때 하나의 존재가 된다

흔히 산만하고 집중하지 못하는 사람을 보고 "쟤는 정신을 딴 데 두고 있나 보다"라고 놀린다. 아이가 호기심이 풍부해서 이것

저것 만지다가 망가뜨리면 "정신을 어디 두고 다니는 거니?"라며 혼내기도 한다.

단순한 비유가 아니다. 가만히 있지 않거나 쉼 없이 사방을 둘러보는 사람을 보면 불안하다. 빈 공간에서 무언가를 보고 소리 지르는 사람을 보면 제정신이 아닌 것 같다. 그런 사람을 보고 우리는 지금 함께 있다고 생각하지 않는다. "정신 차려!"라고 하며 사람을 흔드는 이유도 마찬가지다. 다른 세계에 있는 사람을 지금 우리 세계로 부르는 것이다. 몸이 내 옆에 있다 해도 정신이 없으면 아무런 의미가 없기 때문이다.

나는 이걸 현실 지분(持分) 문제라고 부른다.

잠깐 상상을 해보자. 당신은 길 위에 서 있다. 빈손으로 길 위에 서 있다. 당신은 온전히 존재한다. 주변의 소리를 들을 수 있고 풍경도 볼 수 있다. 바람 소리, 공기의 흐름을 느끼고 호기심이 생기는 대상에 다가가서 관찰한다.

만약 이때 음악을 듣기 시작한다면 이어폰을 귀에 꽂는 순간 청각은 현실에서 사라진다. 음악으로 인해 현실의 소리를 들을 수 없기 때문이다. 옆 사람이 이름을 불러도 못 들을 것이다. 이제 모든 것은 시각적으로만 인지할 수 있다.

이번엔 다소 위험하지만 이어폰을 꽂고 유튜브를 보면서 걸으면 어떻게 될까? 옛말에 몸 천 냥에 눈이 구백 냥이라고 했다. 눈과 귀가 유튜브에 집중된다면 당신의 집중력 90퍼센트는 현실이 아닌 유튜브의 세계 속에 있을 것이다. 이때의 현실 지분은 10퍼센트이다.

만약 여기서 VR헤드셋과 컨트롤러를 장착하면 어떨까? 영화 〈레디 플레이어 원〉에서처럼 헤드셋을 착용한 사람은 현실에 존재하지 않는다. 현실의 육체는 그저 헤드셋을 사용하기 위한 지지대일 뿐이다. 이렇게 보면 존재의 증거는 단순히 육체의 존재라고 볼 수 없다.

유튜브에 몰입한다면 내 존재는 유튜브에 있다고 보는 게 맞다. 이렇게 검은 화면은 현실의 내 지분을 확실히, 철저하게 가져간다. 인스타그램, 카카오톡, 페이스북, 유튜브…… 모두 내 의식을 요구한다. 왜 그럴까?

궁극적으로 내 의식이 곧 돈이 되기 때문이다. 다소 충격적으로 들릴 수 있겠지만 사실이다. 우리의 의식은 그들에게 돈이 된다. 우리가 한 사이트에 오래 머물수록 그들이 제시한 광고에 노출될 가능성이 커진다. 광고에 노출되면 돈을 쓸 가능성도 같이 커진다. 그렇기에 수많은 앱들은 자신의 지분을 늘리기 위해 다양한 방법—알람, 팝업, 이벤트 등—을 동원한다.

검은 화면은 내가 신이 된 것처럼 느끼게 해준다. 철저히 내 의식을 가져가는 대신 모든 정보에 접근할 수 있는 것처럼 느껴지게 한다. 내가 대단한 사람이 된 것 같다. 전지전능함을 느끼게 해준다. 그 때문에 스마트폰이 100만 원, 200만 원이 넘고 2년간 약정 '노예'가 된다 해도 거리낌 없이 구입한다. 아무리 돈이 없어도 스마트폰만큼은 최신으로 쓰고 싶어 한다. 더 빠르게 더 큰 화면으로 내 의식을 힘든 현실에서 도피시킬 수 있기 때문이다.

수십 개의 앱들 사이에서 방황하다 보면 의식도 수십 개로 쪼개진다. 어떤 분이 내 글을 읽고 메일을 보내왔다. 끊임없이 앱들 사이를 왔다 갔다 하다 보니 어느 순간 자신이 '아귀'가 된 것 같다며, 아무리 먹어도 배부름을 모르는 존재가 되어버린 것 같다고 토로했다.

또 어떤 분은 수십 시간 연결되어 있다 보면 어느 순간 자신이 아닌 것 같은 느낌이 든다고 했다. 우리의 의식이 수십 개로 쪼개졌기 때문이다. 현실에서도, 온라인에서도 온전한 나는 존재하지 않는다.

나는 이불 속에서 보는 넷플릭스가 불행하다고는 말하고 싶지 않다. 다만 내가 오늘을 어떻게 살고 싶은지에 대한 생각을 잊으면 안 된다는 점을 이야기하고 싶다. 수십 개로 쪼개진 의식들 사이에는 결국 허무함이 자리 잡기 때문이다. 어디에도 존재할 수 있다는 것은 어디에도 존재하지 않는다는 것일 수도 있다.

무엇이든 할 수 있다는 것은 무엇이든 할 수 없다는 것과 같다.

수십 개로 쪼개진 내 의식으로는 현실 어디에도 존재할 수 없다. 그래서 나는 검은 화면이 두렵다. 이제 내가 검은 화면이 주는 두려움에 대항하기 위한 생활의 방편들을 소개하고자 한다.

검은 화면을 시야에서 없애보라

검은 화면 자체의 존재감은 상당하다. 특히나 노트북이나 데스크톱처럼 부팅시간이 필요한 기기는 약간의 절제가 가능하다. 원하는 것을 찾기 위해서는 적어도 1~2분은 기다려야 하기 때문이다. 하지만 스마트폰이나 태블릿PC는 손을 대는 즉시 사용할 수 있다. 그저 잠금해제 후 몇 번의 터치만으로 쉽게 정보들을 찾을 수 있다. 그러다 보니 온갖 정보에 접속하게 된다. 절대로 원하는 것만 찾고 끝낼 수가 없다. 왜 그럴까?

인터넷은 공짜가 아니기 때문이다.[2] 우리는 월정액으로 인터넷 사용료만 내고 대부분 정보를 무료로 사용한다고 생각한다. 하지만 대부분 사이트는 우리가 그 사이트나 플랫폼에 머무는 시간 자체가 곧 돈이다. 그래서 다양한 광고, 다른 콘텐츠에 접속하게 해서 우리의 접속 시간을 억지로 늘린다. 특히 유머사이트나 나무위키같이 다양하고 자극적인 콘텐츠가 많은 사이트에 머무르다가 정신을 차리면 이미 한 시간 정도는 지나 있는 게 보통이다.

그러다 보니 원래 의도와 상당히 벗어나게 인터넷을 사용하게 된다. 게다가 메신저를 확인하고 세일 정보 알람을 터치하는 순간 시간뿐만 아니라 돈까지 소비한다. 조금 과장해서 말하면 정보 하나 찾는 데 실제로 도서관에 찾아가 자료를 찾는 것보다 더 많은 시간, 돈을 소비할 수도 있다.

누구는 '화면을 꺼두면 되지 않나? 너무 예민한 것 아니야?'라고 생각할 수도 있다. 이렇게 생각해보자. 우리 앞에 말 많고(알람), 무엇이든 아는(검색) 친구가 있다고 해보자. 그런데 지금 중요한 업무나 글쓰기처럼 뭔가 창조적인 작업을 하고 싶다. 하지만 그 친구가 앞에 있다면 어떨까? 순간순간 우리에게 말을 걸 것이다.

"있잖아, 방금 인스타에서 네가 올린 사진 하트 눌렀다!"

"우와 이번에 신제품 세일한대!"

"앗! 방금 카톡 중요한 거 온 거 같은데?"

과연 그 친구를 온전히 무시할 수 있을까? 나도 모르게 "어, 정말?"이라면서 알림을 확인하게 될 것이다.

검은 화면은 켜졌다 꺼짐을 반복하며 자신의 존재를 알린다. 그리고 뇌 또한 가만히 있지 못한다. 조금이라도 막히는 부분이 있으면 뇌는 바로 이런 반응을 보인다.

"빨리 패드(또는 스마트폰) 켜서 검색해보자."

"이 단어는 구글에서 검색해봐야 할 것 같은데?"

끊임없이 검은 화면에게 물어보고 싶어 한다. 마치 사진 찍는 것에 중독된 뇌처럼 검색에 중독된 뇌는 끊임없이 정보를 찾는다는 명분을 가지고 스마트폰을 만지작거린다. 결국 정신 차려보면 시간은 예상보다 훨씬 흘러가 있다.

그렇기에 물리적으로 잠시 내려놓는 과정이 필요하다. 나는 용기를 내서 노트북을 덮고, 모든 디지털 기기를 바닥에 내려놓거나 뒤집었다.

한번쯤은 검은 화면을 물리적으로 없애보자. 그리고 책상 위에 다이어리 한 권이나 읽고 싶은 책을 두자. 블랙홀과도 같은 검은 화면이 사라지면 진정한 집중이 시작될 것이다.

집에 패드나 모니터를 책상 앞에 두었다면 한번쯤 물리적으로 완전히 없애보는 걸 추천한다. 실제로 사용을 하건 안 하건 그것이 진짜로 있고 없고는 우리의 집중력에 상당한 영향을 끼친다. 물론 인터넷 강의나 워드, 코딩 작업처럼 화면이 필요한 작업은 어쩔 수 없다. 대신 글을 쓰거나 아이디어 구상 등 창조적인 작업이나 집중을 요구하는 작업을 할 때는 검은 화면을 아예 없애보자. 그렇다면 뇌는 이렇게 여러분에게 따질 것이다.

잠깐? 구글 없이 일을 하라고?

텅 빈 공간에서 정보는 어디서 찾아야 하지?

지금 카톡 좀 확인해볼까?

뇌는 끊임없이 검은 화면을 원한다. 텅 빈 공간을 보면 우리의 마음도 텅 비어버린 것 같다. 갑자기 불안감이 찾아온다. 아무것도 할 게 없는 것처럼 느껴진다. 하지만 조금만 참아보자. 원래 뇌는 빈 공간이 있으면 채우고 싶어 한다. 자신에게 익숙한 것, 안정적인 것으로 채워서 안심하고 싶어 한다.

우리가 텅 빈 공간을
못 참는 이유

2014년 미국 버지니아대학의 티머시 윌슨(Timothy D. Wilson) 연구팀은 400명의 피실험자를 대상으로 텅 빈 공간에서 15분간 자리에 앉아 있도록 했다.[3] 물론 앉아만 있는 것이었고 어떤 생각을 하든 자유였다. 이때 열 명 가운데 아홉 명이 정신적 불안증을 보였고 절반 가까이가 견뎌내기 힘들다고 호소했다. 실험 결과에 무언가 깨달은 윌슨은 이번에는 피실험자들에게 스스로에게 전기충격을 가하는 버튼을 제공했다. 강도는 9볼트로 살짝 불쾌감을 주는 정도였다. 놀랍게도 남성의 60퍼센트, 여성의 25퍼센트가 이 버튼을 최소 한 번은 눌렀다. 무려 190번이나 누른 사람도 있었다고 한다.

이 실험들은 우리가 일상에서 '텅 빈' 상태를 얼마나 못 견디는지 잘 보여준다. 독일의 뇌과학자 닐스 비르바우머(Niels Birbaumer)는 '인간의 뇌가 원래 그렇게 생긴 것'이라고 지적한다. 그의 저서 『머리를 비우는 뇌과학』에는 이런 말이 나온다. 뇌의 본질은 '어떤 효과'에 도달하려는 데 있으며, 무언가를 할 때 가장 이득이 되는 (생존에 도움이 되는) 쪽으로 생각하려 한다는 것이다.

우리가 때론 생각이 많아지는 것도 같은 이유다. 앞날이 걱정될 때, 지금 하는 일이 불안할 때 한시도 쉬지 못하고 계속 서성이거나 밤새 잠 못 이루는 것은 뇌는 어떻게든 생존에 유리한 무언가를 시도해야 한다고 생각하기 때문이다. 때론 그것이 전기충격을 주는 버튼이라도 말이다. 즉, 아무것도 안 하는 것보다는 전기충격을 받는 걸 선택하는 게 바로 우리의 뇌가 하는 일이다.

끊임없이 움직이고 생각한다는 것은 곧 생존경쟁에서 나를 지키는 일이다. 원시시대부터 인류는 외부의 적으로부터 나를 보호하기 위해 집을 만들고 무기를 만들어왔다. 지금까지 우리가 만들어온 문명은 대부분 우리가 살아남기 위해 노력한 결과물이다. 뇌는 그렇게 움직여왔다.

하지만 반대로 뇌를 완전히 비우는 일도 있었다. 인간은 그럼에도 모든 것을 비우고 내려놓았을 때 자유로움을 느낀다. 일에 치여 살다 보면 가장 하고 싶은 것이 어디론가 여행 가서 마음껏 쉬고 싶다는 것이다. 마음을 충분히 비우고 아무것도 하지 않고 싶다. 즉, 완전히 비우고 싶어진다.

새로운 생각은 텅 빈 공간에서 찾아온다

스티브 잡스를 떠올리면 누구나 인류의 삶을 바꾼 기술 혁신가를 생각한다. 그는 천부적인 디자이너였고, 탁월한 마케터였으며, 인문학과 과학기술을 융합할 수 있었던 천재였다. 그는 인류의 삶을 바꾼 테크놀로지를 이끌었지만 동시에 명상과 참선에 심취하기도 했다. 그 과정을 통해 잡스는 끊임없이 자신을 비우고 새로운 생각을 받아들였다. 누구나 애플을 떠올리면 간결함과 절제된 미학, 첨단기술을 떠올린다.

책상 위 스마트폰과 모니터의 검은 화면은 이런 의미에서 내 생각을 확장시켜주는 도구일 수도 있다. 반대로 내 생각을 제한하고 수많은 생각을 떠오르게 해 본질에 집중할 수 없게 만들 수도 있다. 앞서 말했듯이 검은 화면이 보여주는 무한한 세계는 우리의 의식을 전혀 다른 곳으로 이동시키기에 충분하다. 그래서 생각이 많아지고 집중력도 떨어진다. 이제 우리에게 텅 빈 공간이 필요한 이유다.

모니터가 있고 없고의 차이가 왜 이리 큰 것일까? 가장 큰 이유는 모니터가 시야를 가장 많이 차지하는 장소에 있기 때문이다. 회사에서도 업무가 많을수록 모니터는 중앙에 있다. 증권회사의 모니터는 적게는 2개, 많게는 8개의 모니터가 아예 한 면을 차지하고 있다. 마치 관심받고 싶어 하는 아이처럼 검은 화면은 우리의 관심을 가장 많이 받을 수 있는 곳에 있다.

신기하게도 물리적으로 검은 화면을 없애자 오히려 편하게 글을 쓰고 집중할 수 있었다. 스마트폰 알람도 확인할 수 없게 되자 더 깊이 집중할 수 있었다. 신선한 경험이었다.

직장에서도 서서히 모니터를 없애기로 마음먹었다. 그전에는 일단 아이패드를 책상 위에 놓고 에버노트나 메모장에 기록을 한 다음 그대로 켜둔 채 수업을 했다. 수업 중에 또 기록할 일이 있으면 이어서 타이핑하곤 했다. 하지만 아예 패드를 내려놓기로 했다. 패드를 써야 하는 업무를 볼 때만 다시 올려놓고, 사용하지 않을 때는 무조건 내려놓았다.

사실 그렇게 하면서도 별 차이가 없을 줄 알았다. 하지만 패드를 내려놓고 고개를 드는 순간 새로운 세상이 보였다. 교실에서 더 많은 풍경이 보이기 시작했다. 고작 12인치 화면이 있던 자리가 사라진 것뿐인데 그 뒤로 놓여 있던 도구들, 지나가는 아이들이 새로 보이기 시작했다.

결국 몸은 저절로 일어나 움직이기 시작했다. 새로운 시야를 확보한 뇌는 이전보다 더 움직이길 원했다. 검은 화면이 있고 없고의 차이는 굉장히 컸다. 그 이후에는 패드를 사용할 때에만 올려놓기로 했다. 아니면 패드 대신 스마트폰에 블루투스 키보드를 연결해서 더 넓은 시야를 확보했다.

물론 일반 직장에서는 적용하기 어려울 수 있다. 데이터를 계속 입력하거나 정보의 흐름을 지속적으로 봐야 하는 일에는 불가능할 수도 있다. 하지만 창조성, 아이디어가 필요한 업무라면 모니터 자체를 없애면 훨씬 더 창조적인 작업이 가능하리라 확신한다.

언제부터인가 서서 일할 수 있는 책상이 유행하기 시작했다. 평소에는 앉아서 업무를 보다가 버튼 하나로 책상이 가슴 높이로 올라온다. 뉴스와 다큐멘터리에서도 허리 건강과 업무 효율에 서서 일하는 게 훨씬 좋다고 하자, 한때 관련 장비들이 불티나게 팔린 적이 있었다.

일어서서 일하게 하는 책상도 있는 시대에 모니터를 감추는 책상이 있다면 어떨까? 뭔가 창의적이고 집중하고 싶을 때 버튼을 누르면 모니터가 바닥으로 숨어버리는 것이다. 물리적으로 검은 화면을 없애고 텅 빈 공간을 만든다. 그리고 구글이 아니라 자기 내면에 집중한다.

인지심리학자이자 신경과학자인 대니얼 레비틴(Daniel J. Levitin)은 『정리하는 뇌』에서 정보 과부하가 우리 뇌에 심각한 해를 끼친다고 설명한다. 특히 컴퓨터와 같이 빠른 멀티태스킹(작업 전환)은 극심한 피로나 대마초 흡연보다 뇌 건강에 해롭다고 한다. 앞서 말한 검은 화면이 두려운 이유도 이와 같다. 무엇이든 가능하기 때문에 그 어느 것에도 집중할 수 없다. 이것도 하고 저것도 한다는 것은 그 무엇도 제대로 하지 못한다는 뜻이기도 하다.

검은 화면을 최소화하라

그래서 나는 검은 화면을 최소화하기로 마음먹었다. 대부분 업무 기록이 디지털로 이루어지는 일상에서 노트에 쓴 글을 매번 타이핑하는 건 너무나 비효율적이었다. 직장에서 비싼 주문 제작 책상을 구입해달라고 요청할 수도 없는 일이었다. 결국 한 가지 해결책은 최소한의 작업만 할 수 있도록 검은 화면 크기 자체를 줄이는 것이었다. 바로 스마트폰을 컴퓨터처럼 사용하는 것이다.

일단 스마트폰에 블루투스 키보드를 연결한다. 그리고 문서 프로그램들을 에버노트, 구글문서 등 컴퓨터와 스마트폰이 동기화되는 것들로 교체했다. 많은 사람들이 사용하는 앱들은 대부분 PC, 안드로이드, IOS 등을 지원한다. 기본 업무 프로그램들을 이런 앱들로 교체하면 충분히 스마트폰으로도 업무가 가능하다. 블루투스 키보드로 스마트폰을 연결하면 입력도 빠르게 할 수 있다.

검은 화면이 작아질수록 빈 공간이 보이기 시작한다. 그리고 더 많은 일상이 보인다. 화면이 작아질수록 지금 당장 하고 싶은 것도 줄어든다. 화면이 클수록 다양한 것들을 찾아보고 윈도에 띄워보고 싶어진다. 하지만 화면이 작아지면 한 번에 한 가지 작업만 하게 된다. 동시에 할 수 있는 일들이 적어진다. 오래 머물고 싶은 마음이 줄어든다. 그만큼 현실에 집중할 힘이 더 강해졌다. 필요한 것에 집중할 수 있게 되었다.

검은 화면은 무엇이든 가능하게 해준다. 수많은 정보와 가능성에 접속할 수 있게 해준다. 하지만 그만큼 내 의식과 집중력은 계속 분리된다. 애초에 우리는 멀티태스킹이 되지 않는다. MIT의 신경과학자이자 분할 주의(divided attention)의 세계적 권위자인 얼 밀러(Earl Miller) 우리가 생각하는 멀티태스킹은 착각이며 실제로는 한 가지 일에서 다른 일로 옮겨갈 뿐이라고 한다. 마치 저글링처럼 한 손에 있는 공을 띄우고 또 한 손에 있는 공을 공중에 올리면서 계속 번갈아가며 바꾸는 것뿐이라는 말이다. 이 상태에서는 어떤 일도 할 수가 없다. 창조적이고 집중력을 요구하는 일일수록 저글링과는 거리가 멀다.

앞으로 우리 사회는 4차산업혁명 시대, AI 시대로 빠르게 진입할 것이다. 우리는 더 많이 집중해야 한다. 기계가 텅 빈 공간을 차지하게 놔둬서는 안 된다. 그 공간은 오직 우리를 위해 준비된 공간이다. 뇌는 그곳에서 안식을 취하고 집중하면서 기계가 대신하지 못할 창의적이고 위대한 생각을 해내야 한다. 우리는 검은 화면을 조심해야 한다. 기계의 시간은 무한하지만, 우리의 시간은 훨씬 더 짧고 소중하기 때문이다.

공유를 위한
비공유

여기 세 개의 점이 있다. 이것으로 우리는 전 세계 곳곳에서 일어나는 전쟁의 참상과 우리 주변에서 일어나고 있는 불행한 사건들을 알 수 있고, 이것으로 우리는 우리의 생각을 수백만 명에게 전달할 수 있다. 이것은 단순한 세 개의 점이지만, 세계를 바꿀 수 있는 힘을 지녔다.

수많은 사람이 자신의 모든 것을 꺼내 보이는 시대가 왔다. 과거에는 일상의 팁이나 문제 해결을 위한 정보 공유가 전부였다면 이제는 자신의 일상과 마음속 얘기를 마음껏 공

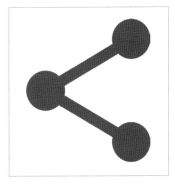

세 개의 점과 함께 모든 것을 공유하는 시대가 도래했다.

유한다. 공유가 곧 권력이 된 세상이기 때문이다. 자신의 더 많은 것을 공유할수록 곧 돈이 된다. 때문에 공유하고자 하는 경쟁은 더욱 치열해지고 있다. 특히 전 세계적으로 코로나와 취업난이 겹치면서 더 많은 사람이 유튜브와 같은 공유 플랫폼에 뛰어들고 있다. 우리나라만 해도 2019년 기준 인구 대비 유튜브 크리에이터 수가 세계 1위라고 한다.[4]

이제 모든 것을 공유하는 시대가 왔다. 이 버튼 하나로 우리는 모든 것을 나눌 수 있다. 스마트폰 이전에는 그저 복사와 붙여넣기가 공유의 전부였다. 지금은 우리는 공유 버튼만으로 지금 내가 보는 사진, 영상, 자료들 모두 누군가에게 보낼 수 있다. 심지어 디지털 자료뿐만 아니라 현실의 물건들도 공유한다. 이른바 공유경제로 에어비앤비처럼 집을 공유하거나 카셰어링으로 자동차를 공유하거나 따릉이처럼 자전거도 공유한다.

사람들은 계속해서 공유할 것들을 찾고 있다. 특히 유튜버들을 보면 일부러 사람들이 눈살을 찌푸릴 만한 짓(혐오, 차별 발언 등)을 해서라도 사람들의 관심을 끌려 한다. 자신만의 콘텐츠가 중요해진 시대 남과 달라야 사람들의 이목을 끌 수 있고 곧 권력이 되기 때문이다.

남들과 다른 차별점을 찾으려면 어떻게 해야 할까? 나는 스마트폰을 최소화하면서 여행하는 중에 깨달았다. 바로 특별해지려면 누구와도 공유하지 말아야 한다는 사실이다. 지금부터 그 이야기를 해보려고 한다.

공유하지 않는 것의 특별함

나는 앞서 이야기한 대로 스마트폰의 기능을 최소화하며 여행을 하고 있었다. 내가 묵었던 게스트하우스 1층에는 책방이 있었다. 여행 중 잠시 생각을 정리하는 시간을 갖기로 했다. 노트를 펼치고 글을 쓰기 시작했다. 아침이라 조용했고 커피 한잔과 함께 글을 쓰는 시간은 여유로웠고 행복했다. 평소보다 집중도 잘 되었고 글을 쓰면서 더 깊은 생각을 할 수 있었다. 자연스럽게 '이 글을 어디에 올릴까?'라는 생각을 했다. 그때 머릿속에서 뇌가 이렇게 속삭였다.

'만약 이 시간을 누구하고도 공유하지 않겠다고 결심하면 멋진 선물을 줄게.'

뜻밖의 제안이었다. 그동안 내가 스마트폰의 여러 기능을 차단한 후 뇌의 반응을 보는 방식이었다면 이번에는 뇌가 먼저 나에게 제안을 한 것이다.

'무슨 소리야? 많은 사람들에게 이야기하는 게 무슨 문제가 된다고?'

나는 다시금 나 자신에게 되물었다. 그러자 뇌는 말했다.

'공유하는 순간 너만의 색을 잃어버릴 거야. 너는 글의 형식에 대해 생각하고 문체에 대해 생각하겠지. 그렇게 신경 쓰면서 너는 너만의 독특한 생각들을 잃어버리게 되는 거야. 그러니 절대로 공유하지 않겠다고 말해줘.'

뇌의 제안은 신선했다. 여행을 하기 전에는 나만을 위한 글, 일기처럼 속마음을 털어놓는 글을 쓴 적이 없었다. 항상 블로그에 올릴 만한 글들을 생각했고 유튜브에 영상을 올리면서 항상 사람들의 반응을 생각하곤 했다. 항상 누군가가 읽는다고 생각했기에 내 솔직한 생각보다 마찰이 없는 내용, 문체 생각을 먼저 했다. 한글 문법책을 보면서 맞춤법이나 문체에 관한 고민을 하기도 했다. 한마디로 나를 위한 글쓰기가 아니라 남들을 위한 글쓰기를 하고 있었다. 그래서 나는 뇌에게 말했다.

'알겠어. 그럼 지금 이 순간에 쓰는 글들은 누구하고도 공유하지 않을게. 아무에게도 말하지 않고 누구에게도 보여주는 일은 없을 거야. 아무리 멋진 생각이거나 좋은 반응을 얻을 것 같은 생각들이라도 절대로 공유하지 않을게.'

어떻게 보면 이상하게 들릴 수도 있다. 보통 공유를 통해서 생각이 발전한다. 수많은 과학적 발견과 기술들은 모두 여러 과학자들의 연합으로 발전했다. 이른바 집단지성이 오늘날 인류 문명을 만들었다. 남과 생각을 나누지 않는 건 편협하고 현대 사회와 동떨어진 발상으로 보인다. 하지만 나는 뇌의 제안을 받아들여 오직 나만을 위한 글을 쓰기로 했다.

시간이 흐르면서 재미있는 일이 일어났다. 커피 한 잔을 마신 후 2~3시간 동안 정신없이 글을 쓰고 그림을 그렸다. 정말 시간이 사라진 것만 같았다. 엄청난 몰입을 경험했다. 평소 지나쳤던 문제들, 새로운 아이디어들을 깊고 구체적으로 적어나가기 시작했다. 글을 쓰면서 피곤해지는 게 아니라 점점 더 흥분하기 시작했다. 손에서 땀이 나면서 종이가 조금씩 젖기 시작했다. 오랜만에 맛보는 몰입감이었다. 몇 시간을 정신없이 생각들을 풀어놓고 나서야 뇌가 왜 내 생각을 공유하면 안 된다고 했는지 깨달았다. 이 실험에서 내가 깨달은 것은 다음과 같다.

첫째, 나만 이해할 수 있는 형식으로 글쓰기가 가능하다.

그 당시 쓴 글은 지금 봐도 굉장히 구체적이고 열정적인 아이디어들로 가득 차 있었다. 하지만 남들이 보면 그저 휘갈겨 쓴 글씨에 어설픈 그림들이다. 애초에 남들에게 보여준다 한들 '이게 뭐야?'라는 핀잔을 들을 뿐이다. 누구에게도 보여주지 않아도 된다고 전제한 순간, 블로그나 글쓰기에 배운 형식들은 쓸모없어졌다. 그저 내가 생각한 대로, 내 입맛대로 쓰면 된다. 그렇기에 주제도 왔다 갔다 하고 특별한 형식도 필요 없었다. 글을 쓰다가도 전혀 다른 아이디어가 나오면 바로 귀퉁이에 적고 이어나갔다. 지금 보면 굉장히 날것 상태의 글들이 많았다.

둘째, 공유한다고 마음먹은 순간 눈치를 보게 된다.

SNS에 사진을 올리면서 '좋아요'가 얼마나 찍히는지 신경 쓰지 않는 사람은 별로 없을 것이다. SNS를 하면 할수록 '좋아요' 숫자에 신경 쓰게 되고 블로그에 글을 쓰더라도 사람들의 반응을 살피게 된다. 좋은 점은 단어나 문장의 형식, 내용의 흐름과 구성에 신경 쓰게 된다는 점이다. 하지만 너무 신경 쓰다 보면 어느 순간 글을 쓰는 재미는 사라진다.

유튜브도 마찬가지다. 스스로 좋아서 영상을 올리면 좋지만, 어느 순간 구독자를 모으기 위해서 더 재미있는 연출이나 효과를 생각하게 된다. 그러다 보면 더 좋은 장비, 편집 도구들을 생각하게 된다. 이른바 '장비병'에 걸리는 것이다. 그러다 보면 결국 주객이 전도되는 상황이 펼쳐진다.

셋째, 공유 불가능에서 창의력이 나온다.

가장 핵심적인 깨달음이다. 자신의 깊숙한 생각으로 접근할수록 누구도 이해하지 못한 생각들이 저절로 튀어나온다. 다른 사람이 보면 비현실적이거나 비윤리적인 생각들, 편협해 보이는 생각일 수도 있다. 하지만 가장 나다운 생각이기도 하다. 누군가 알게 되면 '뭐 하러 그런 생각을 하는 거야?', '시간 낭비 하지 마' 소리를 들을 생각들. 하지만 여기에서 위대한 통찰과 발견이 나올 수 있다.

아인슈타인도 상대성 이론을 처음 만들었을 때 타인과 공유할 수 없었다. 이해하는 사람이 없었기 때문이다. 심지어 실험 과정조차 오직 머릿속에서 상상한 사고실험(thought experiment)이었다. 훗날 기술의 발전으로 이론이 옳았다는 것을 밝힐 수 있었다. 중요한 건 그가 누구와도 공유할 수 없는 자신만의 생각에 집중했다는 것이다.

공유는 위험하기도 했다. 『신곡』을 쓴 단테는 화형을 피해 유럽 각지를 떠돌았고, 마키아벨리의 『군주론』은 오랫동안 교황청 금서 목록에 있었으며 톨스토이의 『인생론』은 출간 즉시 금서 처분을 받았다. 오늘날 당연한 생각들이 그 당시에는 비윤리적이고 위협적이고 해로운 생각이었다.

하지만 그들은 생각을 멈추지 않았다. 그들이 상황에 맞춰 생각을 멈췄다면, 오늘날 인류 문명은 존재하지 않았을 것이다.

공유 불가능성에 집중하라

'어차피 누구도 이해하지 못할 것이다'라고 생각한 순간 더 자유롭게 글을 쓰고 그림을 그릴 수 있었다. 머릿속에서 하나의 단어가 떠올랐다.

공유 불가능성.

애초에 우리는 우리의 생각을 온전히 공유할 수 없다. 어떤 생각이 글이나 그림으로 표현되면 그 과정에서 손실이 생길 수밖에 없다. 이 세상 수많은 갈등 중 많은 경우가 말로 인한 오해로 시작된다. 우리가 사과할 때 많이 사용하는 문구가 '오해가 있었다', '본의 아니게'인 것처럼, 우리의 생각은 애초에 온전히 공유할 수 없다. 왜곡과 손실을 안고 가야 한다.

오히려 지금 나에게 있는 날것의 생각을 그대로 두어야 하는 이유다. 누군가에게 온전히 전달하는 것은 불가능하다는 걸 인정해야 한다. 공유 불가능성은 사람들의 인정이나 공감대를 배제한 나만을 위한 개념이다. 누구에게도 휘둘릴 필요가 없고 더 자유롭다. 그 덕분에 더 깊은 생각을 할 수 있고 아이디어들을 떠올릴 수 있다. 뇌가 주는 선물은 이러한 자유로움과 몰입이었다. 이걸 온전히 경험하려면 누군가와 공유해야 한다는 생각을 버려야 한다.

공유는 시대적 흐름이다. 이런 시대에 공유하지 말라는 말 자체가 말이 안 되게 들릴 것이다. 하지만 공유는 때론 위험하다. 자신의 생각이 그대로 드러날 때, 받아들이는 사람은 다르게 생각할 수 있다. 자신의 사소한 발언이 누군가에게는 보기 좋은 먹잇감일 수도 있다. 반대로 거짓 뉴스로 선동하고 한 사람의 인생을 짓밟을 수도 있다.

또 공유경제가 활성화되면서 집도, 자동차도, 인력도 공유하게 되었다. 하지만 그 이면에는 수많은 사람들이 비정규직으로 전락하고 부익부 빈익빈 문제는 더 심각해졌다. 그래서 남들이 생각하지 못한 것, 창의적인 것에 대한 가치가 훨씬 커졌다. 애초에 공유할 수 없는, 즉 아무나 생각할 수 없는 아이디어들이 필요하다. 공유할 수 없는 창의적인 아이디어들이 역설적으로 가장 많이 공유된다.

지금으로부터 13년 전, 누군가 당신의 집을 통째로 빌려달라고 했다고 해보자. 과연 누가 허락할까? 2007년 샌프란시스코의 한 아파트에 함께 살던 청년 세 명이 있었다. 그들은 돈을 벌기 위해 공기를 불어 넣은 간이침대를 놓고 호텔 방을 잡지 못한 고객들에게 집을 임대해주었다. 여기에 아이디어를 얻어 2008년 에어비앤비를 세웠다.

처음에는 자신이 사는 집을 누군가에게 빌려준다는 것 자체가 말도 안 되는 미친 생각이었다. 하지만 그로부터 10년 뒤 에어비앤비는 세계 5대 호텔보다 더 많은 숙박시설을 갖게 되었다.

이제는 누구도 할 수 없는 생각을 해야 한다. 그런 아이디어를 내기 위해서는 나만의 생각이 필요하다. 위험할 수도, 무모할 수도 있는 생각을 해야 한다. 기존 체제를 부술 수 있는 생각, 발설했다가는 미친 사람이나 이상한 사람으로도 취급받을 수 있는 생각을 해야 한다.

내가 깊이 몰입하며 썼던 글은 누군가 보면 편협하고 이상해 보일 수도 있었다. 하지만 그 안에서 1퍼센트를 꺼내 '공유할 수 있을 만한' 형태로 다듬은 후 '스마트폰 사용을 멈추자 뇌가 비명을 질렀다'라는 제목으로 글을 게시했다. 지금까지 수십만 명이 넘는 사람들이 글을 읽고 공감했다. 만약 처음부터 누군가에게 보이기 위한 글을 썼다면 어디선가 한번쯤 봤던 무난한 글이 되었을 수도 있다. 하지만 뇌가 제안하는 공유 불가능성을 받아들이면서 충분한 몰입과 만족할 만한 사고의 흐름을 경험했다. 그래서 뇌는 나에게 계속 말한다.

'절대로 누구하고도 공유하지 마.'

비행기 모드가
곧 구원이다

이번에는 깊은 집중과 몰입을 위한 환경을 구축할 때 필요한 것이 무엇인지 알아보자. 지금까지 아동 미술학원에서 일하면서 대략 2,000명 이상의 아이들과 부모님을 상담했다. 거의 10년 가깝게 이 일을 하면서 많이 듣는 말 중 하나가 ADHD다. 주의력 결핍 및 과다 행동장애의 약자로 최근 들어 치료받는 아이들이 눈에 띄게 많아졌다. 원인은 뇌 속의 신경전달 물질의 불균형이라 추측만 할 뿐 명확하게는 밝혀지지 않았다. 급속한 산업화로 인한 환경오염의 결과라 주장하는 사람도 있고 도시화로 인해 밀집된 공간 안에 있다 보니 부각된 증상이라고도 한다.

이 증상의 특징은 산만함이다. 일단 주의·집중력이 현저히 낮다. 확실히 ADHD 치료를 받는 아이들을 몇 번 수업해보면 확실히 다른 아이들에 비해 집중 시간이 짧다. 시도 때도 없이 질문을 하거나, 한 가지 주제에 오래 집중하지 못한다. 그림을 그리다가도 어느새 만들기를 하고 있다. 보는 사람이 정신없다. 대부분 약물치료를 병행한다. 비록 의사는 아니지만, 실제 수업을 진행해보면 일반적인 산만함과는 분명 차이가 있다.

그리고 이러한 증상을 비단 아이에게서만 보지 않는다. 지금 나와 가장 가까이 있는 존재에게서 그러한 산만함을 느낀다. 바로 스마트폰이다.

스마트폰은 현재 ADHD에 걸려 있다

먼저 ADHD의 주된 증상은 크게 주의·집중력이 부족하고, 과다하게 활동하고, 주변 사람까지 안절부절못하게 하는 것이다. 이 증상을 스마트폰의 특징과 비교해보자.

❶ 주의·집중력 부족 → 무엇을 하고 있든지 간에 무조건 알람이 울린다.
❷ 과다한 활동 → 새벽에도 게임 홍보 팝업이 뜨고 외부에서는 근처 가게 쿠폰 팝업이 뜬다.
❸ 안절부절못하게 함 → 거짓 정보, 자극적인 문구로 쇼핑이나 그들의 앱을 실행하게 한다.

과거 피처폰 시절에는 기껏해야 스팸 문자가 전부였다. 문자는 텍스트 단계에 머물러 있어 쉽게 구별하고 삭제할 수 있었다. 하지만 오늘날에는 문자 링크, 사진, 팝업, 시간차 슬라이딩 등 온갖 장치를 마련해서 광고를 보게 만든다. 시각적 신호뿐만 아니라 소리나 진동이 때와 장소를 가리지 않고 울린다. 가장 고요한 새벽에도 누군가의 트위터 알람이 울리고 외국 여행 중에도 스팸 문자가 제일 먼저 도착한다. 스마트폰 알람을 그대로 놔두면 하루 종일 울리고 화면 상단에는 온갖 종류의 알림이 떠 있다. 앱들은 서로 경쟁적으로 자신의 알림을 먼저 터치하게 만들려 화려한 문구로 유혹한다.

심지어 각각의 앱들은 자신만의 진동 리듬이 있다. 어떤 건 조용하게 한 번, 또 어떤 것은 두 번씩 울리기도 한다. 별것 아닌 내용이어도 진동이 특이해서 고개를 돌리게 한다. 정말로 ADHD에 걸린 사람을 보는 것 같다.

심지어 몇몇 앱은 실행하지 않아도 배터리와 데이터를 소모하게 한다. 대표적인 앱이 위치기반 쇼핑 앱들이다. 평소보다 스마트폰이 뜨겁고 배터리가 빨리 닳는 때가 있다. 그리고 특정 가게를 지날 때 할인 코드나 신제품 팝업 알람을 띄운다. 많은 쇼핑 관련 앱들이 포인트를 주면서 사용자의 위치 데이터 수집에 동의를 눌러달라고 하는 이유다. 어마어마한 시각적 공해일 뿐만 아니라 과연 내가 내 돈 주고 산 휴대폰이 맞는지 의심이 들기도 한다. 문득 이런 궁금증이 생겼다.

'대체 이런 알람은 언제부터 시작된 걸까?'

알람의 역사

알람은 산업혁명과 함께 태어났다. 물론 그 이전에도 물의 흐름을 이용한 시계나 도시 중앙에 첨탑을 만들어 알람을 울리기도 했다. 하지만 본격적으로 시간을 통제, 활용하려는 움직임은 산업혁명 때부터 시작되었다. 노동자들을 제시간에 출근시켜야 했기 때문이다.

기존의 농업시대처럼 적당한 시간에 일어나 밭을 갈고 추수를 하는 게 아니다. 수백, 수천 명의 사람들이 일사불란하게 움직여야 하나의 제품이 만들어지기 때문에 시간을 맞추는 작업이 반드시 필요했다. 일단 아침 기상 시간을 맞춰야 했다. 다 같이 동시에 출근해야 일을 시작할 수 있었기 때문이다. 그 당시에는 일정한 시간을 알려주는 기술이 없었다. 우리가 아는 시계는 출현도 하지 않았고 기계식 시계는 굉장히 고가였다. 그래서 인간 알람 시계, 노커(knocker)가 탄생했다.[5]

노커라 불리는 사람들은 집주인이나 공장주에게 돈을 받고 노동자들을 깨웠다. 아침이 되면 자전거를 타고 그들이 사는 집에 찾아가 긴 막대로 창문을 톡톡 두드렸다. 덕분에 모두 제시간에 깨울 수 있었고, 노커의 알람 덕분에 생산성은 기하급수적으로

인간 알람 시계, 노커.

올라갈 수 있었다.

이제 생산성은 단순히 공장에서 물건을 만들어내는 것과 관련된 개념만이 아니다. 우리 스마트폰 속에도 들어왔다. 대표적으로 안드로이드 플레이스토어나 아이폰의 앱스토어에 보면 생산성 카테고리가 있고, 그 안에 각종 알람, 시간 관리 앱들이 있다.

알람의 역사는 그야말로 생산성의 역사인 것이다. 이제 알람은 다양한 변신을 거쳐 오늘날 스마트폰에 이르렀다. 이제는 알람 또는 노티라는 이름으로 시간뿐만 아니라 다양한 정보를 알려주기 위해 스마트폰 상단에 자그마한 아이콘으로 숨어 있다.

덕분에 이제는 우리가 스마트폰을 부르는 게 아니라 스마트폰이 먼저 우리를 부르는 처지가 되었다. 사람으로 치면 비서가 사장을 먼저 부르게 된 꼴이다. 다만 나를 부르는 이유가 내가 필요한 정보인지, 가치 있는 정보인지는 중요하지 않게 되었다. 그저 단 한 가지의 목적만 가졌다. 어떻게든 우리를 자신의 앱으로 끌고 와 시간과 돈을 쓰게 만드는 것이다. 한 글자라도 더 보게 하고 한 줄이라도 더 광고를 읽게 만든다. 문제는 알람의 방식이 여전히 산업혁명 시대의 방식에 머물러 있다는 것이다.

세상은 4차산업혁명으로 인공지능과의 대결로 치닫고 있지만, 스마트폰은 여전히 산업혁명의 노커처럼 우리를 부르기만 한다. 스마트폰에게 우리는 쇼핑, 광고를 보러 출근하는 노동자에 불과한 것이다.

현대 IT산업의 상당 부분은 이러한 사용자의 시간과 돈으로 움직인다. 오늘도 누군가는 가족을 먹여 살리기 위해 어떻게든 자신들이 만들어놓은 플랫폼에 사용자들이 많이 모이게 해야 한다. 끊임없이 자극적인 문구나 이미지를 통해 사용자를 유혹해야 한다. 유튜브만 보더라도 손톱만 한 섬네일에 자극적인 이미지와 제목들이 대부분이다. 그들이 잘못되었다는 말을 하려는 게 아니다. 오히려 지금의 산업구조가 어째서 사용자들의 시간(광고를 클릭하는 기회)을 기반으로 움직여야 하는지 생각해봐야 한다.

자신에게 맞는 정보를 찾기 위해 사용자는 검색을 하고 정보의 바다에서 떠돌아다닌다. 서비스 제공자도 자신에게 맞는 고객을 찾기 위해 엄청난 돈을 광고에 투자한다. 결국 광고는 알람의 형태로 원치 않는 사용자를 지속적으로 깨우고 있는 것이 현실이다. 만약 4차산업혁명이 충분히 진행된다면 이러한 낭비가 줄어들지 않을까 기대해본다. 인공지능이 사용자와 제공자를 정확하게 매칭해주고 불필요한 광고들은 차단해주는 기술이 생긴다면 그때는 각자 자신의 삶을 충분히 살아갈 수 있을지도 모른다. 하지만 그때까지 우리는 우리를 방해하는 알람으로부터 우리를 보호해야 한다.

스마트폰이 가장 무능해질 때 우리는 가장 유능해진다

예전에 브런치에 '13시간 동안 비행기 안에서 일어나는 일들'이라는 제목으로 글을 올린 적이 있었다. 간단히 요약하면 산만한 남자아이들, 게임을 좋아하는 아이들도 비행기 안에서 인터넷이 끊기자 각자 몰두할 수 있는 일들을 찾기 시작했다는 이야기다. 선생님인 내가 먼저 그림을 그리기 시작하자 너도나도 그림을 그리기 시작했다.

『어디서 살 것인가』의 저자 유현준 교수는 책 원고의 30퍼센트를 기내에서 집필했다고 한다.[6] 즉, 옴짝달싹하지 못하고 심지어 인터넷마저 안 되는 기내에서 사람들은 놀라운 집중력을 발휘한다는 말이다. 이상하게도 사람은 제한된 환경에서 더 창의적으로 변신한다. 스마트폰으로 사진을 찍을 수 없게 되자 관찰력과 기억력이 증가한 것처럼 말이다. 그런 점에서 스마트폰 최고의 기능은 비행기 모드라 할 수 있다. 우리 인간 본연의 능력을 일깨워 주기 때문이다. 아이러니하게도 스마트폰이 가장 무능해질 때 우리는 가장 유능해지는 것이다.

비행기 모드를 작동하는 순간 뇌는 당황한다. 스마트폰은 전지전능한 신의 위치에서 갑자기 할 줄 아는 게 별로 없는 도구의 위치로 내려온다. 기내의 장점은 어떻게 하더라도 통신을 할 수 없다는 데 있다(물론 추가 요금을 지불하면 인터넷이 가능하지만 비싸고 느리니 무시하자). 뇌는 결국 스마트폰을 '손절'한다. 게임을 하거나 영화를 보는 용도로만 사용한다.

제주도, 그리고 기내에서의 경험 이후로 나는 일상생활에서도 비행기 모드를 이용하기 시작했다. 일단 출퇴근 시간에 지하철을 타는 순간 비행기 모드로 전환한다. 부재중 전화는 나중에 확인할 수 있다. 또 쉬는 날 오전 10시부터 오후 1시까지 비행기 모드로 해놓았다. 갑자기 오전 시간이 고요해졌다. 점심 이후 비행기 모드를 해제하자 충격적인 화면을 볼 수 있었다. 무려 21개의 알람이 떠 있었고, 그중 90퍼센트는 앱 푸시, 스팸 전화, 의미 없는 홍보 문자들이었다. 만약 내가 비행기 모드를 선택하지 않았다면 높은 확률로 의미 없는 인터넷 서핑을 하느라 시간 낭비를 했을 것이다.

방해 금지나 무음을 선택할 수도 있겠지만, 그러면 뇌는 어떻게든 꼼수를 피우려고 한다. 갑자기 급하게 쇼핑할 것이 생각나거나 슬쩍 중요한 메신저 알림을 확인하면서 결국 어영부영 다시 쓰게 되는 경우가 많기 때문이다. 비행기 모드는 어중간하지 않다. 아예 기계적으로 차단했기 때문에 뇌도 포기해버린다. 마치 기계의 전원을 끄거나 아예 정전이 된 것과 비슷하다.

그래서 나는 앞으로 개인의 생산성은 비행기 모드의 활용에 달렸다고 확신한다. AI가 발전해서 내가 무언가에 집중할 때는 긴급한 연락을 제외하고는 자동으로 알람을 차단해준다면 어떨까? 스마트폰이 내 생활패턴과 움직임을 감지해 자동으로 무음 모드로 전환해준다면, 스마트폰은 '지니어스폰'이 되지 않을까? 아직은 시간이 좀 더 필요할 것이다. 그때가 올 때까지는 스스로 비행기를 탄 것처럼 비행기 모드를 선택할 수밖에 없다.

9장

마찰력에
커넥트하는 드로잉

D I S C O N N E C T

그림을 잘 그리고 싶으면
아이패드를 사지 마라

"그림을 잘 그리고 싶으면 아이패드를 사지 마라."

이 글을 처음 인터넷에 올렸을 때 커뮤니티에서는 찬반 논란이 있었다. 아이패드를 그림 그리는 용도로 구입하려 하는 사람들에겐 더 충격적으로 다가왔던 것 같다. 이 글을 쓸 때 나는 마치 종교를 배신하는 배교(背教)자가 된 기분이었다. 디지털 기기, 그중에서도 아이패드는 오랜 시간 내 신앙과도 같았다. 그렇기에 이 글을 쓰는 것 자체가 지난 내 삶을 부정하는 것만큼이나 괴로웠다.

하지만 그만큼 내가 디지털을 맹목적으로 신뢰할수록 잃는 것들이 많았다. 그게 무엇인지 파헤쳐보고 싶었다. 그리고 철저하게 반성하는 마음으로 커뮤니티에 글을 올렸다. 그 결과 그동안 쓴 글 중 가장 격렬한 반응이 있었다. 찬반 논란도 있었지만 많은 분이 공감했다. 혹시라도 그림을 목적으로 아이패드를 사려는 사람이 있다면 이 글을 한번쯤은 읽게 해 주었으면 좋겠다.

만능의 애플 펜슬

애플은 2015년 아이패드 프로를 공개했다. 그전에도 아이패드는 있었지만, 아이패드 프로에는 '애플 펜슬'이 있었다. 사실 태블릿PC에서 스타일러스(디지털 펜)로 그림을 그릴 수 있는 건 흔한 기능이었다. 하지만 애플에서 최초로 그림을 그릴 수 있는 스타일러스인 애플 펜슬이 나왔을 때 반응은 대단했다. 그림 그리는 유튜버들은 경쟁적으로 '아이패드로 그리기' 강좌를 올리기 시작했고 많은 사람들이 디지털 페인팅에 관심을 갖기 시작했다.

특히 아이패드 프로와 애플 펜슬이 세상에 나오면서 그림을 그리지 않는 사람들조차 '나도 아이패드와 애플 펜슬이 있으면 잘 그릴 수 있겠지'라고 생각하는 사람들이 많아졌다. 나도 마찬가지였다. 유명 유튜버처럼 화려한 그리기를 꿈꾸며 새로운 아이패드를 구입했다. 이전에도 아이패드를 사용하고 있었고, 한때는 아이패드로 모든 창작 활동을 대체할 수 있을 거라고 생각했다. 일기나 메모도 당연히 아이패드로 기록했고 책도 전자책 위주로 읽었다. 애플 펜슬을 이용하면서부터는 앞으로는 미술 영역도 디지털이 대체할 수 있을 거라고 확신했다.

한동안 모든 사소한 기록과 그리기는 모두 아이패드와 애플 펜슬을 이용했다. 종이에 불편하게 무언가를 남기는 행위 자체가 굉장히 비효율적이라 생각했고, 디지털이야말로 가장 공간을 절약하고 내 삶을 깔끔하게 만들어줄 수 있다고 생각했다.

그야말로 아이패드의 출현은 책상 위의 혁명이자 생활의 단순함, 미니멀리즘의 상징이었다. 예전에 종이와 메모장으로 가득한 책상은 비효율적이고 지저분하고 산만한 공간이었다면 아이패드는 모든 것을 정리해주고 오직 창작에만 집중할 수 있도록 해준다고 생각했다. 특히 애플 펜슬의 탄생으로 간단한 메모뿐만 아니라 디지털 그림까지 그릴 수 있게 해주니 그야말로 만능이라 할 수 있었다.

디지털 페인팅은 완벽했다

디지털 그리기는 완벽에 가까웠다. 먼저 그림을 무제한으로 확대할 수 있었다. 기존의 연필과 펜은 최대한 가는 것을 선택해도 한계가 있었지만 디지털 세계에서는 그저 브러시 크기를 줄이고 그림을 확대하면 얼마든지 섬세한 그리기가 가능했다. 또 무제한 되돌리기(undo) 기능을 통해 언제든지 실수를 지울 수 있었다. 종이 위에서 실수하면 안 된다고 마음 졸이던 날들은 추억이 되었다.

수십, 수백 개의 브러시도 있었다. 다음 그림처럼 탱크를 그릴 때 만약 연필이었다면 '어떻게 철판 질감을 줄 수 있을까'라고 고민했을 테지만, '프로크리에이트' 앱에서는 금속 관련 브러시가 따로 있었기 때문에 고민할 필요가 없었다.

이제 종이는 구시대의 상징이 되었다. 조금 과장해서 말하면 '종이는 구 인류가 사용하던 섬유질을 뭉쳐 얇게 편 기록 장치'라 생각했다. 애플 펜슬을 통해 단지 몇 번의 터치로 종이의 색상, 재질을 바꾸고 수십 개의 브러시를 사용할 수 있었다. 그에 비해 종이는 번거롭다. 검색도 되지 않고 장마철이 되면 눅눅해진다. 행여나 잃어버리면 정보는 사라진다. 하지만 아이패드는 클라우드로 관리되고 있어서 삭제하지 않는 한 없어지지 않는다.

그래서 언젠가부터 '그림을 그리고 싶다 → 아이패드와 애플 펜슬 구입'이라는 공식이 생긴 것 같다. 종이에 크로키를 그리며

아이패드로 그린 게임 속 탱크.

이야기하던 100만 구독자를 보유한 유튜버도 어느 순간 아이패드 언박싱 영상과 디지털 드로잉 강좌를 시작했다. 주변의 그리기에 관심 없던 사람들도 아이패드로 그림을 그리고 싶다고 말하기 시작했다. 현재 온라인 교육 사이트의 디지털 드로잉 강좌 대부분이 아이패드를 사용한다.

그림을 그리려고 아이패드를 구매한 사람들을 만나봤다. 놀랍게도 그리기를 계속하는 사람은 거의 없었다. 애플 펜슬은 메모의 용도로 사용할 뿐 그림을 그리려던 초반의 열정은 사라져 있었다.

사람들은 패드에 대한 만족감은 크지만 그림에 대한 창작 욕구는 사라졌다고 말했다. 그림으로 생계를 유지하는 사람을 제외하고 아이패드는 보통 스마트폰처럼 인터넷, 유튜브, 넷플릭스 머신으로 변했다. 애플 펜슬을 유튜브 재생 바를 좀 더 세밀하게 터치하는 데 쓰고 있다고 말하는 지인도 있었다.

죄책감에 휩싸이다

미안한 감정이 들었다. 내가 디지털 드로잉을 하는 모습을 보며 "이거 얼마에요? 이게 있으면 그림을 그렇게 잘 그릴 수 있나요?"라고 사람들이 물어볼 때마다 아이패드를 전도(?)했기 때문이다. 정작 나 자신도 이제는 아이패드로 그림을 거의 그리지 않는다. 아이들 미술 교사로서 한때는 아이들에게까지 아이패드를 주면서 그리기를 권했던 내가 지금은 철저히 '종이에 그리기'를 하고 있다. 확대도 되지 않고 수정도 어렵고, 붓도 종류별로 사야 하고 종이도 용도에 따라 구입해야 하는 불편함에도, 지금 나는 종이에 그림을 그린다.

여전히 사람들은 나에게 "아이패드로 그림 그리려면 몇 인치 모델이 좋아요?"라고 물어본다. 그럴 때마다 이제 나는 '종이에 그림을 먼저 그리는 습관을 들이면 좋다. 그림에 재미를 붙이고 필요하면 구입하는 걸 권한다'고 조심스레 말한다. 대부분은 표정이 뚱하다. 듣고 싶은 대답이 아니기 때문이다. 결국 새로 산 아이패드를 보며 축하해주고 나중에는 남이 그리는 영상만 보는 지인을 볼 때마다 뭔가 안 좋은 기분이 든다.

분명 정답은 없다. 아이패드는 당연히 그리기에 도움이 될 수도 있고, 반대로 유튜브 머신으로 전락할 수도 있다. 내 이야기를 읽으며 한번 되돌아보는 계기가 되었으면 좋겠다.

연필과 종이의
불꽃 튀는 만남

앞에서도 이야기했지만 나는 한때 디지털 기기 추종자였다. 생활에서 모든 종이를 없애겠다고 마음먹은 적이 있었다. 북 스캐너를 사고 재단기를 구입했다. 모든 책을 재단해서 PDF 파일로 저장한 후 아이패드로 읽었다. 메모를 포함한 모든 글을 에버노트에 작성했다. 완벽한 디지털 라이프를 위해 아이패드로 대부분의 드로잉 작업을 했다.

심지어 화실을 다닐 때도 다른 분들은 유화, 아크릴로 그리는 동안 혼자서 아이패드로 디지털 드로잉을 하기도 했다. 그만큼 디지털 작업에 대한 열망과 의욕이 넘쳤다. 하지만 하면 할수록 내부에서 서서히 즐거움이 사라져갔다. 마치 활활 타오르던 촛불이 산소가 부족해지면서 점점 작아지듯, 내면의 즐거움이 조금씩 희미해지기 시작했다. 아이패드는 점차 인터넷, 유튜브, 넷플릭스 머신으로 변해갔다. 그러던 어느 날, 우연한 만남으로 디지털 생활은 전혀 다른 방향으로 흘러가기 시작했다.

첫 번째 만남, 구글 스타트업 서울 캠퍼스

한때 모임 공간이 필요해 여기저기 알아보던 적이 있었다. 우연히 구글에서 모임 공간을 무료로 제공하는 걸 알았다. 삼성역 부근에 있는 '구글 캠퍼스 서울'에서는 가입만 해도 무료로 공간을 제공받을 수 있었다. 회원가입을 하자 방문 기념으로 직원이 봉투 하나를 건네주었다.

봉투에는 스타터 키트라 적혀 있었고 안에는 스케치북과 삼각형 몸통의 파버카스텔 연필이 있었다. 처음에는 코웃음이 나왔다. 전 세계 모든 디지털의 성지라 할 수 있는 구글에서 주는 게 아날로그의 상징인 연필을 준다는 것 자체가 아이러니했다. 몇 년 만에 만져보는 연필인지 느낌이 새로웠다. 삼각형 몸통에는 검은 돌기가 있어 재미있었다. 아무 생각 없이 흰 종이에 선을 그었다.

찌릿.

어두운 머릿속에서 무언가 불꽃이 터졌다.

무슨 일이지?

뇌에 신선한 감각이 전해졌다. 조금 더 그렸다. 선을 긋고 몇 글자를 끄적였다. 연필과 종이의 마찰력이 생생하게 느껴졌다. 심지어 마찰로 인한 소리까지 생생하게 느껴졌다. 마찰은 곧 진동으로 변환되고 뇌에 하나의 전기신호로 전달되었다.

그 뒤로 십여 분간 '정신 나간 듯이' 종이에 끄적였다. 갑자기 머릿속에서 폭포수 같은 아이디어들이 끊임없이 터져 나오기 시작했다. 글씨가 아닌 기쁨의 흔적들 같았다. 오랜만에 무언가를 창조하고 있다는 생각이 들었다. 연필심이 닳아 둥글게 될 때까지 쓰고 또 썼다.

그때 깨달았다. 아무런 재미를 못 느끼는 나에게 필요한 건 마찰력이었다. 정확히 말하면 뇌에 전달되는 새로운 진동이자 신호였다.

마찰은 진동으로, 진동은 신호로 변환된다

우리는 삶 속에서 수많은 마찰과 함께한다. 일어나 옷을 입고 길을 걷고 손잡이를 돌려 문을 열고 컵을 집어 물을 따라 마신다. 이 모든 것에 마찰력이 작용한다. 유리컵을 집을 때와 스테인리스 컵을 집을 때 느낌이 다르다. 카펫 위를 걸을 때와 대리석 바닥을 걸을 때의 느낌도 다르다. 눈을 감고 우리가 물건의 차이를 구분할 수 있는 이유는 마찰, 곧 몸에 전달되는 진동과 신호가 다르가 때문이다. 뇌에서는 이 모든 것이 다양한 신호로 입력된다.

뇌는 우리 머릿속 어두컴컴한 곳에 있다. 빛도 소리도 감지할 수 없다. 우리 몸의 왕좌의 자리에 앉아 있지만 혼자서는 외부 세상을 알 수 없다. 마치 어둠 속에 존재하는 전설의 마왕처럼 지시를 내릴 뿐이다. 지시를 받은 훌륭한 신하들(신체 기관들)은 세상의 온갖 정보를 수집해 뇌에게 바친다. 이때 뇌가 이해할 수 있도록 자극을 전기신호로 변환해야 한다. 모든 자극이 전기신호의 패턴으로 변환됨으로써 뇌는 빛과 소리, 맛 등을 구별할 수 있다.[1]

왕좌에 앉아 있는 뇌는 신하들이 바친 각종 전기신호들을 맛본다. 은근히 까다로운 입맛을 가진 뇌는 익숙한 신호들(일상의 모습, 소음들)은 그대로 넘겨버린다. 하지만 새로운 신호는 뇌에게 자극과 영향을 준다. 그 결과 뇌 속 신경회로는 좀 더 조밀해진다. 저장되어 있던 다른 기억과도 연결시키고 새롭게 회로들을 재구축한다. 그렇게 창의성이 탄생한다.

창의성 하면 마치 무에서 유를 창조한 것처럼 생각한다. 『에디톨로지』의 저자 김정운 교수는 "창조는 애초에 신만이 가능한 일이다. 우리의 창조는 그저 기존 것을 편집한 결과물이다."라고 말한다. 창조란 새로운 것을 만드는 것이 아니라 일상을 다른 눈으로 바라보고 다양한 사건과 기억들을 결합한 결과일 뿐이다. 다양한 경로로 자극할수록 뇌는 편집할 거리가 많아진다. 창의력이 풍부하다는 것은 결국 편집할 재료가 많다는 뜻이다.

뇌는 다양한 신호를 원한다. 몇 년 만에 연필을 사용했을 때 뇌는 강렬한 자극을 느꼈다. 액정 유리판에 애플 펜슬의 플라스틱 팁(tip)으로 0에 가까운 마찰 신호를 받고 있던 뇌에게 모스 굳기 경도계 기준 '1'에 해당하는 흑연의 마찰은 너무나 감동적이었다. 이후에 나는 펜, 매직, 마커, 색연필 등의 도구부터 일반 복사용지, 200g의 수채화 전용지, 심지어 사포까지 철저히 '나에게 얼마나 마찰 자극을 주는가'라는 기준에 맞춰서 그림 재료를 선택하기 시작했다. 그리고 재미있는 사실을 깨달았다. 바로 생각의 종류에 따라 종이의 종류도 달라야 한다는 점이다.

마찰이 뇌에게 주는
선물

　우리가 무언가를 그리거나 쓰기 위해 연필을 집어 든다고 해보자. 먼저 손을 움직여 연필을 집는다. 손가락에는 등고선과도 같은 지문이 존재한다. 마루(튀어나온 부분)와 골(들어간 부분)이 있다. 손가락이 연필에 닿는 순간 마루가 먼저 접촉한다.

　뇌는 순간적으로 연필의 재질(나무)을 파악한다. 가볍고 부드러운 질감이다. 지문을 구성하는 각질층이 땀샘에 의해 촉촉이 젖는다. 연필에 닿는 지문의 면적이 자연스럽게 늘어난다. 이때 마찰력이 증가한다.

　이제 종이를 준비한다. 자세히 관찰하면 종이는 식물의 섬유가 서로 얽혀 있다. 용도에 따라 더 두꺼워지기도 하고 어떤 제품은 고급스럽게 미세한 돌가루 코팅이 되어 있기도 하다. 이제 선을

다양한 종이, 다양한 필기구가 부딪히는 순간 다양한 마찰이 발생하며 이 미묘한 마찰의 차이가 뇌에 자극을 준다.

그어보자.

슥. 사각사각.

사람마다 쥐는 힘과 누르는 힘이 다르다. 연필 끝에 있는 흑연이 섬유질과 맞닿으면서 조금씩 깎여나가기 시작한다. 강하게 누르는 사람은 더 빨리 깎여나가고 더 넓은 면적에 흑연이 묻어난다. 섬유질의 엉킴 위에 흑연이 지나가면서 고유의 '마찰'이 발생한다. 또 종이에 따라서도 마찰력은 달라진다. 거친 섬유질을 가진 종이에서는 더 많은 마찰이 발생하며, 부드러운 코팅 종이에서는 미끄럽게 흘러간다.

흑연은 계속 깎여나간다. 점점 끝이 뭉툭해진다. 뭉툭해질수록 점점 더 흑연의 흔적은 굵어진다. 이전과는 다른 마찰이 생긴다. 진동도 달라진다. 처음에는 사각사각거리는 가볍고 경쾌한 느낌이라면, 뭉툭해질수록 부드럽지만 뭔가 둔한 것 같다. 어떤 사람들은 이 느낌이 싫어 수시로 연필을 깎거나 샤프를 이용하기도 한다.

이번엔 펜으로 적어보자. 흑연 가루가 아닌 잉크가 섬유질에 스며들기 시작한다.

연필과는 다른 마찰이 느껴진다. 종이와 펜 끝의 부딪힘에서 연필의 부드러운 느낌보다 뭔가 거칠고 날카로운 느낌이 전해져 온다. 연필처럼 사용할수록 뭉툭해지면서 느껴지는 변화는 없다. 항상 날카로운 느낌을 유지한다. 이 예리한 느낌 때문에 펜을 고집하는 사람이 많다. 세밀화를 그릴 때 펜화가 많은 이유도 이런 날카로운 느낌과 그림 속의 세밀함이 서로 일치하기 때문이다.

이번에는 브러시로 바꿔보자.

힘을 주면 선의 굵기가 달라진다. 손의 힘에 따라 가늘거나 두껍게 선을 그을 수 있다. 강하게 누를수록 더 강한 마찰력을 느낀다. 잉크는 섬유질 종이 속으로 스며든다. 흰 종이와 빨간 잉크가 강한 대비를 이룬다. 심지어 이 글을 보는 스크린에서는 도저히 구현 못 할 디테일한 선과 날카로움을 볼 수 있다.

그렇다면 이번에는 애플 펜슬을 사용해보자.

1세대 애플 펜슬은 코팅된 둥근 본체에 무게는 20그램으로 다소 묵직하다. 일반 연필이 5그램인 걸 감안하면 꽤 무거운 편이다. 펜슬의 끝은 플라스틱으로 되어 있고 내부에는 리튬이온 전지가 있다. 이제 스크린에 대고 그려보자. 초당 240번의 경이적인 속도로 애플 펜슬과 터치스크린은 서로의 위치를 파악한다. 기울기도 인식하기 때문에 기울이면 자동으로 선이 굵어진다.

흰 스크린에 묻는 것은 흑연이나 잉크가 아니다. 우리 눈에는 보이지 않는 전기신호가 전달되어 나타나는 것이다. 신호에 있는 정보를 토대로 스크린 속 픽셀은 자신의 색을 바꾼다. 내가 빠르게 펜슬을 움직이면 그에 따라 스크린 속 픽셀도 궤적을 따라 움직인다. 심지어 브러시를 바꾸면 연필뿐만 아니라 크레용, 페인트 붓으로 교체할 수 있으며, 색깔도 단 한 번의 터치로 즉시 바꿀 수 있다. 구현할 수 있는 색의 종류는 이론상 수백만 가지다. 수채화의 물 번짐 효과도 실감 나게 표현할 수 있다. 이쯤 되면 애플 펜슬은 혁신이자 만능처럼 느껴진다.

하지만 한 가지 문제가 있다.

애플 펜슬의 어떤 브러시를 사용해도 모두 마찰력이 느껴지지 않는다. 유리판에 플라스틱 팁을 긁는 것은 연필이나 펜과 비교하면 미약한 마찰만이 느껴질 뿐이다.

뇌는 혼돈에 빠진다. 분명 눈으로 보이는 시각적 표현은 화려하고 실제 같다. 연필, 목탄, 유화, 심지어 스프레이 등 다양한 궤적이 스크린에 나타나지만, 손에서 전달되는 마찰력은 모두 동일하다. 미끄러운 유리판을 긁는 정도의 마찰력이 뇌에 입력된다. 종이는 내가 힘을 준 만큼 입력되고 마찰력은 진동으로 전환되어 뇌에 돌아온다. 하지만 유리판으로는 내가 힘을 준다 한들 훨씬 적은 진동이 전해져온다. 그에 반해 화면에 표시되는 화려한 텍스처는 이질적으로 느껴질 정도다.

시각적 데이터와 손에서 입력되는 데이터 사이에 심각한 괴리가 발생한다. 뇌는 이렇게 생각한다.

어째서 이렇게 적은 에너지로 커다란 붓질을 할 수 있는 거지?

기존의 아날로그 필기도구에는 각각의 고유한 마찰력이 있다. 연필은 사용하면서 거친 마찰력에서 점차 부드러운 마찰로 변한다. 또 펜은 지속적으로 거친 마찰력이 느껴진다. 그 외 만년필, 샤프펜슬, 붓 등 모두 각각의 마찰력이 있다. 거기에 대응하는 시각 데이터는 뇌에 안정감을 준다.

식사로 치면 다양해 보이는 음식들이 있다. 하지만 모두 동일한 식감이라는 게 문제다.

시각에 몰빵(?)한 현대의 스마트폰

이제 '손'에 대해 생각해보자.

조금 징그러울 수도 있지만 다음 그림은 신체 대뇌피질에서 담당하는 비율에 따라 그려놓은 사람이다. 일명 '호문클루스'[2]라고 부르는 이 모형은 각각의 신체기관이 뇌와 얼마나 관련 있는지 알려준다. 손은 대뇌피질의 많은 부분을 차지한다. 그만큼 손에 대한 감각이 중요하다. 인간이 만지고 구부리고 접고 긁고 돌리고 잡아당기는 모든 행위는 손이 있기에 가능하다. 손 덕분에 인간은 다른 유인원과 다르게 정교한 도구를 다룰 수 있었고 눈부신 문명도 이룩할 수 있었다. 현재의 문명은 손에서 시작했다고 해도 과언이 아니다.

핸드폰의 과거와 현재를 돌이켜보면 무엇이 가장 큰 차이일까? 당연히 스크린의 크기가 압도적으로 커졌다. 마치 대뇌피질에서 손의 비율이 제일 큰 것처럼, 스마트폰에서는 스크린이 대부분을 차지한다. 과거의 폰을 보면 인간의 다양한 감각을 배려한 디자인이 많았다. 돌려서 작동하거나 접거나 펴는 등 다양한 물리적인 버튼들이 있었다. 시각뿐만 아니라 손으로 느껴지는 감각도 다양했다.

하지만 현재는 대부분 얼마나 많은 정보를 보여주느냐가 관건이다. 즉, 스크린에 모든 기능과 작동 방식을 몰아넣다 보니 다른 감각은 배제된 채 오로지 시각 정보에만 집중할 수밖에 없다. 마치 입력의 편식과도 같다.

그리기는 단순한 시각 자극 활동이 아니다. 아이들을 대상으로 수업을 하다 보면 그리기가 단지 시각적 활동이 아니라는 걸 깨닫는다. 매직을 사용하든 크레용을 사용하든 물감을 사용하든, 우리는 손으로 쥐고 종이나 박스, 신문지 위에 다양한 마찰을 경험한다. 때로는 손에 물감이 묻고 친구에게 장난삼아 묻히기도 한다. 어떤 아이는 매직의 진하고 선명한 발색을 좋아해서 한 시간 내내 매직으로 작품을 칠하기도 한다.

어떤 아이는 물감이 주는 부드러운 느낌과 섞이는 효과를 좋아해 온갖 색을 팔레트에 짜서 계속 섞어본다. 연필은 가벼움과 무거움 모두 표현할 수 있다. 고학년일수록 뾰족하게 깎아서 세밀하고 가볍게 표현하고 저학년일수록 강한 선을 긋는다. 지우개는 어떤가? 흰 종이 위의 연필 자국을 박박 지우고 다시 그린다. 이런 과정이 단순히 시각 자극 활동이라고 말할 수 있을까?

절대 그렇지 않다. 그리기는 결과물 자체만 놓고 보면 시각적 표현이지만 그 과정은 냄새와 온도, 다양한 촉각을 동반한 공감각적인 경험이다. 하지만 패드에 그림을 그리는 건 시각에만 의존하는 편협한 과정이다.

거대한 평붓으로 그었을 때의 압력과 마찰력이 배제된 채, 몇 번의 터치만으로 평붓 효과를 낸다는 것은 뇌를 놀리는 것과 같다. 이건 감각의 사기이자 오히려 창조성을 저해하는 일이다. 뇌의 입장에서 스크린에 그림을 그리는 행위는 처음에는 시각적 흥미가 생길지는 몰라도 계속되는 동일한 자극은 쉽게 피곤함을 느낀다. 결국 뇌는 피로를 느끼고 지루함을 호소한다.

동일한 자극은 재미가 없어진다는 것을 의미한다

뇌는 보기보다 냉철하다. 재미는 뇌가 계속해서 같은 행위를 반복하게 하는 원동력이자 창조의 근원이다. 재미를 느끼면 뇌 속에서 도파민과 엔돌핀을 생성하고 보상회로를 만들어 그 작업을 반복하게 하고 능숙하게 만든다.

하지만 재미가 없으면 뇌는 철저하게 해당 항목을 삭제한다. 행동은커녕 나중에 기억조차 나지 않게 한다. 우리 주변에 사놓고 먼지만 쌓인 물건들이 생기는 이유다.

빨래 건조대로 변한 러닝머신, 라면 받침대로 변한 책, 소파 아래에 들어가 있는 아령들, 유튜브 머신으로 변한 아이패드 등 이 모든 것들이 뇌가 재미를 느끼지 못해 배제한 것들이다. 재미는 하나의 감각뿐만 아니라 다양한 감각의 입력들이 조화로울 때 발생한다. 패드에 그림을 그리는 것은 그림을 처음 접하는 사람에게는 오히려 위험할 수도 있다. 취미라는 동기에는 재미라는 연료가 필요하다. 눈덩이를 크게 하려면 계속 눈 위에서 굴려야 하듯이, 재미를 가지려면 다양한 감각이 수반되어야 한다.

그렇다면 그리기를 시작하려는 사람과 재미를 잃은 사람들은 어떻게 하면 좋을까? 이제 내가 지난 3년간 재미를 되찾기 위해 실천했던 방법을 소개할 차례다.

글쓰기에
커넥트하다

우연히 사은품으로 받은 종이와 연필, 그리고 몇 년 만에 느껴 보는 짜릿함.

이후에 메모의 방식이 바뀌었다. 이전에는 아이패드에 모든 것을 기록했다면 이제는 아이패드의 메모장이 아닌 진짜 메모장에 기록하기 시작했다. 먼지만 쌓여 있던 빈 노트들을 찾았다. 며칠 동안이나 정신없이 생각들을 써 내려갔다. 어느 날은 고민을 적기도 하고 또 어떤 날은 아이디어를 기록했다. 문득 신기한 현상을 경험했다. 마음의 상태에 따라 맞는 종이와 필기구가 있다는 걸 깨달은 것이다.

연필로는 개인적인 고민을 적기에 적합했다. 그리고 약간은 거친 도화지 느낌의 종이, 좀 더 정확히 말하면 150그램 이상의 종이가 고민을 적기에 딱 적당했다. (종이 무게 150그램, 70그램 등은 종이의 가로세로 1미터 넓이의 무게를 말한다. 보통 이 평량에 따라 종이의 재질이나 두께가 달라진다.) 아이디어의 경우 몰스킨처럼 약간 누런색의 종이에 살짝 뒤가 비치는 70그램의 종이가 좋았다. 이런 식으로 각각의 필기구와 종이가 주는 마찰력을 경험했다. 그리고 이렇게 결론을 내렸다.

거친 생각은 거친 종이에, 부드러운 생각은 부드러운 종이에 적어야 한다.

첩보 영화를 보면 리더와 동료들이 어떻게 목표물을 얻을 수 있을까 고민한다. 그때 홀로 생각에 빠진 리더가 갑자기 "좋은 아이디어가 떠올랐어"라며 마커를 집어 든다. 그리고 유리창에 정신없이 무언가를 적는다. 동료들은 어리둥절하며 리더를 바라본다. 리더는 혼자서 중얼대며 확신에 찬 목소리로 말한다.

"어때? 좋은 생각이지?"

이때 만약 동료들 앞에서 커다란 유리창이 아닌 노트에 메모해 보여준다면 어떨까? 아마 노트를 펼쳐 보여주다가 복사해서 나눠줘야 했을지도 모른다.

어둠 속에 있을 때는 가장 단순한 것이 최고의 계획이다. 최선의 방안은 폭넓게 생각하는 것, 일필휘지로 죽 긋는 것이다. 경영자 제이슨 프라이드(Jason Fried)와 데이비드 하이네마이어 한손(David Heinemeier Hansson)이 설명하듯이,[3] 더 먼 미래의 상황까지 브레인스토밍할 필요가 있다면 더 굵은 펜을 사용해 일필휘지로 단순화하는 것이 탁월한 전략이 된다.

한 번도 해보지 않은 일에 대한 계획이나 새로운 아이디어를 적을 때는 마커처럼 굵고 단순한 필기도구에 유리판이나 화이트보드처럼 미끄러운 소재의 종이가 좋다. 뇌가 거침없이 생각들을 토해내기 적합하기 때문이다. 흔히 아이디어 발상법으로 널리 활용되는 방법 중에 브레인스토밍이 있다. 이때 중요한 규칙은 상대방의 아이디어를 부정하지 않는 것이다. 말이 안 되고 허황된 것이라도 일단 거침없는 아이디어를 내뱉는 게 중요하다. 상대방의 부정적인 평가를 받을 때 아이디어는 멈춘다. 많은 회사에서 회의 때 화이트보드, 투명 아크릴, 유리 등을 사용하는 이유다. 막힘없는 생각들을 풀어놓고 아크릴 보드 뒤까지 보일 정도로 명료한 아이디어가 필요하기 때문이다. 큰 뼈대를 세우기에 안성맞춤이다.

마커의 역할도 중요하다. 굵은 선이 주는 간결함은 많은 사람들에게 시각적 경쾌함과 자극을 준다. 회의할 때 화이트보드에 가느다란 펜으로 글씨나 도표를 그리지는 않는다. 많은 사람들에게 자극을 주기 위해서는 마커처럼 굵고 대비가 뚜렷한 색으로 그려야 한다. 무엇보다 마커로는 세밀하게 그리거나 글씨를 많이 적지 못한다. 저절로 필요한 단어나 간단한 숫자, 그래프의 선만 그리게 된다. 빠르게 정보를 전달할 수 있는 것이다.

무엇보다 마커의 매력은 언제든지 쉽게, 흔적도 없이 지울 수 있다는 점이다. 연필은 지워도 종이에 자국이 남아 있다. 마치 비밀 파일을 삭제해도 삭제 기록이 남아 있는 불편함과 같다. 마커는 한번에 말끔하게 지울 수 있다. 다양한 생각들을 쉽게 쓰고 빠르게 지울 수 있다. 부담이 없다. 브레인스토밍에 딱 어울리는 도구다. '아니면 말고' 정도의 부담감으로 쉽게 아이디어를 공유할 수 있다.

여담으로 그리기를 두려워하거나 낮은 연령대의 아이들에게는 연필보다는 보드마커가 좋다. 수업 때 아이들을 보면 사람을 그릴 때 대충 '졸라맨'으로 그린다. 하지만 연필이나 네임펜으로 그리는 것과 두꺼운 병매직이나 마커로 그리는 것은 결과물 자체가 다르다. 두꺼운 선으로 졸라맨을 그리면 훨씬 더 역동적일 뿐만 아니라 굵은 선으로 자신감을 더해주기 때문에 아이들도 더 많이 그리려고 한다.

이번에는 반대로 거친 생각과 세밀함이 요구되는 생각들을 알아보자. 관계에 대한 고민, 미래에 대한 불안감, 선택의 기로 등 수많은 생각들이 있다. 해결책이 나올 것 같지 않고 누구에게도 말할 수 없는 생각들 말이다. 이럴 때 어울리는 필기구와 종이는 무엇일까?

깊은 생각은 빠르게 써 내려가면 안 된다. 괴로움을 토해내기에는 부드러운 종이가 좋지 않을까 생각할 수도 있지만, 막상 써보면 부드러운 종이보다는 어느 정도 거칠고 꾹꾹 눌러써도 찢어지지 않는 종이가 효과적이다.

글을 쓸 때 자신의 모습을 관찰해보자. 앞서 말한 마커의 경우 잉크와 코팅된 미끄러운 면 위를 자유롭게 써 내려간다. '아니면 말고' 식의 부담 없는 생각과 어울리기 때문이다. 반대로 개인적인 고민, 깊은 사고에서는 빠르게 답을 내는 게 목적이 아니다. 사고의 속도와 손의 속도가 서로 맞아야 한다.

예를 들어 미래에 대해 걱정될 때 내가 할 수 있는 일들을 적어본다고 하자. 글자를 통해 이미지와 의미들이 떠오른다. 감정에 따라 누르는 힘이 달라진다. 당연히 분노나 긴장을 불러일으키는 생각들은 훨씬 힘을 주고 종이에 써 내려간다. 생각은 점점 많아지고 손은 연필(또는 펜)과 종이의 마찰로 점점 힘들어진다. 머리는 지치지 않고 고민을 계속하지만 손은 지쳐간다. 손이 이제 힘들다고 뇌에게 신호를 보낸다. 이제 뇌는 깨닫는다.

'이제부턴 필요한 것만 써야겠다.'

적절한 마찰에서 깊은 생각이 나온다

마찰이 강할수록 손의 피로도는 높아진다. 결국 뇌는 필요한 것만 쓰기로 한다. 모든 고민이나 생각을 적으면 손이 연필조차 쥘 수 없기 때문이다. 이제부터 뇌는 놀라운 일을 시작한다. 정보를 압축하기 시작하고, 한 글자 한 글자에 이전보다 많은 정보를 싣기 시작한다. 한 단어에도 많은 생각을 담는다. 남들이 보기에 단순한 단어들이라도 글쓴이에게는 수많은 생각이 담겨 있다.

군이 문장으로 쓸 필요도 없어진다. 종이의 이곳저곳에 자유롭게 단어를 적거나 몇 가지 단어에 밑줄을 치거나 동그라미로 표시를 한다. 결국 뇌는 적절한 해답을 찾아낸다. 이는 새로운 아이디어일 수도 있고 새로운 마음가짐일 수도 있다. 정보의 압축을 통해 글자가 갖고 있는 시각적 부담감을 최소화하고 수많은 생각을 노트 위에 펼쳐놓았기 때문에 가능한 일이다.

수없이 감옥에 갇히면서도 안중근 의사는 글쓰기를 멈추지 않았다. 나라의 독립을 위해 매 순간 고민하며 자신의 의지를 담아낸 「장부가」에는 글씨 하나에도 결연한 의지가 보인다.

1977년 8월 15일 미국 오하이오주립대 연구진은 궁수자리에서 오는 신호를 전파망원경 '빅 이어(Big Ear)'를 통해 듣고 있었다. 그러다 72초간 비정상적인 강한 전파를 받고서 너무나 흥분한 나머지 붉은 펜으로 신호에 동그라미를 치고 옆에 'WOW'라는 세 글자를 적었다.[4] 훗날 외계인이 보낸 전파일지도 모른다고 해서 '와우 시그널'이라는 별명이 붙었다. 단순한 세 단어에 불과하지만 새로운 문명과의 만남에 대한 흥분이 담겨 있다.

이제 조금씩 이야기가 이해될 것이다. 우리가 글을 쓸 때 생각을 그대로 옮겨 담는다는 건 착각이다. 생각이 아무리 많고 좋은 아이디어가 있어도 글로 표현하는 것은 또 다른 변환 작업이 필요하다. 변환 작업에는 물리적인 동작이 필요하다. 그 과정에서 우리의 생각들은 마찰로 인해 사라진다.

발전소에서 생산한 전기는 가정까지 오는 데 무려 40퍼센트가 열 손실로 사라진다고 한다. 우리의 생각도 마찬가지다. 머릿속에서 쏟아지는 수많은 생각은 연필에서 종이를 거치면서 사라지거나 변한다. 이 과정은 절대 피할 수 없다. 반대로 타이핑을 하면 힘이 덜 들기 때문에 더 많은 생각을 적을 순 있을 것이다. 하지만 중요한 건 내 생각을 표현하면서 해답을 찾는 것이다. 주절주절 수많은 생각을 적는다 한들 의미를 찾지 못하면 아무런 쓸모가 없다. 오히려 필터링 작업이 필요하다. 필터링 과정에서 정보의 압축과 선별이 가능해진다. 이 과정에 깊숙이 개입하는 것이 바로 마찰력이다.

모든 생각을 적으려면 화이트보드처럼 코팅이 된 매체가 적합하다. 종이로는 70~100그램 정도의 중성지가 적당하다. 하지만 좀 더 깊은 고민을 하려면 150그램 이상의 종이가 적합하다. 여기에 맞는 필기구로는 마커를 비롯해 연필, 펜 등 다양하다. 또 펜의 두께도 다양하다. 0.3밀리미터부터 1.5밀리미터까지 자신에게 맞는 마찰력에 따라 고르면 된다.

2000년 초반까지만 해도 디지털 기기들로 인해 종이와 필기구 산업은 내리막길을 갈 것으로 예측했다. 하지만 놀랍게도 매년 아날로그 문구 시장은 계속 성장하고 있다. 국내 문구 시장 규모는 대략 4조 원으로, 2000년대 초 3조 원보다 1조가 더 늘었다고 한다. 아날로그 감성에 대한 향수 때문이라고도 하지만 개인적으로는 여전히 존재하는 마찰력에 대한 욕구라고 생각한다. 직접 연필을 쥐고 종이에 글을 쓰거나 컬러링을 하면서 색을 칠하는 행위 모두 마찰력을 충족해 주는 작업이다. 말 그대로 손이 근질근질한 시대에 아날로그 문구는 스트레스 해소뿐만 아니라 새로운 창조의 도구가 된 것이다.

또한 적절한 마찰력은 깊은 집중력을 만들어낸다. 스마트폰과 책을 비교해보자. 스마트폰은 무엇이든 할 수 있다. 덕분에 깊이 집중하기도 전에 조금만 흥미가 떨어져도 다른 콘텐츠로 넘어간다. 상단에 메신저 알람이 뜨는 즉시 확인하고, 친구와 메신저 대화를 나누는 사이 내가 무엇을 하고 있는지조차 잊어버린다.

한 가지에 깊이 집중하는 건 불가능에 가깝다. 그에 비해 책은 한 개 콘텐츠가 한 권이라는 물리적인 형태를 갖고 있다. 그사이 다른 일은 할 수 없다. 로딩 과정도 필요 없고 펼치는 즉시 콘텐츠를 접할 수 있다. 여기에 독서에는 책장을 넘기고 종이를 접고 필기를 하는 물리적인 동작이 필요하다. 물리적인 동작은 마찰력을 일으킨다. 머릿속에 떠오르는 수많은 잡생각들은 페이지를 넘기고 접고 필기하는 과정에서 사라진다. 실제로 책을 볼 때 다리를 떨거나 책을 접거나 하는 행위는 뇌가 집중하기 위한 과정이라고 한다. 미세 근육을 반복적으로 움직여 뇌를 활성화하는 것뿐만 아니라 불필요한 생각들을 제거하는 과정이라는 것이다.

결론은 이렇다.

부드러운 생각은 부드러운 종이에, 거친 생각은 거친 종이에 쓰도록 하자. 그리고 마찰력을 마음껏 즐기자. 불필요한 생각들을 불살라버리는 마찰력을 통해 더 깊은 의식의 세계로 빠져보자.

그리기에
커넥트하다

사람은 배가 고프면 음식을 찾는다. 다이어트 중이라면 유튜브 먹방이나 인스타 맛집 인증에 더 많이 끌린다. 일에 지친 사람에게는 여행지의 풍경이 그렇게 자유롭고 아름다워 보일 수가 없다.

어느 날, 우연히 카페에서 사람들이 그림을 그리는 모습을 봤다. 테이블 위에는 색연필과 지우개, 연필깎이가 널브러져 있었다.

사각사각사각.

연필깎이를 돌리는 소리, 선을 긋는 소리가 유난히 크게 들렸다. 그 당시 배가 고픈 것도 아니고 여행이 고픈 것도 아니었다. 어쩌면 부지런히 연필을 깎고 종이에 무언가를 그리는 행위 자체가 고팠던 것 같았다. 보통은 그냥 지나쳤겠지만 나도 모르게 "어떻게 신청하나요?"라고 대뜸 물어봤다.

그렇게 식물 세밀화를 만났다. 디지털 중독자였던 나에게 세밀화는 완벽히 반대편에 있는 아날로그 세계였다.

첫 시간 준비물은 단순히 연필과 종이로 어떤 디지털 기기도 필요하지 않았다. 아이패드를 충전하기 위한 전원 어댑터도 필요 없고 종이의 질감을 위한 액정 필름이나 애플 펜슬도 필요 없었다. 그저 얇은 종이와 연필, 색연필이 전부였다. 처음 한 일은 선 연습이었는데, 필압 연습을 하면서 손힘에 따른 선 굵기의 변화를 관찰했다.

물론 아이패드에서도 선 연습을 할 수 있다. 하지만 내가 실제로 '선을 긋는다'라는 느낌이 부족했다. 어디까지나 계산된 움직임으로만 느껴졌다. 무엇보다 필압이 256단계, 혹은 그 이상이라 하더라도 연필이 주는 다양성에 비해 턱없이 부족하다. 사람들은 1세대 기준 12만 9,000원짜리 애플 펜슬의 성능에 많은 기대를 한다. 9밀리세컨드(1000분의 1초)의 지연 속도, 각도에 따른 다양한 기울기 표현, 초당 240회의 스캔 횟수. 하지만 400원짜리 연필의 필압을 경험하고 나서는 헛웃음이 나왔다. 적절한 마찰력, 실시간으로 변화하는 선의 굵기 변화는 연필이 압도적이었다.

여기서 잠시 선 연습에 대해 알아보자.

선 연습은 초심자에게 미술을 증오하게 만드는 커리큘럼 중 하나이다. 특히 참을성 없는 학생 때 미술을 멀리하게 된 계기가 이젤 앞의 지루한 선 연습이었다. 그래서 아이들에게도 선 연습보다는 자연스럽게 그리는 걸 추천하고 있다. 하지만 미술을 가르치다 보니 선 연습은 꼭 필요한 과정임을 뒤늦게 깨달았다. 그림을 잘 그리고 못 그리는 사람의 차이는 선에 있다 해도 과언이 아니다. 음식에도 '손맛'이 있듯이 그림에도 '선맛'이라는 게 존재한다. 자신의 그림이 뭔가 밋밋하거나 별로라고 생각하면 많은 경우 선이 문제다.

사실 선은 면이라고 생각해야 한다. 선이란 개념은 우리 머릿속에만 존재한다. 실제로 연필이나 펜, 도구에 따라 선도 얼마든지 면이 된다. 굵은 병매직으로 그린 직선과 네임펜으로 그린 직선을 보면 굵은 면과 얇은 면이라고 보는 것이 미술적인 관점이다. 그림에 소질이 있는 아이들을 보면 어릴 때부터 이러한 차이를 깨닫는다.

예를 들어 물개를 그린 그림을 보면 다른 곳보다 유난히 등 부분의 선이 굵다. 다른 곳보다 굵은 선을 사용해 살이 접힌 걸 표현했다. 만약 필압의 영향을 받지 않는 볼펜이나 사인펜이었다면 접힌 부분은 여러 번 선을 긋거나 격자무늬로 명암을 넣어야 했을 것이다. 선 연습을 많이 하면 빠르고 간편하게 명암을 표현할 수 있다.

문제는 아이패드에서는 선 연습이 쉽지 않다는 점이다. 현재 애플은 펜슬이 몇 단계의 필압을 제공하는지 공개하지 않고 있다. 대부분 256단계 이상일 거라고 추측할 뿐이다. 미끄러운 유리판에 펜슬의 플라스틱 촉으로 지그시 눌러봐도 생각보다 다양한 굵기가 나오지 않는다. 처음에는 256단계 정도면 충분히 내가

선의 자유로운 굵기 조절이 곧 드로잉의 실력이다. 현재까지는 아날로그 도구가 힘 조절이 가장 수월하다.

원하는 선 굵기를 표현할 수 있을 거라고 생각했다. 하지만 직접 패드와 종이에 실험해보니 크게 달랐다.

결과물을 비교해보자.

프로크리에이트 앱에서는 선을 그리는 것 자체는 문제가 없다. 하지만 깊이 있는 선을 표현하는 데에는 종이의 압승이다. 다음 그림에서 위쪽 사진에 동그라미 친 부분이 약하게 힘을 준 곳이다. 브러시의 알고리즘이나 설정값 문제일 수도 있는데, 시작할 때는 가늘게 표현할 수 있지만, 선을 끝낼 때는 가늘게 표현하는 것이 쉽지 않았다. 그러나 연필의 경우는 처음과 끝 모두 쉽게 가는 선을 그릴 수 있었다. 가는 선과 두꺼운 선을 모두 잘 표현할

왼쪽은 디지털 연필이고 오른쪽은 아날로그 연필이다. 한눈에 봐도 선 굵기의 차이가 드러난다. 아날로그 연필 쪽이 훨씬 다양한 굵기를 보여줄 수 있다.

수 있다는 건 그만큼 풍부한 표현을 할 수 있다는 뜻이다.

　다음은 아이패드와 아날로그 도구의 차이점을 그래프로 나타낸 것이다. 아이패드의 경우 손힘이 아닌 애플 펜슬의 성능에 달려 있다. 아무리 힘을 준다 한들 프로그램이 설정한 두께로밖에 그리지 못한다. 반대로 종이의 경우 손힘에 따라 표현이 가능하다. 아이패드의 경우 펜 성능에 따라 256단계만 존재하지만, 종이의 경우 그리기 연습량에 따라 얼마든지 다양한 굵기의 선을 그

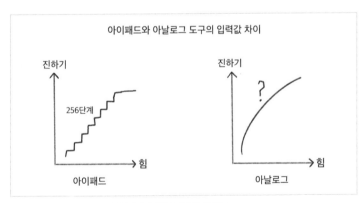

아이패드와 아날로그 도구의 입력값 차이를 나타낸 그래프.

릴 수 있다. 결국 선 연습을 하거나 그림을 그릴 때 자유롭게 표현이 가능한 것은 종이와 연필이라는 뜻이다.

뇌에게 필요한 건 피드백이다

또 중요한 차이점은 마찰력이다. 거듭 강조하지만, 단순히 힘을 많이 주어서 진한 선을 그을 수 있다는 이야기가 아니다. 선 연습을 하는 이유는 손의 힘에 따라 다양한 굵기의 선을 긋기 위해서다. 그러기 위해서는 피드백(feedback, 되돌림)이 필수적이다.

뇌에는 피드백 회로가 존재한다.[5] 일명 '되먹임 회로'라고 하는데 한 가지 신호를 다시 되돌려서 강하게 증폭시키는 역할을 한다. 우리가 어떤 것을 곰곰이 생각할 때 그것에만 집중할 수 있는 이유도 피드백 회로가 있기 때문이다. 아이패드의 경우 단지 시각적인 피드백만 존재한다. 종이의 경우 시각과 마찰력, 두 가지 피드백을 뇌에 보낸다.

결국 실시간으로 손힘을 조절할 수 있는 훈련은 종이와 연필이 훨씬 효과적이라는 뜻이다. 그렇다면 아이패드를 사용하지 말아야 할까? 그렇지는 않다. 그림을 그리고 싶어서 아이패드를 구입했는데 재미가 없다면 '손맛'이 사라졌기 때문일 것이고, 그 이유는 마찰력 때문이라는 말을 하는 것이다. 그렇기에 아이패드로 그리기 전에 선 연습은 꼭 종이에 하는 걸 권하고 싶다.

우리는 흔히 시간을 아끼기 위해 편리한 디지털을 선호한다. 하지만 아날로그가 더 효율적인 경우도 있다. 종이와 연필로 훈련이 되어야 더 빨리 필압과 손힘을 조절할 수 있다.

우리의 손은 단순한 집게가 아니다. 손에는 신경과 근육이 있고 혈관을 통해 피가 흐르고 있다. 이 과정에서 미세한 떨림이 발생한다. 사람마다 느끼는 떨림이 다르다. 그 떨림에서 나오는 선도 사람마다 다르다. 하지만 애플 펜슬은 그 떨림을 256단계로 나눌 뿐이다. 연필과 종이는 다르다. 솔직하게 그 사람의 떨림을 받아들이고 그대로 표현한다. 나는 그 솔직함을 먼저 경험하는 것이 그림에 재미를 붙이는 첫 단계라고 확신한다.

아무것도 그리지
못하는 사람들

만약 똑같은 하루를 반복할 수 있다면 어떨까? 어느 날 잠에서 깨어나 평소처럼 학교나 회사에 간다. 뭔가 이상하다. 모든 것이 어제와 똑같은 일들이 반복된다. 데자뷰가 아니라 정말로 모든 것이 어제와 같다. 날짜도 같고 만나는 사람의 기억도 어제와 동일하다. 어리둥절한 채로 자고 일어나도 모든 게 어제와 똑같이 반복된다. 내가 무슨 일을 하든지 하루가 지나면 어제와 같은 곳에서 모든 게 동일하게 시작된다.

처음에는 하고 싶은 걸 실컷 할 것이다. 감정이 쌓여 있는 사람에게 속 시원하게 말하거나 반대로 관심 있던 이성에게 고백할 수도 있을 것이다. 사회적 틀을 벗어난 행동도 마음껏 하고 사이코패스처럼 잔혹한 범죄를 저지를 수도 있다.

영화 〈사랑의 블랙홀〉에서 주인공은 무려 1만 년이나 같은 시공간에 갇혀버린다. 오만방자하고 자기중심적이었던 주인공은 신나게 악행을 벌인다. 은행을 털거나 처음 만난 사람을 꾀어(이미 수십 번 말을 걸어서 취향을 알아내고) 원나잇을 하기도 한다. 도박을 하면서 돈을 따고 소매치기도 해본다. 그야말로 하고 싶었던 모든 것을 해본다. 하지만 다음 날이 되면 원래 모든 것이 원래 자리로 돌아간다. 주인공은 서서히 모든 것에 흥미를 잃어간다. 급기야 자살을 시도하지만 눈을 뜨면 어김없이 똑같은 장소, 시간에 일어난다.

처음 생각해보면 굉장히 재미있을 것 같다. 하지만 1만 년이라는 구체적인 숫자를 보면 절대로 그렇게 말할 수 없을 것이다. 수십, 수백 번 좋아하는 음식을 먹거나 음악을 들을 순 있어도 1만 년이라면 얘기가 달라진다. 영화 속 주인공처럼 모든 것에 완벽히 흥미를 잃고 절망만 남을 것이다. 그야말로 지옥이다.

하지만 자세히 보면 지금 우리의 어느 세계와 너무나 비슷하다. 끊임없이 반복되는 세상, 어떠한 손실도 없이 버튼 하나로 바로 이전 상황으로 되돌릴 수 있는 세상, 바로 디지털 세계이다. 글을 쓰거나 그림을 그릴 때, '되돌리기(ctrl+z)' 하나로 모든 걸 이전으로 되돌릴 수 있다. 이 버튼으로 우리는 어떠한 실수도 만회할 수 있고 언제든 새롭게 시작할 수 있다.

디지털 드로잉의 가장 큰 장점이 되돌리기 기능이다. 현실에서는 선 하나 잘못 긋거나 색을 엉뚱한 데 칠하면 몇 시간, 며칠의 수고가 날아가버린다. 그러나 디지털 세계에서는 아무런 일도 아니다. 아이패드의 프로크리에이트 앱으로 그림을 그릴 때는 그저 두 손가락으로 터치만 하면 이전으로 되돌아간다.

영화에서 주인공은 어떤 실수를 저질러도 다음 날이면 모든 것이 되돌아가 있다. 그러다 보니 어떠한 일도 거리낌 없이 시도한다. 반복을 통해 지식을 쌓고, 마스터하는 데 몇 년이 걸린다는 라흐마니노프의 곡도 연주할 수 있다. 어찌 보면 신과도 같다.

디지털 세계에서 우리는 종종 비슷한 경험을 한다. 글을 쓸 때도 자유롭게 써보고 지우고, 그림도 이것저것 그리다가 다시 원래대로 돌려버린다. 하지만 현실은 다르다. 노트에 글을 쓰다가 틀렸을 때 자신도 모르게 키보드의 ctrl과 z의 위치로 손가락이 이동한다. 하지만 아무런 일도 일어나지 않는다.

물론 현실에도 되돌리기의 기능을 갖는 도구가 있다. 지우개로 틀린 글씨를 지우거나 수정액으로 글자 위를 덮어버리면 된다. 하지만 대부분 흔적이 남는다. 지우개로 지울수록 종이는 점점 손상되고 찢어진다. 수정액도 여드름처럼 튀어나온다. 그리기를 처음 하는 사람들을 보면 강박적으로 지우개를 사용한다. 특히 잘 그리고 싶을수록 선이 짧아지고 계속해서 지우기를 반복한다.

아이들 수업을 보면 여실히 드러난다. 저학년 아이들은 아무렇지도 않게 자유로운 선을 구사하며 자신이 좋아하는 아이언맨을 그린다. 도구도 매직이나 색연필 등 아무것에도 구애받지 않는다. 하지만 고학년으로 갈수록 점차 샤프를 선호한다. 세밀하게 그릴 수 있고 쉽게 지울 수 있기 때문이다. 하지만 선은 짧아지고 그림은 작아진다. 아이언맨의 복잡한 선들을 하나하나 그리다 보면 팔이나 가슴의 아크 원자로를 그리고선 지쳐버린다. 책상에는 산처럼 쌓인 지우개 가루만 남을 뿐이다.

아이패드나 디지털 드로잉을 하는 이유 중 하나가 바로 수정 기능이다. 잘못 그려도 얼마든지 다시 깨끗한 캔버스로 돌아온다. 색을 여러 번 바꿔보고 브러시가 마음에 안 들면 바꾸면 된다. 그야말로 무한히 되돌릴 수 있다. 〈사랑의 블랙홀〉 주인공은 적어도 하루가 지나야 모든 것이 원상복귀되지만, 디지털 세계는 우리가 실수한 즉시, 순식간에 되돌릴 수 있다.

되돌리기가 우리를 한 발자국도 움직이지 못하게 한다

지우개를 사용하면 점점 더 그릴 수 없게 된다. 수정할 때마다 그림이 더 나아지면 좋겠지만 계속 마음에 들지 않는 부분들이 보이기 때문이다. 특히 고학년일수록 자존심이 강해지고 눈높이도 높아지기 때문에 지우개를 더 많이 사용하고, 포기하는 비율도 높다. 성인도 마찬가지다. 나 역시 세밀화를 배우면서 지우개를 수십 번씩 사용하며 그렸다.

디지털 세계로 넘어오면 이 증상이 심해진다. 지우개는 적어도 5~10초 이상의 지우는 시간이 필요하고 힘이 든다. 종이도 상하기 때문에 횟수에도 한계가 있다. 하지만 디지털 세계에서는 원본의 손상 없이 무제한 즉시 수정이 가능하다. 내가 원하는 만큼 되돌릴 수 있다. 하지만 계속 되돌릴 뿐 앞으로 한 발자국도 나아가지 못한다. 끊임없이 수정하면서 '이게 아닌데'라고 자책하는 횟수가 늘어난다. 왜 그럴까?

수정할수록 완벽에 대한 기대가 높아지기 때문이다. 이는 선택의 역설(The Paradox of Choice)과도 같다. 배리 슈워츠(Barry Schwartz) 교수의 『선택의 심리학』에서는 선택의 가짓수가 많을수록 사람들은 불행해질 가능성이 높다고 한다. '여러 가지 가능성에서 더 나은 선택을 할 수 있었다'라는 마음 때문에 자신의 선택에 대한 만족도가 낮아지는 것이다. 디지털 세계에서는 이러한 현상이 심해진다. 수백 가지 상품 앞에서 선택의 즐거움 대신 초조함과 피로함을 호소하는 일이 더 많아진다.

그리기도 마찬가지다. 수정의 가능성이 늘어날수록 내가 그린 그림에 대한 만족도가 낮아진다. 만약 종이에 볼펜으로 그려야 한다면, 즉 수정 가능성이 아예 없다면 어떨까? 어쩔 수 없이 실수를 인정하고 그릴 것이다. 아이들도 못 고친다는 것을 받아들이면 실수한 부분도 작품으로 인정하고 계속 그린다. 하지만 디지털로 그리기 시작하면 실수는 없어진다. 하지만 그만큼 계속해서 '이게 맞나?' '이렇게 그려도 되나?'라는 생각으로 더 이상 그리지 못한다. 더 수정하면 훨씬 완벽하게 그릴 수 있다고 생각하기 때문이다.

문제는 현실의 시간은 그대로 흘러가는데 우리의 정신과 육체는 점차 피곤해진다는 점이다. 무제한의 선택이 가능한 만큼 우리의 뇌는 엄청난 에너지를 소모한다. '이제 그만할까? 아니면 한 번 더 수정할까?'라는 고민을 할 때 뇌 측좌핵의 도파민계 신경 세포가 활성화된다. 우리 뇌는 도파민을 무제한으로 수용할 수 없다. 결국 'ctrl+z'를 반복하다 보면 뇌는 도파민을 더 이상 흡수하지 못한다.

무제한 수정이 가능하다는 것은 결국 무제한으로 도파민을 소모케 한다. 결국 아무것도 할 수 없게 만든다. 특히 디지털 드로잉의 되돌리기 기능은 그리는 재미를 점차 사라지게 한다. 머릿속이 '더 멋지게 고칠 수 있는데'라는 생각으로 가득 찬다. 결과적으로 시간도 오래 걸리고, 지치고, 나중에는 그림에 대한 만족도도 떨어진다. 특히 화려한 그래픽이나 인기 있는 작품을 보고서 시작한 초보자일수록 이런 현상은 심해진다. 호기롭게 아이패드를 구입했지만 어느 순간 그림은커녕 애플 펜슬의 배터리가 방전될 때까지 필통 속에 넣어두게 된다.

수정 불가 + 시간 제한 = 관찰력 향상

다시 내 수업으로 돌아가보자. 아이들을 가르치는 선생님으로서 이럴 때 어떤 조치를 내렸을까? 간단하다. 샤프 대신 굵은 매직과 큰 종이로 바꿨다. 지우개는 되도록 사용하지 않도록 권유했다. 커다란 흰 도화지에 굵은 매직이 주는 강렬한 대비, 한 번 틀리면 종이를 버려야 하는 부담감이 오히려 아이에게 유익할 때가 있다.

실수에 대한 부담감 때문에 지우개나 디지털 드로잉을 하는 사람들에겐 억지스럽게 보일 수 있다. 하지만 앞서 말했듯이 중요한 건 '정보의 압축'이다. 흰 도화지와 매직이 주는 마찰력과 시각적 대비, 실수하면 다시 그려야 한다는 부담감은 정보를 압축하게 만든다. 여기에 시간까지 제한하면 훨씬 효과가 극대화된다.

예를 들어 무언가를 보고 그린다고 할 때 자유롭게 시간을 주는 것보다는 5분 정도로 제한하는 게 훨씬 집중할 수 있게 해준다. 지우개를 없애고 시간 제한을 두면 그때부터 눈이 빠르게 움직이기 시작한다. 긴장하며 물체와 물체 사이의 간격을 계산한다. 마감 시간의 효과는 만화가뿐만 아니라 일반인에게도 유효하다.

제한 시간은 뇌를 빨리 움직이게 한다. 일명 데드라인 효과(Deadline Effect)라고 하는데, 제한 시간을 주지 않으면 오히려 결과물이 나온은 속도도 늦춰지고 질도 떨어진다는 것이다. 시간이 많으면 그림이 더 지저분해진다. 수많은 생각들이 자잘한 선으로 표현되기 때문이다. 생각이 많으면 행동이 산만해지듯이 그림도 복잡해진다. 시간 제한은 지우개만큼이나 중요한 도구이다.

제한된 시간의 작품, 크로키

크로키의 큰 장점은 짧은 시간에 빠르게 그리기 때문에 완성도에 대한 부담이 낮다는 점이다. 전체적인 형태, 동작의 움직임을 파악하는 것이 목적이기 때문에 세부적인 표현은 생략해도 좋다. 마치 트위터와 비슷하다. 글자 수가 280자로(처음에는 140자였다) 제한되었기에 자신의 짧은 생각을 부담 없이 표현할 수 있다. '280자 제한' 덕분에 많은 사람들이 생각을 압축하고 아무런 부담 없이 말할 수 있다.

마찬가지로 크로키는 그리기 자체에 대한 부담을 최소화할 수

관찰력을 키우고 드로잉을 즐길 수 있는 크로키.

있다. 세밀화를 배우면서는 끊임없는 수정 압박으로 그리기에 대한 부담이 많았다. 하지만 인물, 동물, 식물 등 다양한 그림을 3분, 5분 내에 그리는 크로키를 그리면서 그리기에 대한 부담도 줄어들고 관찰력도 키울 수 있었다. 그래서 나는 노트에 4B 이상의 진한 연필로 크로키를 하는 걸 강력하게 추천한다.

어디에서도 알려주지 않는
그리기 방법

일반적인 그리기 방법은 이미 인터넷이나 책으로 충분히 나와 있다. 여기에서는 생각의 전환을 끌어올 통찰을 줄 수 있는 나름의 노하우를 소개하려고 한다.

그림을 그릴 때 저학년과 고학년의 차이를 아는가?

유치원이나 초등학교 저학년 아이들은 아무것도 보지 않고 그저 머릿속에 있는 것을 그린다. 그러다 보니 지우지 않는다. 비교할 대상이 없기 때문이다. 머릿속에 있는 다양한 캐릭터, 이야기를 그려내기 바쁘다.

하지만 고학년(성인 포함)은 다르다. 샤프와 지우개를 원한다. 무언가 보고 그릴 게 필요하다. 스마트폰이든 출력한 이미지든 뭐든 보고 그려야 한다. 앞서 말한 것처럼 조금 그리다 고치고 조금 그리다 고치고를 반복하며 끝없이 수정한다. 결국 지친 나머지 자신은 그리기에 재능이 없다고 탄식한다.

어느 날 아이들을 관찰하면서 중요한 차이점을 발견했다. 특히 이는 나도 자연스럽게 이용하고 있는 방법이었다. 하지만 세밀화를 가르쳐주는 선생님은 내 모습을 보고 성인 중 이렇게 그리는 사람은 처음 봤다고 했다. 과연 무엇일까?

바로 그림을 돌려가며 그리는 것이다!

처음 카페에서 세밀화를 배울 때 오랜만에 아날로그 도구들로 그리는 거라 굉장히 즐거웠다. 그러다 보니 고개를 숙여 그림에 파묻힐 듯이 그렸다. 그런 와중에 종이를 계속 테이블 위에서 돌렸다. 이 모습을 본 선생님이 신기해하며 이렇게 말했다.

"그렇게 그리는 사람은 별로 없어요. 대부분 고정된 자세에서 그리려고 하죠."

그림을 그리기 위해 종이를 돌리는 건 내게 당연했다. 아이들을 많이 봐와서 생긴 습관일 수도 있다. 수업 때 저학년 아이들은 절대 경직된 자세로 그리지 않는다. 종이를 돌리거나 몸을 움직여가며 그린다. 하지만 고학년이 되면서 점차 경직된 자세로 그린다. 마치 문제집을 풀 때처럼 부동자세로 앉아 그린다. 왜일까? 내 어린 시절이 떠올랐다.

저학년과 고학년은 쓰는 종이가 다르다

잠시 학교 책상을 보도록 하자. 대부분 학교 책상의 크기는 450×650밀리미터이다. 종이로 치면 A2(420×594밀리미터)보다 조금 큰 정도다. 우리가 어릴 적 사용하던 8절 도화지, 켄트지의 크기는 272×394mm이다. 도화지를 세로로 배치해도 충분히 공간이 남는다. 즉 종이를 돌려가며 자유롭게 그림을 그려도 괜찮다는 의미이다. 하지만 다음 사진처럼 고학년들이 사용하는 4절 도화지(394×545밀리미터)는 주변에 연필과 붓을 놓기에도 아슬아슬하다. 그러니 종이는 고정된 채로 두고 몸을 맞춰야 한다. 수업 때도 고학년 아이들일수록 몸을 고정하고 그리는 친구들이 대부분이었다.

또 저학년의 경우 종이가 비스듬하게 놓여 있다. 그림을 그리

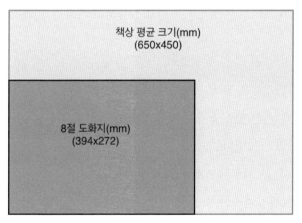

책상과 종이 크기 비교

면서 자유롭게 종이를 자신의 몸에 맞추기 때문이다. 반면 고학년의 경우 종이는 최대한 책상과 동일한 선상에 있다. 왜 이런 차이가 발생하는 걸까? 그리고 어느 것이 더 자연스러울까?

굳이 말하지 않아도 저학년 아이들의 자세가 훨씬 자연스럽다는 것을 알 것이다. 고학년의 자세는 잘 그려야 한다는 부담감으로 인한 잦은 지우개질과 함께 다소 긴장감이 역력하다. 학년이 올라갈수록 아이들은 자유롭게 그림을 그리지 않는다. 정확히는 그림을 그릴 시간이 없다. 중학교, 고등학교를 거치면서 전공학생을 제외한 나머지 학생들은 미술에 대한 반감, 두려움을 갖고 성인이 된다. 그리고 나는 그 이면에 자유롭게 배치되지 못한 종이에 문제가 있다고 생각한다.

종이를 자유롭게 돌려가며 그려라

이번엔 우리 몸을 살펴보자. 보통 팔을 움직여 그림을 그린다. 그때 자연스러운 팔의 각도는 얼마나 될까?

책상을 기준으로 종이가 대략 30~40도 정도 기울었을 때 편안하게 그림을 그린다는 것을 알 수 있다.

우리 몸은 기본적으로 안으로 굽는 구조이다. 마치 컴퍼스처럼 팔은 팔꿈치라는 축을 중심으로 회전한다. 이때 가장 편안하게 그림을 그리거나 글을 쓸 수 있다. 단순한 사실이지만 많은 사

편안하게 그림을 그릴 수 있는 팔의 각도는 약 30~40도이다.

람들이 이 점을 깨닫지 못한다. 그래서 나는 아이들에게 종이를 편한 방향으로 돌리라고 말한다. 처음에는 무슨 소린가 하다가도 한번 편하게 그려보면 "아하!"라고 깨닫는다. 그림을 잘 그리고 못 그리고는 재능 이전에 우리 자세의 문제일 수도 있다.

나는 이렇게 권하고 싶다.

"무조건 손의 방향에 맞춰서 종이를 돌리세요. 우리의 손은 컴퍼스와 같습니다."

아날로그 드로잉에
커넥트하다

아날로그 드로잉의 가장 큰 장점은 '마찰'이다. 누구는 필기감이라고 하고 또 누군가는 손맛이라고도 하지만 의미는 같다. 연필, 볼펜, 사인펜, 매직 등 도구에 따른 다양한 마찰력이 뇌에 자극을 준다. 단순히 시각적인 자극뿐만 아니라 손으로 전달되는 마찰, 미세한 진동은 뇌가 좀 더 창의적인 생각을 할 수 있도록 돕는 역할을 한다.

내 이야기를 오해하지 말기 바란다. 나는 디지털을 배척하자는 게 절대로 아니다. 디지털의 장점과 아날로그의 장점을 최대한 수용해 창의력을 발휘하자는 게 내 이야기의 핵심이다. 예를 들어 아이패드는 화면 분할 기능을 이용해 그리고자 하는 사진을 띄워놓고 바로 그릴 수도 있고, 좁은 공간에서 무한한 확대/축소를 통해 자유롭게 그릴 수 있다. 또 클라우드 공간에 저장해 데이터 손실 염려도 줄어든다. 아날로그가 가지고 있는 단점을 깔끔하게 극복한 것이다. 다만 마찰력에 관해서는 여전히 아날로그가 압도적으로 풍부하다. 이제 디지털과 아날로그는 서로의 단점을 극복하며 장점을 극대화하는 전쟁을 벌이는 중이다.

디지털은 마찰을, 아날로그는 공유를 탐한다

현재 펜 태블릿 시장의 최강자는 와콤(wacom)이다. 전 세계 80퍼센트의 점유율을 가지고 있으며 국내에서도 디자이너, 웹툰 작가, 일러스트레이터 등 전문 분야에서 독보적인 점유율을 보이고 있다.

와콤 쇼핑몰을 보면 재미있는 상품을 볼 수 있다. 먼저 디지털 펜에 들어가는 펜 심의 종류가 많다. 부드러운 심, 굵은 심, 볼펜과 같이 나오는 심, 펠트 재질의 심 등 다양하다.

화면에 표시되는 그림은 똑같은데 심을 다르게 한 이유는 무엇일까? 바로 마찰력의 차이를 강조하기 위해서다. 가느다란 심은 세밀하게 표현할 때와 같은 마찰력을, 천으로 된 심은 일반 플라스틱보다 조금 더 종이 같은 질감을 느끼게 해준다.

아이패드나 태블릿의 액정에 붙이는 '종이 질감'을 내게 하는 필름도 있다. 액정 필름 표면에 미세한 돌기를 형성해 사각거리는 소리를 만들고 마찰을 느끼게 해주는 제품이다. 반대로 액정이 아닌 애플 펜슬 자체에 커버를 씌우는 제품도 있다.

여기서 말하는 필기감은 바로 마찰력을 말한다. 이렇게 디지털 진영에서는 부족한 마찰력을 계속해서 탐하는 것을 볼 수 있다.

이번엔 아날로그 진영을 살펴보자. 아날로그의 가장 큰 장점은 마찰이다. 하지만 마찰이 곧 단점이 될 수 있다. 예를 들어 종이에 '충분한 마찰'을 이용해서 글을 썼다고 해보자. 세상에서 단 하나뿐인 원고이다. 친구와 이 글을 공유하려면 어떻게 해야 할까?

① 다시 새 종이에 똑같은 글을 쓰거나 타이핑해서 공유한다.
② 글을 쓴 종이를 그대로 촬영해 공유한다.

①의 경우는 상당한 노력이 필요하다. 반복적인 작업이 되고 양이 많아질수록 체력 소모가 심하다. ②의 경우는 카메라의 화질, 촬영 환경의 영향, 수정의 불가피함이라는 단점이 있다. 디지털의 세계에서는 공유 버튼만 누르면 될 일이 아날로그에서는 한두 번의 과정을 더 거쳐야 하는 셈이다.

아날로그 스타일 다이어리로 유명한 몰스킨에서는 디지털 노트 앱인 에버노트와 협력해 페이퍼 태블릿 시리즈를 출시했다. 스마트펜(아날로그 펜촉)을 이용해 에버노트에 기록하면 그대로 에버노트에서 수정할 수 있는 그림으로 저장된다. 추후에 간편하게 공유할 수 있고 모든 글씨나 그림은 따로 수정할 수도 있다.

그 외에도 스캐너 어플을 통해 아날로그의 단점인 공유기능을 간편하게 해주는 앱들이 계속 나오고 있다.

하지만 개인적으로는 여전히 최고의 메모, 그리기는 아날로그라 생각한다. 가장 큰 이유는 '즉시성'이다. 창의적인 아이디어나 번뜩 스치는 생각을 기록하기에는 디지털 기기는 너무나 느리고, 수많은 앱들의 알람 덕분에 유혹에 빠질 확률이 너무나 높다.

반대로 노트는 조용하다. 그저 펼치기만 하면 어제 끄적였던 낙서가 그대로 있다. 물론 스마트폰에도 일정 시간 알람이나 인터넷을 막아주는 앱이 있다. 하지만 미봉책에 불과하다. 이미 우리 마음은 내 손 안의 패드가 무엇이든 할 수 있다고 믿고 있기 때문이다. 반면에 노트를 들고 있으면 패드만큼의 기대를 하지 않는다. 애초에 노트로는 그리고 쓰는 것 외엔 아무것도 할 수 없기 때문이다. 결국 노트를 사용할 때 우리는 좀 더 집중할 수 있다.

그래서 나는 반드시 종이에 3색 볼펜으로 1차 스케치를 진행한다. 가장 효과적이고 효율적인 방법이다. 연필은 잘 사용하지 않는다. 지우개라는 수정의 유혹이 있기 때문이다. 중요한 부분은 붉은색으로 처리하고 명암은 해칭(격자무늬)으로 해결한다.

글과 그림은 똑같다, 둘 다 사용하라

더 자유롭게 메모하는 방법을 알려주겠다. 가장 먼저 해야 할 일은 글자와 그림의 차이를 두지 않는 것이다. 〈EBS 걸작 다큐멘터리-문자〉에는 우리가 알고 있는 글자들의 기원을 찾아가는 내용이 나온다. 상형문자도, 한문도 모두 그림에서 시작했다. 문자가 존재하기 이전에 그림이 먼저 존재한 것이다. 현재 우리가 사용하는 글자도 결국 그림과 같다고 할 수 있다. 우리가 전혀 모르는 글(예: 아랍어)을 쓸 때 삐뚤삐뚤 쓰는 이유는 그것이 우리에겐 글자가 아닌 그림이기 때문이다.

중요한 내용은 글자와 함께 그림을 그리면 더 오래 기억한다. 이제 나는 그림과 글을 서로 뒤섞어 메모한다. 완성된 메모는 스캐너 앱을 통해 디지털로 보관한다. 여기서 중요한 사실을 깨달았다. 기록하기 위해, 공부하기 위해 문자와 그림을 동시에 사용하면서 비약적으로 향상된 것이 있다. 다음 장에서는 그것을 말해보도록 하겠다.

10장

기억력과 집중력을
키우는 최고의 방법

DISCONNECT

스마트폰이 기억력과 집중력을
갉아먹는다

스마트폰은 우리의 삶을 혁신적으로 바꿔주었다. 일상에서 기다려야 했던 일들이 실시간으로 가능하게 됐다. 문제는 우리가 디지털 세계의 속도를 따라가지 못한다는 것이다. 정확히 말하면 디지털 세계와 아날로그로 되어 있는 우리 현실 세계, 그리고 피가 흐르고 살아 있는 우리 몸은 서로 속도의 격차가 벌어져 있고 그 격차는 앞으로 더 심해질 것이다.

누군가는 이렇게 반문할지 모른다.

"그럼 다시 스마트폰을 버리고 옛날로 돌아가란 말인가요?"

절대로 그렇지 않다. 단지 스마트폰을 온전한 도구로 사용할 수 있을 만큼 우리가 지금보다 더 똑똑해져야 한다고 말하는 것이다. 예를 들어 망치가 있다고 해보자. 망치의 역할은 간단하다.

못을 이용해서 두 개의 물체를 단단하게 고정할 수 있게 만들거나 물체를 부수거나 평평하게 펼 때 사용한다. 우리는 망치를 철저히 도구로 사용하며, 적재적소에 활용한다. 하지만 만약에 망치를 들고 밥을 먹거나 잠을 자는 사람이 있으면 어떨까? 어느 날은 망치에 흠집이 났다고 속상해하거나 어떤 날에는 망치를 깜빡하고 집에 두고 왔다고 안절부절못하는 사람이 있다면 어떻게 생각할까?

지금 우리의 모습은 이와 비슷하다. 물론 스마트폰은 망치보다 훨씬 기능도 많고 삶에 더 많은 도움을 준다. 하지만 지금 우리는 삶의 모든 분야에 과도하게 스마트폰을 적용하려고 한다. 뇌의 많은 부분을 스마트폰에 의존하려고 한다.

그러다 보니 우리는 스마트폰에 점점 더 많은 기능을 원하기 시작했다. 마치 망치를 좋아하는 사람이 망치로 밥도 먹고 싶어 하고 망치를 베고 잠들고 싶어 하는 것처럼 말이다. 결국 수많은 회사들은 광고를 미끼로 사용자들의 시간과 의식을 빼앗기 시작했다. 이제 우리는 수많은 시간을 온라인에 투자하고 있다. 새로운 시장이 만들어진 만큼 내 현실도 그만큼 사라졌다.

사실 이 흐름은 막을 수 없다고 생각한다. 나중에는 우리의 몸속에 컴퓨터를 심는 날이 올 것이다. 분명 지금보다 더 빠르고 정확한 정보를 얻을 수 있을 것이며, 삶은 지금과는 완전히 달라질 것이다. 지금 스마트폰의 형태는 과도기라 생각한다. 광고에 자꾸 의식을 빼앗기고 작은 화면을 들여다보느라 시력도 희생하고 있다. 하지만 지금 스마트폰을 사용하면서 가장 크게 피해를 입는 건 기억력과 집중력이다.

기억은 미래를 시뮬레이션하게 해준다

예전에는 무언가를 기억하려면 여러 번 읽어보고 메모해야 했다. 지금은 간단히 사진으로 남겨둔다. 사진을 찍음으로써 내 것이 되었다고 생각한다. 문제는 사진을 찍은 사실조차 잊어버린다는 것이다. 심지어 '내가 이걸 언제 찍었지?' 하는 생각도 든다. 사진뿐만이 아니다. 이전에는 당연히 기억했던 가족, 친구, 애인의 전화번호도 외우는 사람이 줄어들고 있다. 일명 '디지털 치매' 현상이다. 「중앙일보」에서 2017년에 성인남녀 700명을 대상으로 조사한 결과 절반에 가까운 49.1퍼센트의 사람들이 친구나 가족의 번호를 기억하지 못한다고 한다. 지금은 훨씬 심각할 것이다.

학창 시절 암기과목은 누구에게나 골치 아픈 추억이다. 암기하는 건 그만큼 힘들고 체력 소모도 심하다. 고등학교 때 영어 과외를 했었는데, 과외 선생님이 가르쳐준 비법 덕분에 항상 영어 점수만큼은 90~100점이었다. 비결은 바로 교과서를 통째로 외워버리는 것이었다. 교과서 본문을 통째로 외워버리고 시험을 보면, 대부분 본문에서 파생된 단어가 나오기 때문이다. 처음에는 외우는 게 힘들었지만 그 효과가 워낙 크다 보니 계속해서 외우는 연습을 했다. 하지만 외우는 고통(?)이 너무나 컸기에 대학교에 가서는 암기를 혐오하게 되었다. 게다가 디지털 기기를 많이 활용하면서 컴퓨터에 저장하면 나중에 얼마든지 검색해서 찾을 수 있을 거라고 생각했기에 '암기'는 내 삶에서 더 이상 만나지 않아도 된다고 생각했다.

하지만 연극 동아리를 하면서 다시 '암기'를 만나게 되었다. 연극의 길이는 대략 1시간~1시간 30분 정도이다. A4 40장 분량을 외워야 했다. 심지어 주연 배우를 맡았기 때문에 대본 전체를 외워야 했다. 연극을 조금이라도 해본 사람은 알겠지만 내 것만 외워서는 안 된다. 상대방의 대사도 외우고 있어야 설령 실수하더라도 바로잡을 수 있기 때문이다. 내 것으로 만들려면 울면서 외울 수밖에 없었다.

그리고 신기한 일이 일어났다. 대본을 외울수록 연극의 모든 상황이 머릿속에서 구현되기 시작했다. 눈을 감으면 자유자재로 무대 공간을 만들어내고 배우들을 불러내 나만의 연극을 할 수 있었다. 연극 한 편이 이미 내 안에서 공연되고 있었다. 더 나아가 '이러면 더 좋을 텐데'라고 생각하면서 새로운 동선이나 소품을 건의할 수도 있었다.

여기서 암기의 위력을 깨달았다. 단순히 시험을 잘 보기 위해 암기가 필요한 게 아니었다. 암기는 내 안에서 그 정보를 자유자재로 다루기 위해 필요한 과정이다. 무언가를 외운다는 건 단순히 컴퓨터처럼 뇌에 정보를 기록하는 게 아니다. 마치 요리 재료를 냉장고에 넣는 것과 같다. 내가 필요할 때 꺼내서 내가 좋아하는 형태로 만들기 위한 과정이다.

캘리포니아대학교 어바인캠퍼스의 제임스 맥거프 박사(James Mcgaugh)는 기억의 역할에 대해 이렇게 말한다.[6]

"기억의 목적은 미래를 시뮬레이션하는 것이다. 기억을 떠올리는 데 쓰이는 부위는 미래를 시뮬레이션할 때 활성화되는 부위와 거의 일치한다."

미래의 일을 계획하거나 과거를 기억할 때 우리 뇌는 배외측 전전두피질과 해마를 연결하는 부위가 눈에 띄게 활성화된다. 우리 조상인 원시 인류를 생각해보면 간단하다. 기억을 하는 이유는 결코 시험 점수 때문이 아니다. 모든 것은 생존과 관련된 것이다. 즉, 미래를 예측하기 위해서이다. 인간이 과거를 생생하게 기억하게 된 이유는 지난날을 되돌아보는 과정이 미래의 가능한 시나리오를 유추하는 데 매우 중요하기 때문이다.

그러나 이미 일상에서 무언가를 기억하는 일은 거의 사라졌다. 일정도 스마트폰 알람이 대신 알려준다. 어제 먹은 점심조차 기억하지 못하고 방금까지 스마트폰으로 읽은 게시물도 기억하지 못한다. 결국 내가 다룰 수 있는 정보의 양은 적어진다.

그래서 나는 디스커넥트가 필요하다고, 그래야만 정말 소중한 것에 커넥트할 수 있다고 주장하는 것이다. 또 이 모든 것은 기억력과 집중력을 위해서이기도 하다.

검색 기록장을
만들어라

컴퓨터가 없던 시절 우리는 검색할 게 있으면 도서관까지 직접 이동해서 많은 시간을 들여 자료를 찾아야 했다. 스마트폰 이전에는 노트북이나 데스크톱 앞에 앉아 전원을 켜야 했다. 하지만 스마트폰 이후에는 버스 안에서도, 길을 걷다가도 생각나면 바로 검색할 수 있다. 이전과는 비교할 수 없을 정도로 편해졌다. 하지만 거기에는 엄청난 대가를 치러야 한다.

바로 시간이다.

정보는 절대 공짜가 아니다. 누군가 나에게 유용한 정보를 제공한다면 그 대신 나의 무언가를 바쳐야 한다. 마치 미하엘 엔데의 『모모』에 나오는 회색 신사들처럼 그들은 우리의 시간을 원한다. 우리가 오래 머물수록 광고를 볼 가능성이 높기 때문이다.

인터넷을 하다 보면 어느 순간 내가 왜 스마트폰을 하고 있는지 잊을 때가 많다. 수많은 웹들을 돌아다니다가 해는 저물고 어느덧 시간은 '순삭'되어버린 걸 깨닫는다. 그리곤 시간을 낭비한 자신을 질책한다. 무분별하게 시간을 낭비한 잘못도 있지만 지금 우리의 웹 세계는 일부러 길을 잃도록 설계되어 있다.

예를 들어 어떤 정보를 검색해보니 신문 기사가 나온다. 들어가면 신문사의 기사와 사진이 보인다. 여기까지는 그럴듯해 보인다. 큼직한 헤드라인과 관련된 사진을 보고 우리는 바로 스마트폰을 터치하며 기사를 아래로 내린다. 하지만 여기서부터 엄청난 모험이 시작된다. 일단 기사의 절반을 가리는 팝업 광고창이 보인다. 그리고 모서리에 아주 작은 닫기 버튼이 보인다. 닫지 않으면 기사 전문을 볼 수가 없다. 잘못하면 바로 광고주 사이트로 이동한다.

겨우 광고를 닫고 다시 읽기 시작한다. 그러자 중간에 또 광고가 나온다. 간신히 건너뛰어가며 기사를 읽는다. 아래에는 자극적인 제목의 기사가 보인다. 지금 내가 찾는 것과 관련 없지만 한 번쯤 눌러보고 싶다. 만약 누르게 되면 그야말로 '시간 순삭'을 경험하게 된다.

이건 어디까지나 광고가 적은 편인 대형 신문사의 경우다. 중소형 언론사 사이트로 가보면 훨씬 심하다. 온갖 현란한 광고는 물론이고 내 손가락 위치를 예상해서 '능동형 광고'라 불리는 것들이 튀어나온다.

블로그도 마찬가지다. 광고 없는 블로그는 드물다. 가끔은 이게 글인지 광고인지 구분하기 힘들다. 금융과 관련된 글을 읽을 때면 어김없이 대출 광고가 중간에 튀어나온다. 심지어 읽고 보니 전체 기사 자체가 광고인 경우도 있다. 이렇게 우리의 시간은 하릴없이 흘러간다.

검색 기록장의 놀라운 효과

이런 환경은 마치 정글과도 같다. 보물을 얻기 위해 정글에 들어간다고 해보자. 빈손으로 가겠는가? 당연히 맹수로부터 나를 보호할 무기와 필요한 도구들을 챙길 것이다. 마찬가지다. 정보를 얻기 위해서는 광고의 위협으로부터 우리를 보호해야 한다. 그래서 '검색 기록장'이 필요하다.

나는 검색 기록장을 사용하면서 디지털 정글에서 길을 잃는 횟수가 상당히 줄어들었다. 나도 모르게 길을 잃고 멍하니 자극적인 게시물을 보는 시간이 줄어들었다. 심지어 새로운 아이디어 도구로도 활용할 수 있었다.

검색 기록장은 이름 그대로 검색할 때 사용하는 것이다. 무언가 글을 쓰거나 본격적으로 집중해서 자료 수집을 해야 할 때 스마트폰이나 태블릿PC, 노트북 옆에 두고 쓰면 된다. 규격과 재질은 자유롭게 선택해도 된다. 좋아하는 다이어리도 되고, 스프링

① 스마트폰 또는 노트북 옆에 검색 기록장을 펼쳐둔다.
② 맨 위에 검색할 단어를 써본다. 그리고 검색해야 하는 이유를 적는다.
③ 검색을 하고 그 결과를 적는다. 이때 글뿐만 아니라 이미지도 함께
　그리면 훨씬 기억에 오래 남는다.

내가 만든 검색 기록장

노트도 상관없다. 다만 다양한 장소에서 사용하려면 최대 A5 크
기를 넘지 않는 것이 좋다.

　결론부터 말하자면, 검색 기록장의 효과는 엄청났다. 내가 체
험한 검색 기록장의 효과는 다음과 같다.

　첫째, 집중력을 유지할 수 있게 해준다.

　손으로 쓰고, 눈에 종이가 보이기 때문에 딴 데로 새는 걸 막아

준다. 만약 스마트폰으로만 검색하면 금세 딴생각이 들 것이다. 메신저를 확인하거나 다른 재미있는 게시물을 보고 싶어질 수도 있다. 하지만 한 손으로 부지런히 글을 쓰고 있으면 자연스럽게 검색 기록 자체에 집중하게 된다.

둘째, 딴 데 새더라도 바로 돌아올 수 있다.

특히 신문기사를 보다 보면 스미싱(가로채기 광고)을 많이 당하게 된다. 실수로 팝업 광고를 누르거나 다른 자극적인 기사 제목을 보고 나도 모르게 클릭을 하는 것이다. 검색 기록장이 있으면 순간 '내가 뭐 하고 있었지?'라고 바로 정신을 차릴 수 있다. 고시에 합격한 사람들의 책상을 보면 수많은 자기 다짐 쪽지들이 붙어 있다. 딴생각을 하더라도 눈앞에 다짐 쪽지를 보고 정신 차리고 공부하기 위해서다. 검색 기록장도 마찬가지다. 눈앞에 내가 작성하던 기록을 보고 다시 작업에 집중할 수 있게 해준다.

셋째, 나중에 다시 보면 바로 기억이 난다.

아주 중요한 기능이다. 요즘은 무엇이든 기억하는 대신 사진을 찍는다. 하지만 나중에는 사진을 찍었다는 사실조차 잊어버린다. 쉽게 얻은 것은 쉽게 잃는다. 쉽게 정보를 얻으면 뇌는 언제든 얻을 수 있다고 생각해서 장기기억으로 넘기지 않는다. 전두엽에 잠깐 있다 사라질 뿐이다.

반대로 어릴 적 혼나가며 외운 단어, 힘들게 외웠던 시험 문제는 아직도 기억난다. 말 그대로 힘들게 기억했기 때문이다. 예로부터 정복자들이 땅을 점령하고 비석을 세운 이유와도 비슷하다.

돌에 새기면 몇백 년이 가도 남기 때문이다. 기억도 마찬가지다. 검색 결과를 직접 손으로 적고 그리는 과정은 비석에 글씨를 새기는 과정과도 같다. 앞서 말한 '마찰력'과 함께 기록된 결과들은 쉽게 잊히지 않는다. 시간이 지나서 노트를 펼쳤을 때 놀랍게도 그 내용이 바로 생각나는 기적을 경험할 것이다.

넷째, 깊은 검색을 가능하게 해준다.

모든 정보가 한번에 찾아지면 좋겠지만 가치 있는 정보일수록 더 많은 시간을 들여야 한다. 광고의 정글을 헤치고 허위 정보의 안개를 뚫고 가야 비로소 내가 원하는 정보가 나온다. 이 과정에서 수많은 검색어가 필요하다. 하지만 대부분 검색어를 찾지 못한 채 포기하고 만다.

검색을 하다 보면 '관련 검색'이 있다. 예를 들어 '거울신경'을 검색해본다고 하자. 구글을 기준으로 위키피디아, 관련 뉴스 기사, 블로그 글 등을 볼 수 있다. 조금만 더 아래로 가면 '거울신경 비판', '거울신경계', '거울뉴런 원숭이', '거울뉴런 위치', '거울뉴런 코로나', '거울뉴런 자폐증' 등 내가 입력한 검색어와 관련해 다른 사람들이 검색한 단어나 '거울신경'과 관련한 새로운 개념들을 볼 수 있다. '신경', '신경계', '뉴런' 등 조금씩 검색어를 다르게 하면 또 다른 결과들이 나온다.

이렇게 조금씩 내가 검색해야 할 단어의 범위를 넓힐 수 있다. 처음부터 한 단어로만 검색하면 나올 수 없는 정보들은 조금씩 관련 검색을 참고해서 검색하면 더 정확하게 정보를 찾을 수 있다.

이 과정을 검색 기록장에 기록해두면 내 사고의 흐름을 훨씬 잘 알 수 있다. 거울신경에서 시작해 관련된 병이나 증상까지 알아보면 원래 내가 알고자 했던 것보다 훨씬 깊이 알 수 있는 건 당연하다. 이 과정을 반복하면 나중에는 검색하기 전에 내가 검색해야 할 단어들의 목록을 만들 수 있다. 이렇게 목록을 만들어두고 검색하면 깊이 있는 검색은 물론 집중력을 유혹하는 자극적인 기사, 정보들을 쉽게 무시할 수 있다.

이 모든 것이 모여 나만의 백과사전이 된다

소설 『개미』를 쓴 베르나르 베르베르는 열네 살 때 자신만의 백과사전을 만들었다고 한다. 그 시작은 개미에 대한 호기심이었다. 전 세계적으로 큰 반향을 일으킨 소설이 어릴 적 작성한 자기만의 백과사전에서 시작된 것이다.

모든 것은 사소한 것에서 출발한다. 오늘 내가 검색한 단어가 훗날 위대한 연구, 사업 아이템, 소설의 기초 재료가 될 수도 있다. 하지만 오늘날처럼 대부분 검색이 인터넷으로 가능한 요즘은 브라우저를 종료하기만 하면 모든 것이 사라진다. 물론 방문기록을 보면 되지만 정확히 어떤 페이지에서 어떤 내용이었는지 찾는 건 굉장히 힘들다. 그러니 유용한 정보가 있으면 즉시 기록해야 한다. 그것도 타이핑해서 저장하는 것이 아니라 직접 손으로 쓰

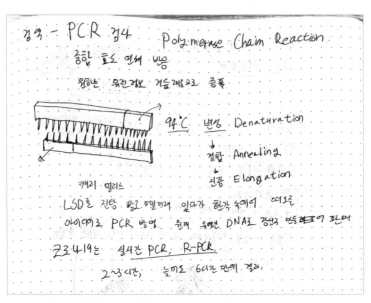

검색 기록장 예시. 코로나 검사 키트의 원리가 궁금했다. 검색어와 검색 결과, 원리에 대해 글과 그림으로 기록했다. 덕분에 시간이 흐른 뒤에도 PCR 검사의 원리와 역사에 대해 오랫동안 기억할 수 있었다.

고 그림을 그려야 한다. 더 오래 기억하고 창작의 재료로 쓰기 위해서이다.

그림으로
기억하라

앞에서 나는 아이패드로 그림을 그리기보다 종이에 그리기를 권했다. 주된 이유는 마찰력 때문이었다. 손끝으로 전달되는 마찰력은 우리에게 생각할 시간을 주고 감각적인 재미를 통해 좀 더 창의적으로 만들어주기 때문이다. 여기에 디지털의 무제한 수정 기능은 오히려 완벽주의를 자극해 우리가 그림을 1센티미터도 그리지 못하게 한다. 자신에게 맞는 도구를 이용해 종이에 먼저 그리고 스캔 후 디지털로 저장하는 방법을 추천하는 이유다. 그림은 감수성에 관한 이야기가 아니다. 삶에서 가장 필요한 활동이다.

그리기는 가장 효과적인 기억 수단이다

  그리기야말로 우리가 뇌에 기록할 수 있는 가장 효과적인 수단이다. 그림은 우리가 근원적으로 가지고 있는, 가장 쉽게 기억하고 재생할 수 있는 수단이다. 예를 들어 인류 최초의 그림이라 불리는 라스코 동굴벽화를 보면 단순 취미로 그린 것이 아님을 알 수 있다. 우리 조상이 어떻게 살아왔는지에 대한 정보뿐만 아니라 사냥의 성공에 대한 간절한 바람을 볼 수 있다.

  무엇보다 글이 없던 시절, 그림은 수많은 정보를 담았다. 벽화를 통해 사냥 방식과 무엇을 먹었는지를 알 수 있다. 우리나라에서 발견된 벽화도 마찬가지다. '울주 대곡리 반구대 암각화'의 경우 그냥 그린 그림이라기엔 고래에 대한 묘사가 지나치게 세밀하다. 종류별로 고래를 그렸고, 미끼, 그물, 작살을 맞은 고래 등

울주군 대곡리 반구대 암각화의 일부. 자세히 살펴보면 이것이 미적인 목적이 아니라 후손에게 교육할 목적으로 만들어진 것임을 알 수 있다.

이 자세히 묘사되어있다. 학자들은 단순 그림이 아닌 포경 교육이 목적이었을 것으로 추정하고 있다. 과거에 우리 조상들은 문자 대신 그림을 보며 사냥법을 배우고 부족의 생존 능력을 높였을 것이다.

문자도 그림에서 시작되었다. 최초의 문자는 우르크에서 발견되었는데 무려 기원전 3300년경에 만들어졌다. 이때는 진흙 덩어리에 쐐기를 이용해 기록했다.

사진의 십자(+) 표시는 양을 뜻한다. 두 사람이 서로 양을 빌릴 때 쓰던 표시였다. 처음에는 양을 그렸지만 불편함을 느껴 양의 눈만 그리기로 했다. 이후에 양의 눈을 그리는 것조차 번거로워 눈동자의 형태를 본떠 십자(+) 표시로 바꾸었다. 이후 더 많은 물건을 표현하기 위해 체계적인 문자가 탄생한 것이다.

쐐기 문자의 탄생. 처음에는 양을 전부 그리다가 어느 순간 눈을 본따 그렸다.
이후에는 이를 더 간략화했다. 결국 문자가 탄생했다.

심지어 생각도 그림으로 한다. 눈을 감고 사과를 떠올려보자. 어둠 속 공간에 새빨간 사과가 떠오를 것이다. 여기서 우리는 새빨갛고 둥근 사과를 떠올리지, '사과'라는 글자를 떠올리지 않는다. 어제 먹은 점심을 잠깐 기억해보자. 식당, 음식, 함께 먹은 사람들이 영화처럼 흘러가며 떠오를 것이다. 누구도 머릿속으로 글자를 떠올리지 않는다. 꿈도 마찬가지다. 글자 대신 생생한 이미지, 영상을 본다. 우리가 무언가를 떠올릴 때 99퍼센트의 생각들은 모두 이미지다. 이미지는 우리의 기본적인 저장 수단이다.

때문에 그림을 그린다는 건 원초적이고 근원적인 정보 저장법을 배우는 것이다. 그리기라고 하면 많은 사람들이 취미나 예술의 영역으로, 특정한 사람들만 할 수 있다고 생각한다. 애초에 우리의 공교육에서 미술은 예술의 영역에서 출발한다고 배웠기 때문이다. 그림은 잘 그려야 하고, 재능 있고 예술적인 감각이 있는 사람만이 향유할 수 있다고 생각한다. 이제 이런 생각을 버려야 한다.

『서양 미술사』의 저자 에른스트 곰브리치(Ernst Gombrich)도 미술이 본래 가지고 있던 존재 이유는 실용적인 목적이라고 말한다. 벽화든 돌에 새긴 암각화든 예술품이든 간에 그림은 애초에 실용적인 목적에서 태어난 것이지, 순수한 아름다움이나 사치를 위해 태어난 것이 아니다.

때문에 앞으로 내가 말하는 그리기는 모두 철저히 실용적인 목적으로서의 그리기다. 정보를 효과적으로 오랫동안 기억하기 위한 방법들이다. 결코 잘 그릴 필요도 없고 여러 가지 스킬도 필요 없다. 오히려 잘 그려야 한다는 압박이나 스킬에 의존한다면 기억 자체로서의 그림이 아닌 잘 보이기 위한 그림이 되어버리기 때문이다. 그럴 때마다 라스코 동굴 벽화를 그린 원시인들은 미술 점수를 위해, 누군가에게 잘 보이기 위해서 그리지 않았다는 걸 기억하자.

그리기는 기억력을 오래 지속시켜준다

듣기 싫은 사람도 있겠지만, 군대 시절 재미있는 경험 하나를 나누고자 한다. 장교 복무 시절 기초 군사 훈련 중 하나로 군사 장비를 외우는 시험이 있었다. 무기를 좋아하지도 않았고 용어도 익숙하지 않아서 굉장히 힘들었는데, 특히 장비 하나하나를 구분하고 외우는 게 고역이었다. 사회에서도 외우는 걸 싫어해서 최대한 피해왔지만 군대에서 암기는 피할 수 없었다.

어느 날 심심해서 무기들의 외곽선이나 특징을 그리기 시작했다. 정확하게 그린 건 아니었고 그저 미사일의 외관이나 총구의 끝을 좀 더 관찰해서 그렸다. 시간이 지나고 다시 공부하기 위해 노트를 펼쳤다.

제일 눈에 들어오는 건 필기가 아닌 어설프게 그린 그림들이었다. 그 순간 그림들에게서 과거에 외운 내용들이 튀어나왔다. 이

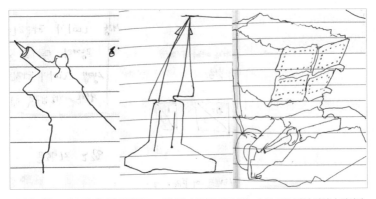
대상을 외우고 싶으면 세밀히 관찰하고 그려보라. 나중에 다시 보는 순간 모든 것이 기억날 것이다.

무기가 어떤 특징을 가지고 있는지 바로 떠올랐다. 이때 처음으로 그림에 정보를 저장할 수 있다는 것을 알았다. 이후에도 시간이 될 때마다 장비를 관찰하고, 그 특징을 필기 대신 '그리기' 시작했다. 그 뒤로 시험에 대한 부담감은 확 줄어들었다.

전역 후 그리기를 기억의 용도로는 사용하지 않았다. 그때의 기억이 다시 떠오른 건 제주도에서 카메라 디스커넥트 경험 이후였다. 셔터를 눌러 찍은 수십, 수백 장의 사진보다 어설프게 그린 그림이 훨씬 생생하게 당시의 풍경과 느낌을 재생해준다는 사실을 체감한 것이다. 뇌는 내가 셔터를 눌러 간편하게 찍은 사진보다 시간을 들여 그린 그림에 더 강렬하게 반응했다.

관찰력을 극대화시키는 그리기의 힘

사람들은 꾸준히 무언가를 남기려 했다. 자손을 통해 자신의 유전자를 남기려는 욕구처럼, 우리는 우리의 이야기를 남기려고 한다. 1827년 조세프 니세포르 니에프스(Joseph Nicephore Niepce)는 인류 최초로 빛을 가두는 법을 알아냈다. 오늘날 사진으로 불리는 이 기법을 통해 200년이 지난 지금도 그 당시 풍경을 볼 수 있다. 이후에 기술은 계속 발전해서 심지어 영상과 음성을 동시에 기록할 수 있게 됐다.

이렇게 무언가를 기록하고자 하는 이유 중 하나는 소유욕 때문이다. 예전에 차(tea) 관련 강의를 들을 때였다. 강사님은 차를 마시는 이유가 자연을 내 안으로 흡수하고자 하는 근원적인 욕구 때문이라고 했다. 우리가 사진을 찍는 이유도 다르지 않다. 가장 중요한, 소중한 순간을 소유하기 위해서다. 현재 우리는 하루 평균 10장의 사진을 찍고 다른 사람이 찍은 사진을 50장 가량 본다고 한다. 페이스북에는 1초에 4,000장씩 매일 3억 5,000만 장의 사진이 올라온다.

그런데 우리는 그 상황을 만족스럽게 소유했다고 할 수 있을까? 나는 그렇지 않다고 생각한다. '스마트폰 사용을 멈추자 뇌가 비명을 지르기 시작했다' 시리즈로 글을 쓰기 시작하자 많은 분들이 공감했다. 어떤 분들은 편지를 보내 자신의 무분별한 촬영 습관에 대해 이야기했고, 어떤 분은 자신이 사진을 찍고 난 후 '텅 빈' 느낌이 든다고도 했다. 이런 말을 들으면 에리히 프롬

(Erich P. Fromm)의 『소유냐 존재냐』의 한 부분이 떠오른다.

> "사람을 소유 양식과 존재 양식을 가진 사람으로 나눌 수 있다. 소
> 유 양식의 사람은 자신이 가진 것에 의존하고 고수하려 한다. 많이
> 알고 많이 갖는 것이 목표다. 반면 존재 양식을 가진 사람은 자신이
> 존재하는 것, 살아 있는 것에 초점을 맞추고 삶에서 새로운 일을 언
> 제든지 받아들일 용기가 있는 사람이다. 그에게 지식이란 '보다 깊
> 이 아는 것'이기 때문이다."

사람은 무의식적으로 눈앞에 있는 상황을 기록하기 위해 스마
트폰 카메라를 실행한다. 정말로 담고 싶어서 찍는 것인지 아니
면 '나중에 봐야지'라는 생각인지 한번쯤 생각해볼 일이다. 수많
은 사진, 영상을 찍어도 그것을 제대로 음미하지 못한다면 그저
하드 디스크에 쌓인 데이터에 불과하다.

행복한 순간에 깊이 집중하고 온전히 내 것으로 만들기 위해서
는 새로운 시도가 필요하다. 모두가 자신만의 소중한 순간이 있
을 것이다. 사랑하는 사람과의 첫 만남, 친구들과 보낸 신났던 순
간, 처음으로 비행기를 탔을 때의 두근거림 등 눈을 감아도 생생
하게 떠올릴 수 있는 순간들이 있다. 스마트폰으로 확인하지 않
아도 눈을 감으면 자동으로 재생되는 순간들 말이다. 이런 순간
들은 어떻게 기록된 것일까? 과연 최근에는 그런 순간들이 더 많
아졌는가? 아마도 사진을 많이 찍을수록 이러한 순간들은 적어

질 것이다. 나는 앞에서 사진을 찍을 때마다 뇌의 기억 능력은 조금씩 손상된다고 말했다. 특히 제대로 관찰하지 않은 채 찍은 사진만을 간직할수록 우리 머릿속에는 남는 게 없다. 기억하고 싶은 순간, 스마트폰 대신 내 두 눈으로 관찰해보자.

관찰할 때
우리 뇌에서 벌어지는 일

먼저 크게 숨을 내쉬자. 그리고 눈앞에 있는 대상을 바라보자. 특별할 것 없는 일상이어도 상관없다. 카페에서 이 책을 읽고 있다면 눈앞에 있는 커피에 집중해보자.

한 가지 대상을 자세히 보기 시작하면 우리 뇌는 주변 배경을 차단한다. 깊이 집중할수록 주변 소리도 점차 작아지기 시작한다. 이를 '패턴 분리'라고 한다. 내가 집중하는 사건과 사물이 뚜렷해지는 현상이다. 기억은 해마에서 새로 과립세포가 생기면서 저장된다. 과립세포가 새로 생기려면 중요한 것만 집중하고 나머지는 버리는 필터링 작업이 필요하다. 번잡한 상황이 지나고 나면 아무것도 기억나지 않는 것은 이 때문이다.

대상을 깊이 관찰하면 심호흡이 느려지고 시간이 천천히 흐르는 느낌을 받을 것이다. 집중하는 순간 우리의 뇌는 온전히 대상을 분석할 시간을 갖는다. 다른 것들은 모두 필터에 걸러져 사라지기 때문이다. 번잡한 순간 속에서도 관찰과 집중을 잃지 않으면 사랑하는 연인의 표정, 목소리, 심지어 숨소리까지 고스란히 기억할 수 있다. 우리가 무언가를 추억할 때 드문드문 기억하는 이유도 이와 같다. 우리가 한 가지에만 집중할 때 뇌는 오래 기억할 만한 가치가 있다고 판단한다. 그때의 순간은 시간이 흘러도 두고두고 음미할 수 있다.

지금 우리가 저장하고 불러올 수 있는 수단은 고작해야 영상과 소리가 전부다. 우리는 좀 더 깊이 있는 데이터를 원한다. 더 생생하고 피부에까지 전달될 수 있는 무언가를 원한다. 이러한 바람은 고화질, 초대형 TV, 심지어 VR 기술로 발전했다. 그럼에도 여전히 만족스럽지 못하다. 그래서 수십 장, 수백 장의 사진과 영상을 찍어댄다. '남는 건 사진뿐이다'라는 말에 우리가 얼마나 기억을 외부에 맡기는지 알 수 있다.

그리기는 상황을 저장하는 능력이 있다

내가 카메라 없이 제주도 여행을 하면서 가장 충격적으로 다가온 건 내가 그동안 얼마나 대충 보며 살아왔는지에 대한 깨달음이었다. 카메라가 없으니 사물 하나, 풍경 한 장면을 그 자리에

서서 감상해야 했다. 바닷가의 파도 소리, 바위의 굴곡, 현무암 표면에 뚫려 있는 수많은 구멍들, 피부를 어루만지는 햇살 등 모든 것을 뚜렷하게 느낄 수 있었고, 지금도 눈을 감으면 그 감각이 생생하게 살아난다. 우리 기억은 생각보다 약하지 않다.

여기에 굉장히 효과적인 수단을 추가했다. 그 자리에서 다이어리를 펼쳐서 그림을 그렸다. 긴 시간도 아니고 짧게는 1분, 길게는 5분간 서서 풍경을, 대상을 그렸다. 워낙 급하게 그렸기에 '과연 나중에 보면 알아볼 수 있을까?' 하는 의심이 들기도 했다.

놀랍게도 지금 다이어리를 펼쳐 봐도 그 당시의 느낌이 고스란히 떠오른다. 거친 선을 보면 얼마나 다급하게 그렸는지, 채색되

여행하며 사진 대신 그린 그림들. 지금도 이 그림들을 보면 머릿속에 당시의 풍경이 고스란히 펼쳐진다.

어 있는 부분은 내가 얼마나 관심 있게 본 부분인지 알 수 있다. 사진은 화면 안에 있는 모든 것을 저장해버린다. 풍경을 찍으면 그 안의 모든 대상이 기록된다. 나중에 보면 그 당시 무엇을 관심 있게 봤는지 전혀 알 수 없다. 그림은 다르다. 제한된 시간에 내 손과 눈으로 관찰하고 그렸기에 내 관심사를 알 수 있고 무엇에 집중했는지 알 수 있다.

휘갈겨 쓴 메모, 상대방에게 알려주기 위해 급하게 그린 약도 등 무언가 그 순간 집중해서 그린 것들은 사진보다 빠르게 중요한 내용을 파악할 수 있다. 기록하는 순간 의식을 한 점으로 집중했기 때문이다. 뇌에서는 쓸데없는 정보를 모두 지워버리고 중요한 것만 기억하듯이, 그 자리에서 그린 그림에는 나에게 가장 중요한 대상만이 구체적으로 남아 있다. 무엇보다 이미지뿐만 아니라 그 당시 분위기, 목소리, 맛, 감촉 등 수많은 자극들까지 기록할 수 있다. 사진과는 비교도 안 되는 재현 능력이다.

만약 집중해서 풍경이나 상황을 관찰하고 집중해서 촬영했다면 사진뿐만 아니라 셔터를 누르는 그 당시의 분위기가 그대로 되살아날 것이다. 하지만 평소에 스마트폰으로 사진 하나하나를 집중하고 고민해서 찍는 일은 없다. 일단 보는 훈련도 안 되어 있고 스마트폰 기기 자체가 수많은 기능을 갖고 있어 한 가지 기능에 집중할 시간이 많지 않다. 사진 어플을 실행시키고 집중하려 하지만 메신저 알람이 울리고 전화가 올 수도 있다. 갑자기 확인해야 할 알람들이 생각난다. 결국 집중력은 저 멀리 날아가버린다.

그리기는 능동적인 기억이다

스마트폰으로 사진을 찍는다. 시간이 지나고 다시 찍은 사진을 보면 왠지 모르게 낯선 사진도 보인다. '내가 이런 걸 찍었었나?' 싶을 정도로 찍었던 기억조차 나지 않는 사진도 있다. 그 사진은 분명 아무 생각 없이, 어떠한 집중도 하지 않은 채 찍은 사진일 것이다. 우리에게는 상황의 능동적인 기억이 필요하다.

그리기의 힘을 간단히 체험해보도록 하자. 10분이면 끝난다.

먼저 종이와 연필 또는 펜을 준비하고, 눈앞에 있는 사물 하나를 관찰해보자. 그리고 천천히 그려본다. 예를 들어 컵이라면, 3분 정도 시간을 들여 손잡이와 컵의 무늬, 커피잔 안에 남아 있는 커피 무늬 등을 그린다. 입체가 힘들면 옆모습이라도 그려보자. 못 그려도 상관없다. 오히려 못 그릴수록 더 좋다.

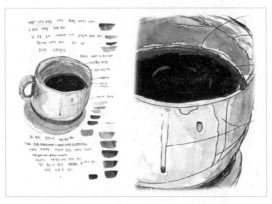

잘 그리는 게 중요한 게 아니다. 삐뚤빼뚤해도 디테일하게 그리는 게 중요하다. 예를 들면 커피가 흐른 흔적을 놓치지 말고 그려야 한다.

2~3일 후 다시 그림을 보자. 신기한 일이 일어날 것이다. 당시 그림을 그리던 상황이 고스란히 재현되는 걸 경험할 수 있다. 대략 몇 시쯤이었는지, 어디였는지, 누구와 함께 있었는지 생생하게 기억날 것이다. 다시 말하지만, 그림을 잘 못 그려도 상관없다. 그림이 삐뚤빼뚤하고 엉망일수록 뇌는 그것을 특별하게 받아들여 훨씬 더 오래 기억하려 한다.

사람의 얼굴도 마찬가지다. 명함을 주고받으며 분명 인사까지 했는데도 며칠이 지나면 얼굴이 기억나지 않을 때가 있다. 이때

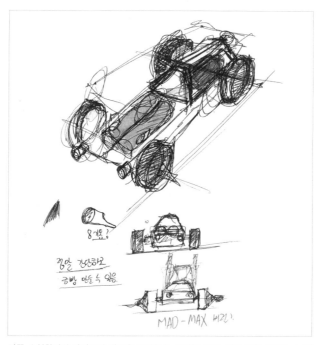

가끔 수업하면서 아이들의 작품을 그려본다. 이렇게 하면 훨씬 오래 기억할 수 있고, 아이들이 얼마나 고생(?)해서 만들었는지도 알 수 있다.

몰래 그 사람의 얼굴을 빠르게 그려보자. 그 사람을 관찰하며 그림을 그리면 생각보다 다양한 특징을 발견할 수 있다. 점이 어디에 있고 흉터가 왜 있는지 궁금해질 수도 있다. 단순히 그 사람의 직업이나 부서를 기억하는 게 아니라 복합적인 특징들과 함께 기억하기 때문에 훨씬 오래 기억할 수 있다. 분명 목소리와 뉘앙스까지 기억할 수 있을 것이다.

내 지인 중 한 명은 회의실 풍경을 간단하게 스케치해놓는다고 한다. 참석자들이 어디에 앉았는지를 간단히 표시하고, 프로젝트 화면에 대략 어떤 내용이 있는지 큰 제목만 적어놓는다. 그 외에 책상 위에 커피믹스가 몇 봉지 구겨져 있는지 등 자잘한 디테일을 표현한다. 그러면 신기하게도 나중에 회의록을 보지 않아도 그 당시 나누었던 말, 상황, 분위기가 그대로 재현된다고 한다. 업무에 도움이 되는 건 당연하다. 물론 그림을 보면 잘 그린 그림은 아니다. 그저 *끄적이는* 낙서, 사람인지 졸라맨인지 구분하기 힘든 정도의 그림들이지만 분명한 건 당사자는 그림을 통해 그대로 그 당시 상황을 바로 머릿속에서 재생할 수 있다는 사실이다. 이것 말고도 그리기에는 재미있는 기능이 또 한 가지 있다.

이해하려면
그려야 한다

그리기는 분해하는 능력을 갖고 있다. 무언가를 관찰할 때 뇌에서 일어나는 일을 알아보자.

카페에서 커피를 마신다. 카페라테의 새하얀 우유 거품이 먹음직스러워 보인다. 먹기 전에 잠시 커피를 바라본다. 사물을 통해 반사된 빛의 알갱이는 우리 눈의 수정체를 통과해 망막에 도달한다. 망막은 이 빛 알갱이를 전기적 신호로 변환한다. 그리고 곧 우리의 눈에 도달한다.

이때 뇌는 사물을 '있는 그대로' 보지 않는다. 우리의 관찰은 사실 세 단계에 걸쳐 이루어진다.

가장 기초적인 단계는 대상의 형태를 파악하는 것이다.

그리고 다음 단계로 커피잔을 배경과 분리한다. '아웃 포커싱'

혹은 '인물 모드'를 떠올리면 된다. 대상을 뚜렷이 하고 배경을 흐릿하게 하는 과정이다. 실제로 우리가 무언가를 집중해서 보고 있으면 주변에 뭐가 지나가도 알아차리지 못한다. 대표적인 실험이 '보이지 않는 고릴라 실험'이다. 사람들에게 TV 화면 속에서 사람들이 몇 번이나 공을 주고받는지 횟수를 세어달라고 부탁한다. 그때 고릴라가 지나간다. 하지만 아무도 고릴라가 있다는 걸 알아채지 못한다. 우리가 특정 대상에 집중하면 배경이 인지의 범위에서 사라지기 때문이다.

마지막 단계에서 우리는 눈앞에 있는 대상이 무엇임을, 즉 커피임을 알아차린다. 우리에겐 너무 당연한 과정이라고 생각할 수 있지만 과학자들에게는 뇌가 일으키는 최고로 신비한 현상 중 하나라고 한다. 어떤 사물이 '커피'임을 알아차리는 과정이 사실은 굉장히 복잡한 과정이라는 것이다. 아무리 다양한 컵에 담겨 있어도 그것이 공통적으로 '커피'라는 것을 순식간에 알아차리는 건 아직 컴퓨터가 따라오기 힘든 인간만의 영역이라고 한다. 그리고 뇌는 커피를 보는 순간, 이전에 우리가 마시던 커피와 비교해 거품의 밀도, 색, 맛을 예측한다. 이 과정을 '재인 과정(recognize process) 과정'[1]이라고 한다. 이것이 커피임을 알기 때문에 우리는 컵이 바뀌어도 여전히 커피라고 인지할 수 있다. 이 과정이 없다면 우리는 커피잔이 바뀌면 알아채지 못하고 먹어보고 나서야 커피라는 걸 깨닫게 될 것이다.

사회성 좋은 후배의 비밀

군대에서 알게 된 후임이 있었다. 처음에는 낯선 곳에서 적응하느라 실수가 잦아서 걱정을 많이 했었다. 하지만 그 후임에게는 신비한 능력이 하나 있었다. 바로 한번 마주친 사람은 절대 잊지 않는 것이다. 나는 장교였기에 상급 부대 검열이나 출장으로 많은 사람들을 마주칠 일이 있었지만 충분히 친해지지 않는 이상 사람을 모두 알아보긴 힘들었다. 하지만 그 후임은 달랐다. 멀리서 누가 오면 "어. 저기 오시는 분 이전에 저희 부대 방문한 적 있었습니다."라면서 나에게 넌지시 알려주곤 했다. 나중에 알아보니 딱 한 번 잠시 들른 적이 있었다고 했다. 이런 후임의 능력이 참 부러웠다. 나중에 비결을 물어봤다. 후임은 이렇게 말했다.

"별거 없어요. 그 사람 얼굴에 점 위치만 외우면 돼요."

흔히 먼저 알아보고 인사하는 사람이나 사소한 것도 놓치지 않는 사람을 보고 눈썰미 있다거나 사회성 좋은 사람이라고 평가한다. 반면 어떤 사람은 서로 명함까지 주고받았는데도 나중에 보면 처음 만나는 것처럼 행동하기도 한다. 상대방은 당연히 전자를 좋아한다.

당시 그 후임을 통해 알게 된 사실은 내가 사람 얼굴을 제대로 보지 않는다는 것이다. 사람 얼굴을 제대로 기억하지 못하는 사람들은 한번쯤 생각해보자. 누군가를 처음 만날 때 그 사람의 무엇을 기억하는가? 대부분은 개별적인 얼굴보다는 하나의 덩어리로 인식했을 것이다. 하지만 사람을 얼굴을 자세히 보면 절대로 닮은 사람은 없다는 걸 알게 된다. 심지어 내 얼굴을 그려보면 내가 이렇게 생겼다는 사실에 놀랄 때가 있다. 점의 위치, 눈썹의 길이, 주름의 분포 등을 관찰하다 보면 사람의 얼굴은 절대로 단순하지 않음을 깨닫는다. 누군가를 볼 때 이러한 차이를 깨달으면 사람 얼굴 외우는 게 훨씬 쉬워진다.

여기서 그리기의 위력을 알 수 있다. 그리기는 강제로 집중하게 만든다. 집중은 곧 관찰로 이어진다. 관찰하면서 대상을 하나하나 분해한다. 형태, 윤곽선, 이전 경험과 비교하면서 무엇이 다른지 깨닫는다. 눈으로 쓱 보는 것은 한계가 있다. 눈썰미 좋은 사람이 아닌 이상 그냥 지나치게 된다. 하지만 종이 위에 볼펜으로 마찰력을 일으키며 그리다 보면 다른 점들을 발견하게 된다.

분해된 재료는 범주화되어 저장된다

관찰은 곧 특징 파악으로 이어진다. 이 과정을 '대상을 잘게 분해하는 과정'이라 부르고 싶다. 덩어리를 면으로, 면을 선으로, 선을 점으로 분해한다. 이렇게 잘게 분해된 데이터는 뇌에서 분류를 시작한다. 분류 과정을 통과해야 우리는 사물을 구분할 수 있게 된다. 이전의 데이터와 비교해 이것이 과거의 어떤 것과 비슷한지 파악한다. 비슷한 점을 발견하고 같은 것으로 인지한다.

예를 들어 새파란 사과를 봐도 우리는 그것이 사과라고 생각한다. 이는 뇌의 범주화라는 놀라운 기능이다. 우리가 공부하고 지식을 쌓을 수 있는 이유는 이런 '범주화' 기능 덕분이다. 살면서 마주치는 수많은 정보를 각각 개별적인 것으로 받아들인다면 우리가 기억할 수 있는 건 굉장히 한정적일 것이다. 색이 다르고 형태가 살짝 달라도 비슷한 것으로 묶어서 처리하기 때문에 우리는 수천 수만 가지의 정보를 받아들일 수 있다. 이 덕에 대형 마트에서 수많은 상품들을 보면서도 즐겁게 쇼핑을 하고 출근길에 다양한 자동차 사이에서 편안히 길을 건널 수 있다. 머리가 좋은 사람은 분류를 잘하는 사람이다.

사회생활을 하다 보면 이른바 '일머리가 좋은 사람'들과 그렇지 않은 사람들을 볼 수 있다. 어떤 업무를 할 때 처음 보는 것이라도 이전의 경험과 비교해 '이런 일이구나'라고 바로 습득을 하는 사람이 있는 반면, 조금이라도 새로운 업무는 '이게 뭐지? 어떻게 해야 하지?'라고 당황하는 사람이 있다. 전자의 사람은 전혀 다른 직종의 경험을 지니고도 과거의 경험과 비교하며 '예전에 했던 업무와 이런 부분이 비슷하네?'라고 생각하며 쉽게 처리한다. 결국 어떤 일을 잘하고 못하고는 단순히 지식이 많고 적음이 아니라 새로운 지식을 이전의 경험에 비추어 분류를 잘할 수 있는지 여부에 달려 있다.

이게 바로 우리 뇌가 문제를 처리하는 방식이다. 우리는 때로 고대 유적을 보며 '지금에 비해 훨씬 미개인에 가까웠던 우리 조상이 어떻게 이런 일을 해냈을까?'라고 궁금해한다. 피라미드와 같은 거대한 건축물을 보며 외계인이 한 일은 아닐까 의심하기도 한다. 결국 진실은 뇌에 있다. 수백, 수천 년간 이전 경험과 계속 비교하고 분류하면서 해결책을 찾아낸 것이다. 경험이 쌓일수록 문제를 해결하는 능력이 커지는 이유는 참고할 자료가 많아서이다.

결국 모든 것은 분류의 문제다. 잘 분류하면 문제를 해결하고 더 많은 것을 기억할 수 있다. 분류를 잘하려면 대상을 볼 때 집중해서 관찰해야 한다. 대상에서 아무런 특징을 찾지 못하면 결국 분류도 못 한다. 그러면 뇌는 쓸모없는 데이터로 인식해 그것을 삭제해버린다. 잠들기 전 오늘 하루를 되돌아볼 때 무엇을 먹었는지, 누굴 만났는지 기억이 나지 않는다면 굉장히 바쁘거나 산만해서 어느 것도 집중하지 못했다는 뜻이다.

그리는 순간 내 것이 된다

다시 한 번 강조하지만 그리기는 집중할 수 있게 해주는 최고의 도구이다. 그리기를 통해 평소 모르고 지나쳤던 일상에서 새로운 지식과 경험을 찾을 수 있다. 예를 들어 책을 아무리 봐도 이해가 안 되는 내용들이 있다. 그럴 땐 그려야 한다. 책에 있는 삽화를 그대로 따라 그려보자. '굳이 인쇄된 그림을 또 따라 그릴 필요가 있을까?'라고 생각할 것이다. 그러나 앞서 말한 것처럼 그리기 행위는 그 자체로 대상을 분해하고 분류하는, 즉 능동적인 이해의 과정이다.

예를 들어 뇌 해부학 공부를 하면서 어렵고 이해가 가지 않는 내용이 있었다. 전공자가 아니기 때문에 용어나 그림 모든 것이 이해가 가지 않는 게 당연하다. 외부 정보가 어떻게 뇌에 저장되는지, 해마에 도달한 신호가 어떻게 작용하는지 책을 아무리 읽어도 이해할 수 없었다. 이때 시간을 들여 최대한 비슷하게 그려보았다.

삽화에서 보이는 뉴런과 뇌 단면을 그렸다. 당연히 어렵고 이해할 수 없었다. 용어도 낯설고 내가 무엇을 그리고 있는지도 몰랐다. 대신 내 눈에 보이는 삽화를 아이들이 그림책을 보듯이 세밀하게 관찰했다. '치아이랑(dentate gyrus)'이 뭔지, 'CA'가 뭔지 전혀 몰랐던 나는 그림을 그림으로써 집중해서 관찰하고 이해할

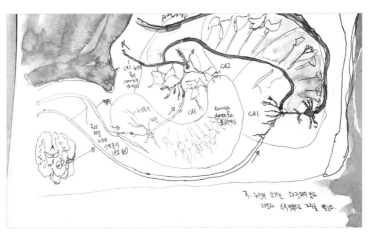

일단 이해가 안 되면 그려보라. 관찰하고 그리는 과정에서 세세하게 보게 되고, 나중에는 그것이 이해의 기반이 된다. 오래 기억하게 되는 부수적인 효과도 있다.

수 있었다. 삽화 내부에 있는 화살표 방향대로 정보를 따라가고 낯선 용어들은 검색을 통해서 알아냈다. 구석에 있어 보지 못했던 주석도 눈에 들어왔다. 비로소 해마의 구조가 이해되기 시작했다.

더 신기한 일은 눈을 감으면 내가 그린 그림을 처음부터 완성까지 저속촬영을 하는 것처럼 볼 수 있었다는 점이다. 자유롭게 머릿속에서 확대하고 부분을 관찰할 수 있었다. 한번 그림을 완성하자 머릿속에서 자유롭게 편집할 수 있었다. 치아이랑의 뜻과 경계선, 내부의 뉴런도 자유롭게 상상할 수 있게 되었다.

즉, 그리기를 통해 삽화는 온전히 내 것이 되었다. 눈을 감아도 볼 수 있고 처음부터 끝까지 자유롭게 추적할 수 있는 지식이 된 것이다. 누군가는 이렇게 반문할 것이다.

'그리는 건 귀찮아. 그냥 이해될 때까지 보면 안 될까?'

물론 그것도 하나의 방법이다. 하지만 이해될 때까지 보는 사람이 얼마나 될까? 특히 요즘같이 손안의 스마트폰으로 빠르게 결과가 나와야 하는 시대에 조금이라도 이해되지 않으면 바로 넘어가버린다. 조금이라도 이해할 수 없으면 바로 브라우저를 종료하는 시대이다.

그래서 그려야 한다. 집중해서 관찰한 것을 손으로 선을 긋고 색을 칠해야 한다. 그리기는 작은 것도 놓치지 않도록 강제성을 부여한다. 그리기를 통해 이해하는 대표적인 예가 의대생의 노트가 아닐까 싶다. 단순히 보는 것으로 절대로 이해할 수 없는 우리 몸의 구조를 이해하기 위해 의대생들은 삽화를 일일이 그리면서 외우고 이해한다. 검색엔진에 '의대생 노트' 또는 'anatomy note'를 검색해보라. 전 세계 의대생들이 인체를 이해하기 위해 처절하게 필기한 흔적들을 볼 수 있다.

예전에는 '그냥 책의 일러스트를 복사해서 붙여버리지 왜 이걸 일일이 그리고 있나'라고 생각했다. 하지만 보고 그리는 과정이 대상을 분해하고 이해하는, 즉 지식을 자신의 것으로 만드는

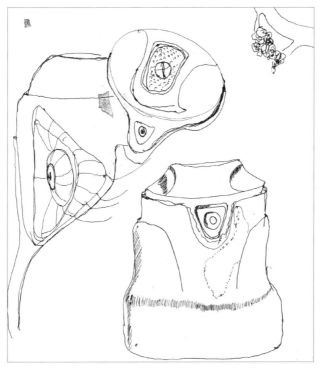

이해하기 위해 그려본 쉐이빙 폼 입구의 구조. 내용물이 어떤 원리로 나오는지, 어떤 굴곡이 있는지 자세히 관찰해보면 이전에는 알지 못했던 새로운 구조가 보인다.

과정임을 깨달았다. 누군가에게는 단순한 따라 그리기로 보일 수 있지만, 당사자는 그리면서 보지 못했던 부분을 다시 확인하는 과정이다.

　이해하려면 그리기만큼 효과적인 도구는 없다. 그리기는 관찰과 집중을 불러온다. 그리고 집중과 관찰은 뇌에 새로운 자극을 주고 대상을 분해할 수 있는 원동력이 된다. 그리고 머릿속에서 분류되고 온전히 내 지식이 된다. 혹시 자신이 눈썰미가 없고 일머리가 없어 고생하고 있다면 그리기를 강력하게 추천한다. 사람이든 지식이든 온전히 이해하고 내 것으로 만드는 과정을 통해 우리 삶을 좀 더 풍성하게 만들어보자.

잃어버린 기억을
되찾는 방법

출근 중에 목격한 일이다. 서로 직장 동기로 보이는 세 사람이 이야기를 하고 있었다. 코로나 영향인지 지하철에는 사람이 거의 없었다. 그래서 본의 아니게 이야기를 듣게 되었다.

"너 기억나? 우리가 만났던 그 사람."

"잘 기억 안 나는데?"

"네가 먼저 인사했잖아. 너는 항상 잊어버리더라."

그때 두 사람의 대화를 듣던 나머지 한 명의 친구가 기억하지 못하는 친구에게 말했다.

"아, 기억날 거 같아. 언제였더라."

"오전이었나? 아마도 회의 끝나고였을 거야."

"맞아. 그 회색 옷 입었던?"

"아 맞다. ○○○ 대리님"

"응 맞아. 그때 너한테 했던 말 기억나?"

"맞다. 이제 기억난다."

잘 기억하지 못한다고 핀잔을 받은 친구는 드디어 기억을 되찾고 셋은 활발히 대화를 이어나갔다.

이 대화를 들으면서 어릴 적 하던 게임이 떠올랐다. 바로 벽돌깨기 게임이다. 이 게임은 너무나 단순해서 누구나 한 번에 규칙을 알 수 있다. 공을 위로 던져 벽돌을 하나씩 없애면 된다.

기억해낸다는 건 벽돌 저 너머에 있는 다음 스테이지로 가는 것과 같다. 눈앞의 벽돌 때문에 제대로 기억하지 못할 뿐이다.

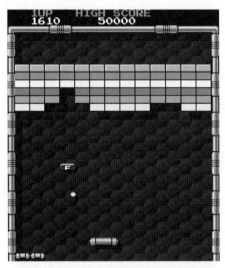

'기억이 날 듯 말 듯'이라는 말을 자주 사용하는가? 마치 벽돌 깨기 게임처럼 하나씩 질문과 답을 하다 보면 어느 순간 '아하!' 하고 기억해내게 될 것이다.

효과적으로 기억을 불러오는 방법

세 사람은 과거에 함께 마주쳤던 사람에 대해 이야기하고 있다. 하지만 유독 기억하지 못하는 한 사람이 있다. 그 사람을 A라고 하자. 두 사람은 A에게 그때의 기억을 되살리기(?) 위해 질문을 시작한다. 하지만 이때 두 사람의 접근은 판이하게 다르다.

제일 먼저 질문했던 사람의 경우 A에게 직접적으로 그때의 기억을 물어본다. 갑작스러운 질문에 A는 바로 기억해내지 못한다. 결국 질문자는 A가 항상 잊어버린다고 핀잔을 준다.

대부분 사람들이 상대방에게 이런 식으로 질문을 한다. 그때의 일을 기억하는지, 언제 메시지를 보냈는지, 다음 주 약속한 걸 알고 있는지 '직접적'으로 질문한다. 만약 상대방이 기억하지 못하면 핀잔을 주기도 하고 회사의 상사였다면 야단을 쳤을지도 모른다. 기억해내지 못한 당사자는 주눅이 들고 자신의 못난 기억력을 탓한다. 개인적으로도 이런 일을 겪을 때마다 '내게 뭔가 문제가 있는 걸까'라고 생각해본다. 하지만 기억에 관한 자료를 찾고 스스로를 관찰하면서 이런 생각이 들었다.

'어쩌면 기억을 못 하는 내가 문제가 아니라, 질문하는 사람이 문제가 아닐까?'

게임으로 비유하면 저장(save)이 문제가 아니라 불러오기(loading)에 문제가 있다는 것이다. 다시 벽돌 깨기 게임으로 돌아가보자. 벽돌 깨기 게임의 규칙은 단순하다. 공을 위에 있는 벽돌에 던져 하나씩 없앤다. 공이 튕겨 나오면 다시 받아 쳐서 벽돌을 하나씩 부수면 된다. 모든 벽돌을 부수고 공이 맨 윗면에 맞는 순간 승리한다.

이제 벽돌 너머 윗면에 우리가 찾는 정보가 있다고 해보자. 벽돌을 하나씩 없애면서 잊고 있던 기억을 찾아나가야 한다.

대화에서 첫 번째 질문자는 그 사람을 기억하냐고 '직접적'으로 질문했다. A는 기억나지 않는다고 말했다. 이 경우 허공에 공을 던진 거나 마찬가지다. 그 무엇도 생각해내지 못했기 때문이다. 다시 공은 튕겨 돌아온다. 더 이상 같은 자리에서 벽돌을 깨기 어려워진다면, 플레이어의 위치를 옮겨서 다시 공을 발사해야 한다. 그래야 다른 각도로 공이 튕겨 나가 벽돌을 맞출 확률이 올라가기 때문이다. 즉 질문도 다른 각도에서 접근해야 한다는 뜻이다.

첫 번째 질문자처럼 상대방이 기억을 못하는데 "기억에 문제가 있는 거 아니야?"라고 하거나 "정말 기억 안 나?"라고 해당 정보에 대해 '직접적'으로 계속 질문한다면 허공에 계속 공을 발사하는 것과 같다. 대화는 이루어지지 않는다.

이때 두 번째 질문자는 다르게 접근했다. 플레이어의 위치를 옮겨서 공을 발사한 것이다. 몇 개의 벽돌이 맞는다. 시간, 옷차림 두 가지가 드러났다. 이후에 갑자기 모든 벽돌들이 사라진다. A는 오전에 회색 정장을 입은 ○○○ 대리님을 기억해낸 것이다.

이렇게 잊어버릴 뻔한 기억을 되찾았다. 어쩌면 어릴 적 스무

고개 놀이와도 같다. 대상에 대한 단서를 하나씩 모으다 보면 결국 정답을 알게 된다. 우리는 무의식적으로 잊어버릴 뻔한 기억을 이런 식으로 찾고 있다.

뇌 속에는 GPS 센서가 있다

우리가 접하는 모든 정보는 가장 먼저 뇌 속의 해마로 모인다. 해마는 모든 정보의 '유통기한'을 정한다. 어떤 정보는 즉시 버리고 어떤 것은 몇 년이 지나도 잊지 않도록 처리한다. 해마가 손상된 사람은 어떠한 것도 기억할 수 없다. 가장 대표적인 예는 헨리 모라이슨(Henry Molaison)의 사례이다. 아마 뇌 관련 서적을 몇 권 읽었다면 한번쯤은 마주쳤을 비운의 주인공이다.

그는 만성적인 간질 발작을 치료하기 위해 1953년에 뇌 일부를 제거하는 수술을 받았다. 제거된 뇌 일부에는 해마도 포함되어 있었는데 수술 후 그는 새로운 기억을 저장할 수 없게 되었다. 결국 그의 기억은 수술받기 전인 1953년에 머물게 되었다. 이를 통해 모든 정보는 해마의 처리 과정을 거친다는 것을 알게 되었다.

해마 안에는 수십억 개의 신경세포들(뉴런)이 밀집되어 있다. 최근에는 신경세포도 각각의 역할이 있다는 게 밝혀지고 있다. 예를 들어 신경세포 중에는 장소만 담당하는 세포가 있다. 이른바 장소 세포라고 부르는데, 우리의 경험 중에 장소와 관련된 것들에 민감하게 반응한다. 예를 들어 출근했을 때 내 책상에 누군가 손을 댔을 때 우리는 그 미묘한 변화를 알아채곤 한다. 영화 속 주인공도 흔히 이런 방식으로 자신의 방 안에 누군가 침입한 사실을 눈치챈다. 우리가 사소한 변화를 알아챌 수 있는 이유는 장소 세포가 익숙한 물건들의 위치를 기록해놨기 때문이다. 말 그대로 뇌 속의 GPS 센서다.

장소 세포뿐만 아니라 격자 세포도 있다.[2] 우리가 커피를 마시다가 눈을 감고도 커피잔을 들 수 있는 이유는 뇌에서 우리 손의 위치를 격자 단위로 감지하기 때문에 '대충 이 위치에 잔이 있겠구나'라고 기억해두었기 때문이다. 그 외에도 시간을 감지하는 세포, 움직임을 감지하는 세포 등 현재도 연구를 통해서 다양한 역할을 가진 신경세포들을 발견하고 있다. 즉, 우리 뇌는 중요한 정보를 기억하기 위해 많은 꼬리표를 붙여놓는다. 다시 기억을 재생하려면 이러한 꼬리표를 적극적으로 활용해야 한다. 단순히 '나는 기억력이 약해'라고 절망해선 안 된다.

잃어버린 양을 찾아보자

뇌에 관한 글들을 쓰면서 최근에 메모해둔 자료들이 급격하게 늘어났다. 갑자기 필요한 자료가 생각나질 않았다. 그 자료의 개념은 알고 있는데 정확한 용어와 출처가 도무지 기억나지 않았다. 너무나 답답했다. 열심히 공부해도 결국은 잊어버리는데 공부할 필요가 있나 싶을 정도로 자신에게 화가 났다. 이때 뇌가 말했다.

"이제 잃어버린 어린양 한 마리를 찾을 시간이야."

비유적이지만 적절한 표현이었다. 글을 쓰기 위해서라도 해마속 어딘가에서 길을 잃고 오들오들 떨고 있는 작은 정보, 잃어버린 양을 되찾아야 한다.

먼저 기억나는 대로 정보를 적어봤다. 정말 다행인 것은 내가 무엇을 잊어버렸는지를 기억하고 있었다는 점이다. 가장 끔찍한 망각은 그것을 알고 있다는 것조차 잊은 것이다. 서점에서 책을 샀는데 집에 와보니 책장에 밑줄까지 그어진 같은 책이 있는 걸 본 것과 같은 비극이다. '기억이 잘 나지 않는다'라는 신호는 잃어버린 어린양의 마지막 울음소리인 것이다.

내가 찾는 정보를 되는대로 써보았다. 대충 생각나는 기억은 '무의식은 내가 목적을 가지기 전까지 움직이지 않는다'라는 내용이었다. 사실 논리적으로 이해가 되지 않는다. 그저 생각나는 단어들을 연결해본 것뿐이다. 무의식과 관련된 어떤 비유였는지도 모른다. 그리고 스스로에게 질문해보았다.

정보를 접한 장소가 어디였는가?

— 자주 가는 책방.

언제였는가?

— 일요일.

그때 내가 무슨 옷을 입고 있었지?

— 청바지에 검은색 옷.

좀 더 구체적인 정보가 필요했다. 그때 누구와 있었는가? 그 당시 있었던 사람들을 하나씩 기억해냈다. 장소 세포의 위력을 실감할 수 있었다. 위치와 관련된 정보를 하나씩 알아내다 보니 그 당시의 풍경이 눈에 선명히 들어왔다. 어떤 책인지는 아직 기억나지 않지만 레이아웃도 조금씩 기억나기 시작했다. 서둘러 정보를 접했던 책의 레이아웃을 그려봤다.

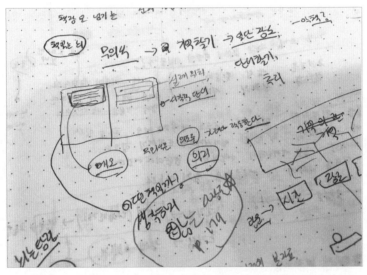

당시 기억을 찾기 위한 처절한 과정. 기억나는 대로 단서들을 그려보고 글로 적어보았다. 이 사건을 통해 기억하는 것만큼이나 '불러내는 것(loading)'이 중요하다는 것을 깨달았다.

이제 거의 다 왔다. 갑자기 어린양의 울음소리가 가까이 들리기 시작했다. 조금씩 그때 나누었던 대화나 그곳의 분위기가 기억나기 시작했다. 여기서 깨달은 점은 우리는 어떤 기억을 통째로 저장하지 않는다는 것이다. 조각조각 인상적인 것들을 저장한다. 인상적인 정보들을 기점으로 나머지 정보들을 연결해놓는다. 즐거운 경험이라고 해서 모든 순간을 기억하지 않는다. 특별히 즐거웠던 사건을 기억한다.

실제로 뇌의 작동 원리도 이와 같다. 대부분의 기억은 인상적인 이벤트(즐거움, 두려움, 싫어하는 경험 등 자극적인 것들)를 기점으로 회상한다.[3] 그편이 훨씬 빠르고 효율적이기 때문이다.

결국 찾아냈다. 『생각하지 않는 사람들』이라는 책 179쪽의 내용이었다.

> "데익스테르후익스의 연구는 우리가 문제점을 명확하고 의식적으로 정의하기 전까지는 무의식적 사고 과정이 문제에 관여하지 않음을 보여준다. 데익스테르후익스는 우리가 마음속에 특정한 지적 목표를 가지고 있지 않으면 '무의식적 사고는 일어나지 않는다'라고 했다."

뛸 듯이 기뻤다. 어슴푸레하고 긴가민가 잊힐 뻔한 기억을 다시 찾았을 때의 기쁨은 길 잃은 어린양 한 마리를 찾은 것만큼이나 기쁨과 만족감을 주었다. 무엇보다 기억을 찾는 과정에서 다른 기억들(다른 사람과의 대화, 아이디어 등)까지 찾아낸 것도 좋았다.

이제는 기억이 가물가물할 때 스스로 '나는 왜 이리 잘 잊어버릴까'라고 나를 탓하지 않게 되었다. 그것보다 내 질문이 잘못된 건 아닐까 생각해본다. 이제는 잃어버린 기억을 적극적으로 찾을 준비를 한다. 스무고개 하듯 기억과 관련해서 다양한 관점으로 질문을 준비해본다.

'잃어버린 어린양'은 성경 속에 나오는 이야기이다. 목자는 99마리의 양을 놔두고 잃어버린 한 마리를 찾아 헤맨다. 그만큼 한 사람의 영혼도 귀하다는 비유적인 표현이다. 우리의 기억도 마찬가지다. 우리는 하나하나 소중한 기억을 토대로 살아갈 수 있다. 해마를 다친 헨리 모라이슨은 영원히 1953년 속에서만 살아가야만 한다. 그에게는 하루하루가 그저 새로운 나날일 뿐이다.

이제 스스로에게, 타인에게 기억하지 못한다고 핀잔을 주지 말자. 그것보다 그 사람이 기억해낼 수 있는 질문을 생각해보자. 잘 잊어버리는 당사자도 마찬가지다. 자기 자신의 머리를 탓하는 건 그만두고 스무고개 하듯 다양한 질문을 스스로에게 해보자. 그럴 때마다 뇌는 말할 것이다.

"이제 잊어버린 양을 찾아야 할 때야."

노트와 펜으로
전시회 관람하기

    스마트폰이 참 많은 것을 없앴다. 음악을 듣기 위한 MP3플레이어, 디지털카메라를 비롯해 전자사전, 계산기, 녹음기, 심지어 손전등마저 대체했다. 스마트폰으로 인해 대략 30여 가지의 제품 시장이 사라지거나 명맥만 유지하고 있다고 한다.

    이 중에서 가장 사람들의 삶을 바꾼 건 카메라가 아닌가 싶다. 사람들은 더 선명한 화질로 사진과 영상을 찍을 수 있는 것에 열광한다. 특히 AR(증강현실), MR(융합현실)의 시대가 다가오면서 카메라는 더욱 고화질 센서를 장착하고 라이다(LiDAR) 센서를 통해 깊이 정보까지 촬영한다. 무엇보다 카메라가 보편화되면서 일상의 수많은 영역에 카메라를 사용한다. 무엇이든 기억하기 위해, 기념하기 위해 사진을 찍는다.

전시회도 마찬가지다. 작품을 감상하다 마음에 드는 작품이 있으면 바로 촬영한다. 요즘 전시회는 플래시를 터뜨리지 않는 조건으로 대부분 카메라 반입을 허용한다. 그러다 보니 많은 사람들이 작품을 촬영한다. 나 역시 작품을 감상하다 마음에 드는 작품이 있으면 촬영한다.

하지만 어느 날 문득, '이렇게 해서 과연 작품을 제대로 기억할 수 있을까?' 하는 회의감이 들었다. 전시회에서 돌아오면 대략 수십 장의 작품 사진이 남았지만 대부분 굳이 다시 볼 필요가 없을 정도로 대충 찍은 사진들이 많았다. 일단 전시장 조명이 어두워 제대로 된 사진을 찍을 수가 없다. 게다가 사람들이 많아 제대로 구도를 잡고 찍을 시간도 없다. 차라리 기념품점에서 엽서로 된 고화질의 작품 사진을 구입하는 게 낫다.

중요한 건 내가 얼마나 잘 찍느냐가 아니었다. 내가 얼마나 음미하고 열심히 관찰해서 내 것으로 만드느냐가 중요하다. 만약 해외여행 중에 꿈에 그리던 전시를 보게 되었다고 해보자. 흥분해서 나도 모르게 '모든 걸 기록해야지' 하는 욕심과 함께 많은 사진을 찍었다 한들 나중에 다시 볼 가능성은 거의 없다. 그저 찍었다는 행위에 만족하고 말 것이다. 단순한 소유욕은 허무함을 불러올 뿐이다. 이제 좀 더 확실히 내 것으로 만들고 싶어졌다.

카메라 대신 노트와 3색 볼펜을 챙겼다. 스마트폰은 미술관 사물함에 봉인했다. 물리적으로 없어야 유혹이 사라지기 때문이다. 작품을 감상하며 마음에 드는 작품을 그리기 시작했다. 반복해서 말하지만 잘 그릴 필요는 없다. 내가 무엇에 특별히 관심 있는지 알 수 있으면 된다. 부분을 그려도 좋고 반대로 액자까지 그려도 된다. 천천히 작품을 전체적으로 감상하면서 눈에 들어오는 작품들 앞에 서서 2~3분간 스케치를 진행했다.

Disconnect Lab　　**전시회에서 카메라 말고 노트로 기록하기**

① 스마트폰은 되도록 사물함에 넣어둔다. 급하게 연락 올 일 없으면 물리적으로 스마트폰과 분리시키는 과정이 필요하다. 강하게 분리할수록 더 작품에 집중할 수 있다.
② 채색보다는 스케치 위주로 한다. 서서 그림을 그리는 건 에너지 소모가 크다. 특징을 파악하고 최대한 빠르게 그리고 다음 작품으로 옮겨가라.
③ 모든 것을 다 그릴 필요는 없다. 특징만 잡아서 그려도 좋다.
④ 친구와 함께 간 경우 친구도 그려본다. 어떤 자세로 작품을 관찰하는지, 무엇을 좋아하는지 간단히 적어보자.

다음 그림은 〈북극성〉이란 제목의 작품이다. 구부정한 자세와 노란색 옷이 인상적이었다. 그리는 과정에서 원본 사진도 촬영하고 싶다는 생각이 들 수도 있다. 하지만 걱정하지 않아도 된다. 요즘이 어떤 시대인가? 제목만 알면 인터넷으로 고화질 사진들을 볼 수 있다.

이번에는 포스터를 '그려'보기로 했다. 보통 사람들은 작품 속

요즘은 인터넷으로 얼마든지 고해상도 이미지를 찾을 수 있다. 사진을 찍기보다는 관찰하면서 그려보자. 훨씬 풍성한 감상 경험을 얻을 수 있다.

인물에 집중한다. 하지만 조금 더 세밀하게 보면 포스터를 구성하는 글씨를 볼 수 있다. 극장에서 상영하는 프로그램에 대한 설명, 레이아웃을 보는 것도 새로운 재미가 있다. 만약 사진을 찍고 다음 작품으로 넘어갔다면 발견하지 못했을 것이다.

꼭 작품의 모든 것을 그릴 필요가 없다. 자신이 느낀 것만 그려도 된다. 코가 독특하면 그 부분만 강조해서 그려본다.

뭔가 못마땅해 보이는 표정이 인상적이었다. '왜 저런 표정을 짓는 걸까?', '무슨 일이 있는 걸까?' 등 상상의 나래를 펼치면서 그림을 감상했다. 이전에는 그냥 흥미로운 작품이라고 생각하며 사람들의 흐름에 떠밀려 지나쳤을 것이다. 하지만 노트를 들고 2~3분간 집중해서 작품을 관찰하니 그제야 작품에 대한 다양한 생각들이 떠올랐다.

그리기를 통해 사람들의 얼굴 형태, 표정을 보면서 그 당시 어

(좌) 작가의 서명, 액자 형태 등 그림 외적인 부분도 그려보자. 새로운 발견을 할 수 있다.
(우) 전체를 그릴 필요는 없다. 인상적인 부분만 집중해서 그려보자.

떤 이야기를 하고 있을지 생각해볼 수 있는 시간을 가질 수 있다. 작품뿐만 아니라 관람객, 함께 전시회를 본 가족이나 친구들도 그려보자. 그들이 어떤 그림에 오래 머무르는지, 쉴 때는 무엇을 하는지 관찰해보자. 전시에서 우리가 볼 것은 작품뿐만이 아니다. 함께 하는 사람들의 표정, 취향, 행동도 훌륭한 관람 대상이다. 그리면서 입은 옷, 헤어스타일 등을 관찰해보자. 단지 사진으로 남겨두는 것보다 그리면서 훨씬 더 많은 기억을 담을 수 있다. 무엇보다 나중에 함께 그린 그림을 보면서 이야기할 거리가 훨씬 많을 것이다.

사진 촬영이 금지된 전시라면 노트가 곧 카메라다

가끔 사진 촬영이 금지된 전시가 있다. 보통은 플래시를 켜지 않고 촬영이 되지만 엄격하게 저작권 관리를 하는 전시에서는 아예 촬영을 못 하게 한다. 이럴 때는 오히려 노트로 '촬영'할 좋은 기회다. 연습장과 3색 볼펜을 들고 입장해도 아무도 제지하지 않는다. 그리고 작품 앞에 서서 관찰하고 그리면 된다. 정말 마음에 드는 작품이 있으면 작품 제목을 적어놓는다. 인터넷으로 검색해도 되고 기념품 숍에 가면 고화질로 인쇄된 엽서가 있을 것이다. 내가 어설프게 촬영한 것보다 엽서나 포스터를 구입하는 게 훨씬 효율적이다.

아무리 그림을 그려도 원본에 대한 아쉬움이 있다면 그럴 때는 내 스마트폰 카메라보다 수백 배 좋은 장비로 촬영한 그림을 보

관람객이나 함께 전시회를 본 사람들도 그려보자.

자. 구글에서는 2012년부터 40개국 151개 미술관의 3만 점의 작품을 고해상도로 촬영했다. 촬영 해상도는 무려 10억 화소이다. 유화의 경우 확대하면 붓 터치와 물감이 쌓인 두께까지 볼 수 있다. 오래된 작품은 그림에 금이 간 자국까지 볼 수 있다.

전시회에서 배우 안나 헬드의 초상을 보고 그리면서 계속해서 원본 이미지에 대한 소유 욕구가 생겼다. 그만큼 표정이 매혹적이고 내 그림 실력으로 표현할 수 없는 미묘한 매력이 있었다. 혹시나 하는 마음에 구글 아트앤컬처로 들어가니 놀라운 일이 일어났다.

내가 원하던 작품을 무료로, 그것도 고해상도로 볼 수 있었다. 심지어 연필 흑연심이 지나간 흔적까지 볼 수 있다. 전시장에서

구글 아트앤컬처에서 명화를 확대하면 깨지지 않고 이렇게 연필 자국까지 볼 수 있다.

이 정도로 자세히 보려면 작품에 코가 닿을 정도로 가까이 다가가야 한다. 하지만 지금은 이렇게 편하게 고해상도 이미지를 확대해 감상할 수 있다.

미술 작품뿐만 아니라 자연사 박물관의 공룡 화석이나 과거 시대 의복, 아프리카 부족의 가면 등 수많은 작품을 즐길 수 있다. 그러니 절대로 사진을 찍지 못한다고 아쉬워할 것 없다. 구글 아트앤컬처를 통해 나중에 얼마든지 고해상도로 감상할 수 있다.

역사 박물관에서도 동일한 과정으로 그리면서 감상하면, 작품에 대한 이해력이 훨씬 올라간다. 예를 들어 여름 휴가 때 경주 국립박물관에 간 적이 있었다. 그곳에 수많은 신라 시대의 유물이 있었다. 이때도 스마트폰 카메라는 잠시 사물함에 넣어두고 노트와 볼펜으로 직접 그림을 그렸다.

과거 전쟁에서 말 또한 갑옷을 입었다는 사실을 처음 알았다. 특히 철을 어떻게 두들겨서 말 얼굴의 곡선에 맞게 만들었는지도

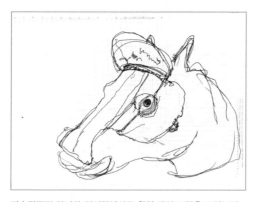

미술관뿐만 아니라 전시관에서도 촬영 대신 그림을 그려보자.

놀라웠다.

그 당시 갑옷의 구조는 생각보다 간단했다. 수업할 때 갑옷을 만들고 싶어 하는 아이들이 많은데 이 구조를 참고하면 쉽게 만들 수 있겠다고 생각했다.

박물관 주변에 보이는 나무들도 그려봤다. 느티나무의 옹이가 특이하게 생겼다. 자세히 관찰할수록 재미있는 모양들이 보여 스케치했다.

이렇게 박물관에서도 얼마든지 노트를 활용해 내가 원하는 작품을 그릴 수 있다. 이렇게 하다 보면 천천히 보는 법을 익히게 된다. 급한 마음에 대충 사진만 찍고 가는 게 아닌 무엇을 봐도 천천히 관찰하는 법을 알게 된다. 관찰력 향상을 통해 남들보다 더 많은 것을 볼 수 있고 이는 교육에도 큰 효과가 있다.

가장 중요한 것은 선생님, 부모가 먼저 해야 한다는 것이다.

사실 아이는 부모의 거울이다. 평소 자신이 아이와 스마트폰 중 어디에 더 많이 눈을 마주치는지 생각해 보자. 수많은 아이들, 부모님을 상담하면서 스마트폰에 관해 물어보면 많은 경우 아이의 스마트폰 활

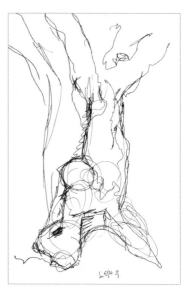

박물관의 콘텐츠뿐만 아니라 주변의 풍경도 그려보자. 더 많은 걸 감상하게 될 것이다.

용은 제한하면서 본인의 스마트폰 사용 시간은 굉장히 많았다. 거리에서도, 마트에서도 아이와 함께 대기하는 부모님들을 보면 십중팔구 아이를 데리고 있지만 눈길은 스마트폰 화면에 있다.

그리기도 마찬가지다. 아이에게 비싼 물감, 도화지를 사주어도 정작 자신은 스마트폰에 푹 빠져 있다면 아이는 과연 무엇이 더 재미있을 거라고 생각할까? 전시회에서도 그저 사진을 찍는 것과 아빠가, 엄마가 먼저 노트를 꺼내 그림을 그리는 것 중 어떤 것을 더 새롭게 여기고 재미있어할까?

답은 정해져 있다. 잘 그리고 못 그리고는 중요하지 않다. 우리는 정말 신나서 춤추는 사람에게 '너는 왜 그리 춤을 못 추니'라고 타박하지 않는다. 기쁨이 느껴지기 때문이다. 그림도 마찬가지다. 카메라 대신 내가 좋아하는 작품에 대해 간직하고 싶어 이리저리 그릴 때, 그림에는 고스란히 애정이 묻어나온다. 구도, 비례, 형태에 얽매이지 말자. 옆에서 나를 초롱초롱하게 바라보는 아이를 위해서라도 스마트폰 카메라 대신 노트를 들고 입장해보자.

모니터 대신
프린터를 사라

영화를 보면 가족에 대한 이야기가 곳곳에 많이 나온다. 주인공의 책상에는 어김없이 사랑하는 배우자의 사진을 담은 액자가 있고, 자동차 대시보드에도 가족 사진이 붙어 있다. 힘든 일이 있거나 인생의 기로에 섰을 때 주인공은 가족 사진을 응시한다. 항상 그곳에서 미소짓고 있는 가족을 보며 주인공은 결심한다. 예를 들어 애니메이션 〈심슨 가족(The Simpsons)〉을 보면 심슨은 가족들과 매일 다투고 하루도 조용할 날이 없다. 하지만 결국 마지막에는 항상 가족을 선택한다. 그의 직장에는 어디에나 가족 사진이 붙어 있다.

고시 공부를 하는 사람들 책상에서는 '반드시 합격!' '올해 안에 끝낸다' '수석합격' 등 마음을 다잡기 위한 간절한 마음을 엿

볼 수 있는 다양한 표어를 볼 수 있다. 나도 대학을 재수해서 들어갔는데, 그때 책상에 만화 주인공의 강렬한 대사를 써서 붙여놓았다. 놀고 싶을 때마다 고개를 들어 그 대사를 보고 다시 마음을 다잡았던 기억이 난다.

니푸르는 고대 수메르 시대 번성한 메소포타미아의 도시다. 이 도시에는 주신(主神)인 엔릴 신을 모신 사원이 있는데, 이 사원의 돌벽에는 엔릴 신에 대한 찬사를 정으로 쪼아 기록한 부분이 있다. 이 사원을 방문한 신도들은 이 벽을 향해 엔릴 신에 대한 감사기도를 올리고 헌금을 했다. 오랫동안 이 지역에서는 수많은 전쟁이 벌어졌지만 4,000년이 지난 지금도 벽에 새겨진 글씨는 건재하다.

변하지 않는 정보는 안정감을 준다. 가족 사진, 책상 위 표어, 벽에 새긴 글씨는 항상 그곳에 있다. 낮이건 밤이건, 심지어 정전이 돼도 항상 그곳에서 정보를 보여준다. 어두컴컴한 새벽에 출근할 때 가족 사진을 보고 다시 힘을 낸다. 우리가 변하지 않는 정보를 주변에 두는 이유는 우리의 기억이 불완전하기 때문이다. 항상 내가 잊더라도 되새길 수 있도록 주변에 내 기억의 조각을 붙여두는 것이다.

니푸르 신전의 사제들은 자신들이 믿는 엔릴 신에 대한 찬양을 벽에 새김으로써 시간의 한계를 정복하려 했다. 벽에 글씨를 새기는 건 종이에 글씨를 적는 것보다 수만 배 많은 힘과 에너지가 들어간다. 하지만 한번 새기고 나면 오랜 시간의 흐름에도 꿈쩍

하지 않고 남아 있다. 자신이 믿는 신이 영원히 존재할 거라는 믿음 때문이었을 것이다. 시간이 흘러 자신은 죽더라도 자신이 믿는 신은 영원할 것이라는 믿음의 표현이 바로 돌에 새긴 글씨다.

인간관계도 비슷하다. 신뢰와 안정감을 주는 사람의 특징은 쉽게 변하지 않는다는 것이다. 한번 정한 일은 끝까지 해내고, 약속을 했으면 상황에 흔들리지 않고 약속을 지켜낸다. 반대로 신뢰할 수 없는 사람은 말을 자주 바꾼다. 상황에 따라 약속을 수시로 번복한다. 기분에 따라 일의 결과물이 크게 달라진다. 이런 사람과는 오래 일할 수 없다. 한결같지 않아 신뢰할 수 없기 때문이다.

즉, 사람은 쉽게 변하지 않고 안정적일 때 신뢰를 한다. 그것이 사람이든 벽화든 말이다. 이런 관점에서 오늘날 상황을 바라보자. 이제는 사진을 인화해 앨범에 넣는 사람이 많지 않다. 모두 스마트폰에 넣고 다닌다. 심지어 전자 액자로 수백 장의 사진들을 돌아가며 보이게 한다. 모든 건 실시간으로 변하고 내 마음대로 바꿀 수 있다. 디지털 기기의 화면은 더욱 커지고 CPU도 발전하면서 검은 화면은 모든 정보를 내가 원하는 속도만큼, 아니 내 생각의 속도보다 더 빠르게 전환해 보여준다.

회사 업무 환경은 어떤가? 이제 듀얼 모니터는 기본이다. 더 많은 일을 하기 위해 3대, 4대의 모니터를 켜두고 일하는 사람들도 많다. 이런 흐름 속에서 인쇄된 정보는 점차 갈 곳을 잃을 것이라고 많은 전문가들이 예측하고 있다.

집중과 창의력에 도움을 주는 아날로그의 안정감

전자 액자, 스마트폰 모두 전기를 필요로 한다. 전자 액자가 아무리 전기를 적게 먹어도, 결국은 끊임없이 전기를 소모해야 제 역할을 한다. 우리는 스마트폰을 보며 배터리 잔량을 계속 확인한다. 또 기술이 끊임없이 발전하면서 몇 년이 지나면 디지털 기기의 패널이 망가지거나 프로그램 업데이트를 해야 하는 상황이 발생하기도 하고 호환 문제도 생긴다.

반대로 인쇄된 정보는 아무것도 요구하지 않는다. 인화된 사진은 언제나 그곳에서 가족 사진을, 소중한 연인의 사진을, 사랑스러운 아이의 사진을 보여준다. 비가 오나 눈이 오나 정전이 될 때도 그 자리에서 그 무엇도 소모하지 않고 정보를 보여준다. 인쇄된 편지도 마찬가지다. 수십 년간 서랍 속에 파묻혀 있다가 나와도 호환이나 업데이트 여부를 묻지 않는다. 펼치는 순간 정보가 온전히 그대로 있다.

신뢰란 이런 것이다. 인쇄된 정보에는 디지털이 보여주지 못하는 안정감이 있다.

다트머스 대학과 카네기멜론 대학 연구진은 디지털 기기로 읽을 때와 종이로 읽을 때 이해 정도에 어떤 영향을 주는지에 대한 실험을 진행했다. 동일한 데이터를 한 그룹은 노트북에서 pdf파일로 읽게 하고 한 그룹은 종이에 인쇄해 읽게 한 것이다. 그 결과, 추상적인 질문에 대한 정답률은 종이로 읽은 집단이 높았고 구체적인 질문에 대한 정답률은 디지털로 읽은 집단이 높았다고 한다. 2016년 5월 9일, 「워싱턴 포스트」는 이와 관련해 이런 기사를 게재했다.

"디지털 화면은 우리가 글을 읽을 때 넓은 맥락보다는 정보 그 자체에 집중하게끔 하는 일종의 좁은 시각을 제공한다. 디지털로 읽는 시간이 길어질수록 큰 그림을 보는 쪽의 사고는 덜 발달한다."

즉, 구체적인 정보를 빨리 습득하고 싶으면 디지털 기기가 좋지만, 새로운 생각과 창의적인 사고가 필요할 땐 종이가 낫다는 것이다.

우리가 새로운 생각을 하려면 집중하는 시간이 필요하다. 집중은 안정된 환경에서 나온다. 일단 노트북이나 스마트폰의 모니터는 아무리 성능이 좋아도 120헤르츠의 주사율(화면 재생률)을 가진다. 우리가 모니터를 오래 보면 눈이 침침한 이유도 모니터가 끊임없이 깜빡이기 때문이다. 하지만 종이는 깜빡임이 없다. 그저 존재할 뿐이다. 전기, 업데이트, 바이러스 걱정도 없다. 안정적인 생각을 하기에 종이가 훨씬 좋은 환경인 이유다.

그래서 나는 적극적으로 프린터를 활용한다. 첫째, 인쇄물은 모니터와 달리 안정감을 준다. 잘못 터치해도 결제 실패나 오류 메시지가 뜨는 일도 없다. 펜이나 포스트잇 플래그로 표시하고 여러 정보를 한눈에 비교해볼 수 있다. 모니터는 스크롤을 해야 하는데, 정보를 비교하려면 마우스나 손을 움직여 위아래를 훑어야 한다. 이전 정보를 확인하고 싶어도 어디쯤 있었는지 찾기가 어렵다. 반면 인쇄된 정보는 해당 정보가 있는 페이지에 플래그를 붙여두고, 중요한 정보에는 형광펜으로 표시해두면 된다. 내가 표시한 정보가 사라지지 않으므로 안심하고 집중할 수 있다.

둘째, 화면의 크기를 자유롭게 할 수 있다. 모니터는 13인치, 17인치, 24인치 등으로 크기가 정해져 있다. 물론 종이의 크기도 그렇다. 하지만 종이는 책상이나 바닥, 벽에 붙여서 디스플레이 크기를 늘릴 수 있다. 영화나 드라마에서 보면 벽에 여러 가지 자료를 인쇄해 벽에 붙여놓은 장면이 자주 나온다. 영어권에서는 이를 '크레이지 월(crazy wall)', 일명 '미친 벽'이라고 부른다. 예를 들어 범인을 추적할 때 범인 사진, 관련된 신문 기사, 범인이 결제한 식당 영수증 등 다양한 자료들을 벽에 붙여서 보는 것이다. 이처럼 종이는 빈 공간만 있으면 어디든 훌륭한 디스플레이가 된다. 전기 같은 다른 자원을 소모시키지도 않는다.

어느 날 친구가 화장품 사업을 시작했다. 홈페이지에 들어가 보니 좋은 화장품을 저렴하게 팔고 있었다. 어머니께서 몇 번 써 보시더니 여러 개 주문하고 싶어 하셨다. 하지만 조그마한 스마트폰 화면으로 쇼핑몰을 탐험(?)하는 걸 어려워하셨다. 수백 개의 상품들을 일일이 터치하는 것도, 작은 화면을 일일이 확대해 보는 것도 힘들고 피곤한 일이었다.

이때 한 가지 아이디어를 떠올렸다. 홈페이지에 있는 모든 상품 목록을 출력해서 한 권의 책으로 만들어 펜과 함께 드린 것이다. 어머니는 원하는 상품에 동그라미를 쳐서 주문해달라고 하셨다. 옛날 집에 배달되던 홈쇼핑 카탈로그가 생각났다. 당시 그 카탈로그에는 제품 사진과 상세한 설명이 있었고, 볼펜 자국이 많았다. 할인 기간은 언제까지이고 결제 가능한 카드는 무엇인지 등의 정보에는 밑줄이 쳐져 있고 몇 개나 살지 무엇을 살지 다 합치면 돈은 얼마나 들지 등 고민을 고스란히 적어놓은 메모였다. 어쩌면 어머니께는 그렇게 메모하는 과정 자체가 즐거운 쇼핑이었을지 모른다.

지금 우리의 쇼핑 문화는 어떤가? 홈쇼핑에서는 쇼 호스트의 한정 판매, 매진 임박 등 다급한 외침이 들려오고, 스마트폰의 쇼핑 앱에서는 여기저기 팝업 광고에 특가 문구가 요란하다. 눈에 띄는 상품에 '좋아요' 표시를 하는 순간, 아니 한 번이라도 검색한 순간 수많은 알람에 시달린다. 일반 웹 사이트를 돌아다닐 때

'조용한 쇼핑'의 한 방법. 쇼핑몰 웹페이지를 인쇄하면 팝업 광고, 과도한 주의를 끄는 글자나 그림의 움직임에 방해받지 않을 수 있다.

조차도 관련 상품 광고가 계속 노출된다. 이미 구입한 상품이어도 그렇다. 하지만 종이에 출력한 쇼핑몰은 조용하다. 상품 설명을 보고 곰곰이 생각할 시간을 가질 수 있다. 옆에서 누가 빨리 사라고 부추기지도 않는다. 무엇보다 내가 원하는 상품들을 한눈에 비교할 수 있다.

기술의 발달에 따라 이미 스마트폰 해상도는 종이 화질에 버금갈 정도로 높아졌고, 주사율도 계속 올라가 눈의 피로도 적어질 것이다. 디스플레이도 점차 얇아져 나중에는 종이만큼이나 가벼워질 것이다. 하지만 진짜 종이만큼 안정감을 주긴 힘들다. 주변의 자원을 소모하지 않으면서 언제나 그 자리에서 정보를 보여주는 안정감은 디지털은 현재 불가능하다. 항상 전기를 소모해야 하고, 많은 비용이 들고, 시간이 지날수록 느려진다. 사람들이 평균 2년 주기로 100만 원이 넘는 스마트폰을 교체하는 것만 봐도 그렇다.

그래서 나는 제안한다. 만약 집중이 필요한 작업이 필요하다면, 모니터 대신 프린터를 구입하라. 그리고 '조용한' 디스플레이들을 마음껏 출력해보자.

집중은
존재를 만든다

집중은 존재를 만든다. 무언가에 집중하면 우리는 그것이 된다. 내 몸이 된 것 같다. 아끼는 물건이 망가지면 내가 망가진 것처럼 가슴 아프다. 어릴 적 애착인형이 낡고 더러워져도 쉽게 버리지 못하는 건 그것이 나 자신 같기 때문이다. 집중하면 우리는 어떤 존재라도 될 수 있다. 물론 대상의 모든 감각을 재현하는 건 불가능하지만, 내가 축적해온 감각과 기억을 통해 어떻게든 목표한 존재가 될 수 있다. 결국 집중하는 것은 지금과는 다른 존재가 되는 과정이다.

스마트폰을 열어 유튜브에 집중하면 우리는 스마트폰이 되고 유튜브가 된다. 영상 속 주인공이 되기도 하고 제품이 되기도 한다. 집중만 하면 우리는 자신의 존재를 자유롭게 옮겨 다닐 수 있다.

문제는 스마트폰이 너무나 다재다능하고 만능이라는 점이다. 한 가지에 집중하기에 너무나 많은 기능을 갖고 있다. 그리고 빠르게 작업 전환이 가능하다. 영상을 보다가 전화를 받을 수도, 메신저 대화를 나눌 수도 있다. 그러다 다시 인터넷 검색을 하고 음악을 듣는다. 글로 써도 정신없는 이 행동을 우리는 단 몇 초 만에 할 수 있다. 이때 우리의 의식은 어디에 있을까? 내가 검은 화면을 두려워하는 이유다. 스마트폰은 우리의 집중력을 수십 곳으로 분산시킨다. 집중력은 우리의 존재 자체다. 결국 스마트폰을 들고 우리는 찢겨져 이곳저곳에 흩어진다.

그래서 하루 종일 스마트폰을 하고 나면 허무한 기분이 들고 개운하지 않다. 눈은 침침하고 목은 구부정하다. 무엇보다 정신이 고갈된 기분이 든다. 뇌의학자들은 도파민의 과다 분비로 인한 피로감이라 한다. 모든 것이 터치하는 순간 이루어지니 보상회로가 쉴 틈이 없는 것이다. 이러니 진득하게 시간을 요구하는 독서, 명상, 집중은 불가능해진다. 계속해서 우리는 산만해지고 더 빠르게 무언가를 얻으려고만 할 것이다.

그래서 디스커넥트가 필요하다. 더 가치 있는 것에 커넥트하려면 반드시 끊어야 할 것들이 있다. 스마트폰 자체를 금지하는 건 불가능하다. 하지만 적어도 내가 필요할 때만 사용하는 정도의 절제력을 갖춰야 한다. 내가 온전히 존재하려면 때론 아무것도 하지 않고 오늘 무슨 일을 했고 누굴 만났는지 정리하는 시간이 필요하다. 조용히 앉아 나를 바라보고 내 의식을 확장해보는 시간도 필요하다.

앞으로 스마트폰은 전화가 아니라 몸에 이식될 가능성이 높다. 나중에는 눈을 뜨지 않아도 앞을 볼 수도 있고 인터넷에 접속해 빛의 속도로 검색할 수도 있고 가상현실에서 살아갈 수도 있을 것이다. 그런 상황에서 우리는 우리의 존재를 지켜야 한다. 그것을 가능하게 하는 것이 집중력이다. 몰입이다.

지금까지 나는 그것을 가능하게 해주는 여러 가지 시도를 해왔다. 식사할 때 온전히 집중하고 여행 때 카메라 대신 눈으로 풍경을 관찰했다. 온라인 커뮤니티와 음악을 중단해보았다. 그리고 마찰력에 커넥트했다. 손으로 연필을 쥐고 종이에 그려보는 감각을 통해 마찰력이 뇌에 미치는 영향을 몸소 체험했다. 그리기를 통해 사진보다 더 깊이 정보를 저장하는 방법도 알아보았다.

사실 지금도 수많은 방법을 연구하고 있다. 스마트폰으로부터 내 존재를 온전히 보호할 수 있는 방법들을 시도하고 있다. 특히 아이들을 가르치는 선생님으로서 벌써부터 스마트폰에 고개를 숙이고 검은 화면이 보여주는 세계로 빠져드는 아이들을 구하고 싶다. 가족과 친구 사이를 서먹하게 해주는 스마트폰 대신 새로운 소통 방법을 연구 중이다. 그 고민을 계속 글로 쓰고 싶다. 이 책은 어디까지나 시작일 뿐이다. 점점 더 발전하는 세계에서 온전히 기술을 통제하고 활용할 수 있도록, 뇌를 자극하고 의미 있는 것에 더 많이 커넥트할 수 있도록 오늘도 나는 디스커넥트를 시도한다.

Notes

프롤로그
1. emartketer.com

1장
1. 스마트폰 이용자 절반, 하루 평균 4시간 이상 사용
   https://www.yna.co.kr/view/AKR20170705135100017
2. 스마트폰 많이 쓸수록 우울해지는 이유는?
   https://health.chosun.com/site/data/html_dir/2018/04/16/2018041601447.
   html
3. 종이책 vs 전자책
   https://www.mk.co.kr/premium/special-report/view/2015/08/11480/
4. SBS 스페셜, 〈난독 시대〉

2장
1. 인간의 뇌, 파충류 뇌로 변하고 있다.
   https://www.hani.co.kr/arti/specialsection/esc_section/965879.html
2. 볼일 보러 가세요? 스마트폰은 '금물'
   http://www.k-health.com/news/articleView.html?idxno=30997
3. 당신이 절대 화장실에 스마트폰을 들고 가면 안 되는 이유
   https://www.huffingtonpost.kr/2016/03/24/story_n_9544566.html
4. '짜장면? 짬뽕?' 당신도 혹시 '결정 장애'?
   https://www.hani.co.kr/arti/society/society_general/587905.html#csidxb3bf618a
   733a361ad30b3fbfbb0778d
   논문 : Choice overload and simplicity seeking

5. How Eye Contact Prepares the Brain to Connect
https://www.psychologytoday.com/us/blog/brain-waves/201902/how-eye-contact-prepares-the-brain-connect?collection=1125370

6. "잠잘 때 뇌척수액이 뇌 청소" 잠 잘자면 치매 확률 낮아져
http://www.koreadaily.com/news/read.asp?art_id=7740733

7. 2012-2020 스마트폰 사용률 & 브랜드, 스마트워치, 무선이어폰에 대한 조사
https://www.gallup.co.kr/gallupdb/reportContent.asp?seqNo=1134

8. 취침시간 지연행동군의 스마트폰 어플리케이션 사용 양상에 대한 예비연구
https://www.e-jsm.org/journal/view.php?number=275
(재인용)

9. 매년 60만 명 최근 5년간 불면증… 총 진료비 4,590억 원
https://www.mk.co.kr/news/it/view/2020/10/1021081/

10. 7번 동일

11. 7번 동일

3장

1. No Pictures, Please: Taking Photos May Impede Memory of Museum Tour
https://www.psychologicalscience.org/news/releases/no-pictures-please-taking-photos-may-impede-memory-of-museum-tour.html

4장

1. 쉬고 있지만 쉬지 않는 뇌 : 뇌의 내정상태(디폴트 모드) 회로
http://scienceon.hani.co.kr/189432

2. 머릿속 맴도는 노래 '귀벌레 현상'…극복하고 싶다면?/YTN사이언스 (2017.12.13. 방영)
https://science.ytn.co.kr/program/program_view.php?s_mcd=0082&key=201712131610214657

3. "방금 진동이 온 것 같은데…" 유령 진동 증후군이란?
https://science.ytn.co.kr/program/program_view.php?s_mcd=0082&s_hcd=0006&key=201703151056083558

5장

1. 구글 마이크 테스트

   https://youtu.be/zBnDWSvaQ1I

   이 외에도 google mike test로 검색하면 수많은 유튜버들이 비슷한 실험을 한 결과들을 볼 수 있다.

2. 구글 측에서는 구글 마이크 테스트 결과를 부정하고 있다. 구글은 "사용자의 검색어와 위치, 사용한 웹사이트와 앱, 시청한 동영상과 광고 및 연령대, 성별을 비롯해 이용자가 구글에 제공한 기본 정보를 바탕으로 광고를 제공하고 있다."고 설명한다.

3. 『구글의 배신』, p.37

   "구글은 강압적인 정책만큼이나 디폴트 환경이 통한다는 사실을 잘 알고 있다. 결국 구글은 오만하다는 우려를 피해가면서 사람들의 행동은 물론 웹 세상을 관리하고 있다."

4. 구글 검색 원리

   https://youtu.be/BNHR6IQJGZs

   구글 품질 그룹에서 일하는 매트 커츠(Matt Cutts)가 직접 설명한다.

5. 다니엘 월퍼트 : 뇌의 진정한 이유

   https://www.ted.com/talks/daniel_wolpert_the_real_reason_for_brains/transcript?language=ko

6. 『신경가소성 : 일생에 걸쳐 변하는 뇌와 신경계의 능력』 중, "1940년 실험실 안에 있는 쥐보다 집으로 가져간 쥐가 훨씬 더 학습 능력이 월등하다는 사실을 깨달았다."

6장

1. 국민 95%가 스마트폰 사용…보급률 1위 국가는?

   https://news.kbs.co.kr/news/view.do?ncd=4135732&viewType=pc&viewType=pc

2. 논문 「소셜미디어상에서의 침묵의 나선효과: SNS 자기표현 성향을 중심으로」 참고

3. 고승우 변호사 인스타그램/법무법인(유한)강남 파트너

   https://www.instagram.com/p/B3rtSPuAtpC/?utm_medium=copy_link

4. 'The Ideal Length for All Your Online Content'

https://blog.red-website-design.co.uk/2014/07/16/the-ideal-length-for-all-your-online-content/

5. 『정리하는 뇌』, p.154

7장

1. [취재후-] '후다닥' 5분 내 식사 끝… 성인병 위험
https://news.kbs.co.kr/news/view.do?ncd=3076031

2. 「헬스조선」살 빼려면 '잘 씹는 게' 비결? 다이어트 TIP
https://health.chosun.com/site/data/html_dir/2020/12/28/2020122801636.html

8장

1. 도서『인간은 어떻게 서로를 공감하는가』에 거울신경에 대한 이야기가 자세히 나와 있다. 사실 거울신경이라는 세포가 따로 있는 건 아니다. 현재까지도 기술의 한계로 거울신경을 담당하는 세포는 발견하지 못했다. 다만 상대방의 행동을 보며 따라 하는 거울신경 네트워크를 관찰할 수 있다. 이는 인간뿐만 아니라 다양한 동물에게도 발견할 수 있지만, 인간은 특별히 높은 공감대를 갖고 있다.

2. 『구글의 배신』, p.27. 구글은 사람들의 습관이나 선호도 등을 얻어 효과적으로 광고를 전달할 수 있다. 구글의 핵심 사업은 소비자 프로필화이다.

3. 한겨레 기사 「우리 뇌는 텅 빈 상태를 열망한다」
https://www.hani.co.kr/arti/culture/book/873429.html?fromMobile

4. 국민 529명당 1명이 유튜버… 세계 1위 '유튜브 공화국'
https://news.mt.co.kr/mtview.php?no=2021021311274021985

5. 검색엔진으로 knocker-up으로 검색하면 그 당시 수많은 '인간 알람'에 대한 자료를 볼 수 있다. 특히 창문을 두드리는 사람도 있고 망치로 문을 가볍게 두들기기도 하고 빨대로 창문에 젖은 종이를 붙이는 사람도 있었다. 더 자세한 사진과 이야기를 듣고 싶다면 BBC 홈페이지를 방문해보자.
https://www.bbc.com/news/uk-england-35840393

6. 『어디서 살 것인가』, 유현준, p.371 "문자와 전화와 인터넷 때문에 좀처럼 원고를 쓸 시간을 내지 못하다가 오히려 모르는 사람들과 함께 탄 시속 9백 킬로미터의 속도로 이동하는 비행기 안 좁은 자리에서 책을 완성한 것이다"

9장

1. 『꿈꾸는 기계의 진화』, p.162 "뇌는 내적 의미를 가진 기하학을 만들어서 외부 세계의 분열된 측면들을 표상하고 있는 것이다" "색깔은 단지 특정한 진동수의 에너지를 변환하는 방식이다"
2. '작은 인간'이라는 뜻. 신경해부학에서는 대뇌피질에서 담당하는 비율에 따라 그려놓은 '머리와 손이 크고 그 외 부위가 작은 인형'을 말한다. 자세한 내용은 아래 사이트를 참고할 것.
   https://learnsomatics.ie/how-your-brain-sees-your-body/
3. 『알고리즘, 인생을 계산하다』 중에서
4. 일명 '와우 시그널'이라고 불리는 사건. 현대에 와서 밝혀진 바로는 한 쌍의 혜성이 내는 소리로 밝혀졌다. 하지만 그 당시 놀라움이 고스란히 나타난 글씨를 보고 싶다면 아래 링크를 참고할 것.
   https://www.sciencetimes.co.kr/news/외계인-와우신호-정체-밝혀져/
5. 『단순한 뇌 복잡한 나』 p.403 "자신의 상태를 측정하고, 그 측정치를 객관적으로 인지하는 겁니다. 즉 뇌의 정보가 다시 뇌로 돌아가는 루프입니다."
6. 『마음의 미래 : 인간은 마음을 지배할 수 있는가』 중에서

10장

1. 『뇌 과학공부』, p.79 "재인은 대뇌피질에 저장된 범주화된 기억을 인출하여 지금 감각된 대상과 비교하는 과정이다"
2. '내 몸안의 GPS' 신경세포 발견하다 - 노벨 생리의학상
   http://scienceon.hani.co.kr/199433
3. 논문 「Cowan N(1988):Evolving conceptions of memory storag selective attention and their mutual contraints within the human information processing system. Ps-ychlolgical Bulletin 104:163-191」 참고

참고도서

『1년 만에 기억력 천재가 된 남자』 조슈아 포어 지음/갤리온

『구글의 배신』 시바 바이디야나단 지음/황희창 옮김/브레인스토어

『그림으로 읽는 뇌 과학의 모든 것』 박문호 지음/휴머니스트

『꿈꾸는 기계의 진화』 로돌프 R, 이나스 지음/김미선 옮김/북센스

『나는 내가 죽었다고 생각했습니다』 질 볼트 테일러 지음/장호연 옮김/월북

『노모포비아 스마트폰 없는 공포』 만프레드 슈피처 지음/박종대 옮김/더난출판사

『뇌 과학공부』 박문호 지음/김영사

『뇌 생각의 출현』 박문호 지음/휴머니스트

『뇌가 지어낸 모든 세계』 엘리에저 스턴버그 지음/조성숙 옮김/다산사이언스

『뇌과학자가 싫은 기억을 지우는 법』 도마베치 히데토 지음/문정신 옮김/빛과사람

『뉴턴 하이라이트 119호, 뇌와 뉴런』 뉴턴프레스 지음/(주)아이뉴턴

『다시, 책으로』 메리언 울프 지음/전병근 옮김/어크로스

『단순한 뇌 복잡한 나』 이케가야 유지 지음/이규원 옮김/은행나무

『당신은 뇌를 고칠 수 있다』 톰 오브라이언 지음/이시은 옮김/브론스테인

『도파민형 인간』 대니얼 Z, 리버멀 마이클 E, 롱 공저/최가영 옮김/쌤앤파커스

『사람은 어떻게 생각하고 배우고 기억하는가』 제레드 쿠니 호바스 지음/김나연 옮김/토네이도

『생각하는 뇌, 생각하는 기계』 제프 호킨스, 샌드라 블레이크슬리 공저/이한음 옮김/멘토르

『생각하지 않는 사람들』 니콜라스 카 지음/최지향 옮김/청림출판

『서양 미술사』 E.H 곰브리치 지음/예경

『심심할수록 똑똑해진다』 마누시 조모로디 지음/김유미 옮김/와이즈베리

『약한 연결』 아즈마 히로키 지음/안천 옮김/북노마드

『우울할 땐 뇌과학』 엘릭스 코브 지음/정지인 옮김/심심

『인간은 어떻게 서로를 공감하는가』 크리스티안 케이서스 지음/고은미, 김잔디 옮김/바다출판사

『정리하는 뇌』 대니얼 J. 레비틴 지음/김성훈 옮김/와이즈베리

공감 댓글

●여수***리 님

1편 읽자마자 두 시간 동안 정주행했습니다.

●제주***방 님

첫 번째 콘텐츠였던 사진에 관한 이야기로 행동 습관을 바꿨습니다. 마음에 드는 장면은 사진을 남기기보다는 오래 눈으로 봤는데, 확실히 기억에 깊게 남습니다. 언제부터인가 너무 쉽게 스마트폰을 찾게 되는데, 그러다 보니 스마트폰은 똑똑해지는데 저는 멍청해지더라고구요. 좋은 자극이 되는 콘텐츠 올려주셔서 감사합니다.

●eli***me 님

오늘 너무 바빴지만 틈틈이 다 읽게 되었네요. 와이프에게도 링크 보냈습니다.

●lu***ite 님

독자로서 많은 영감을 받고 있습니다. 저도 올해 일 년의 테마를 '아날로그'로 잡았는데, 용석님의 글이 그 길의 길잡이가 되어주는 것 같아요. 앞으로도 좋은 글, 밝은 영감 부탁드립니다. ㅎㅎ

●계**란 님

쭉 읽어봤는데 정말 대단하시네요. 이 정도로 스마트폰에 의존하시는 분도 처음 봤지만, 그걸 자각하고 벗어나셨다는 점이 정말 놀랍습니다. 저는 어릴 적부터 가지고 있던 나쁜 습관을 아직도 버리지 못했는데, 글을 읽다 보니 본받고 싶어지네요.

●스크**더 님

제 아들, 딸들에게도 보여주려고 스크랩했습니다.

●상**에 님

순식간에 모두 읽게 되는 몰입성 높은 글에 감탄하게 됩니다. 꾸준한 연재 부탁드립니다.

●주**아 님

요즘 주식 때문에 손에서 스마트폰을 쉽게 놓지 못하고 있습니다. 하… 사실 주식 때문이라곤 하지만 스마트폰을 계속 손에 잡고 있으니까 무엇 때문에 계속 스마트폰을 잡고 있는지 잘 모르겠어요. 주식은 장투를 노리면서 당분간 이 글과 함께 아날로그의 세상을 누려야겠습니다. 아직 연재글 많이 남았겠죠? 다음 글 기다리고 있겠습니다. ^_^

● 별이***다 님

정말 놀랍네요. 저도 요즘 계속 이런 생각을 했었는데…….

● T1d***on 님

글을 읽으면서 그동안 놓친 게 얼마나 많았는지 깨닫게 되었습니다.

● 망**즈 님

스마트폰을 손에서 놓기 힘들어하는 한 아이의 아빠로서 많이 공감했습니다. 아이와 보내는 시간에 스마트폰을 계속 만지작거리니 아이가 자면 항상 반성하게 되더라고요. 그래서 최근에는 아이와 함께 보내는 시간엔 최대한 멀리 떨어뜨리려고 노력하고 있습니다. 물론, 그래도 무의식적으로 찾아서 쓰지만, 글을 읽은 뒤부터는 의식적으로 무의식을 쫓아내려 합니다. SNS 때문에 자유시간을 스마트폰과 보내는 아내에게도 추천해야겠습니다. ㅇ_ㅇ 좋은 글 감사합니다.

● 그**소 님

최근에 매우 심각하게 생각하던 주제인데, 정성스럽게 쓰신 글이어서 반갑습니다. ^^ 찬찬히 읽어보겠습니다~!

● my**가 님

흥미로운 글이라 스크랩했습니다. 글을 읽으며 스스로에게 반성의 시간을 주는 글입니다. 몇 번이고 정독하겠습니다. 감사합니다.

● 나나**자 님

제가 요즘 생각하는 것과 완전히 똑같아서 1편부터 정독했습니다. 좋은 글 감사합니다.

● s**k 님

반성적으로 돌아보게 하는 글, 잘 읽었습니다. 무엇이 내 삶을 정말로 풍요롭게 만들어줄지 고민하며 앞으로의 글도 기대합니다.

● sn***doG 님

진짜… 대박 글이네요. 컨셉도… 문체도… 진짜 참신하면서도 엄청난 콘텐츠입니다. 리스펙합니다.

● dra***ke 님

그림을 아주! 잘!! 그리고 싶어하는 독자입니다. 그림 보는 것도 어~~~엄청 좋아해서 미술관이나 전시회를 보러 자주 갔는데, 사실 가서 봤던 여러 가지 그림들 중에 기억에 남는 것은 거의 없었어요. 그래서 아깝기도 하고, 기억을 더 잘할 순 없을까 고민도 있었습니다. 작성자님 덕분에 이런 고민이 해결된 것 같아서 너무 기쁩니다. 쓰신 글에 있는 것처럼, 더 자세히 관찰하고, 관찰한 것들을 떠올리며 그림으로 그려봐야겠어요! 덕분에 생각지도 못한 좋은 팁 얻어갑니다! (사실 태블릿PC로 그리는 것을 좋아했는데, 종이에 그리는 것을 먼저 연습해야겠습니다. ^^;;)

디지털, 잠시 멈춤

© 고용석, 2021

초판 1쇄 발행일 2021년 5월 31일
초판 2쇄 발행일 2022년 5월 23일

지은이   고용석
펴낸이   강병철

펴낸곳   이지북
출판등록   1997년 11월 15일 제105-09-06199호
주소   (04047) 서울시 마포구 양화로6길 49
전화   편집부 (02)324-2347, 경영지원부 (02)325-6047
팩스   편집부 (02)324-2348, 경영지원부 (02)2648-1311
이메일   ezbook@jamobook.com

ISBN 978-89-5707-904-1 (13330)